经上海市中等职业教育课程教材审定委员会审定准予使用　准用号ZJ—2007030

复旦卓越·21世纪汽车类职业教育教材

盛　凯　主审

Qiche Jixie Changshi

汽车机械常识

陈海明　高建平　主　编
沈云华　　副主编

复旦大学出版社
www.fudanpress.com.cn

编委会主任

雷正光　盛凯　朱国苗　魏荣庆　林原　傅耀祖　李玉明

编委会成员

白小和　陈恒华　陈海明　陈琳　陈日骏　陈辉　陈榕　戴良鸿
段京华　冯学敦　方铀　方俊　龚箭　高建平　葛元　顾百钧
黄红　黄永明　蒋勇　凌晨　李玲　李芳　李连城　郦益
罗华洲　潘师安　齐金华　任贤　沈云华　沈冰武　陶雷进　唐志凌
王宝根　王冬梅　王立志　王静　王惠军　吴东明　徐广荣　许顺锭
徐华伟　杨李华　印晨曦　殷吕　杨丽琴　严家国　姚华　郑诚
诸鑫炯　张丽华　张艳　朱锋　郑健容

编写成员

主　编　陈海明　高建平
副主编　沈云华
编　者　（按姓氏笔画排列）
　　　　王江英　王惠军　卢军伟　沈云华
　　　　吴兰生　严家国　何晓荣　季文琴
　　　　陈海明　钱　波　高建平

序

Qichejixiechangshi

为了贯彻落实国务院、教育部《关于大力发展职业教育的决定》，由上海市教育委员会组织开发编制的《上海市中等职业技术学校汽车运用与维修专业教学标准》已于2006年10月正式出版发行。这是实施中职深化课程与教材改革的一项重要举措，旨在建设反映时代特征，具有职业教育特色，品种多样、系列配套、层次衔接，能应对劳动就业市场和满足学生发展多元需要的中等职业教育课程和教材体系。

《汽车运用与维修专业教学标准》以"任务引领型"目标为核心，对应当前汽车运用与维修行业的六大工种，设计了6个专门化方向，即汽车维修机工、汽车维修电工、汽车商务、汽车维修钣金工、汽车维修油漆工、汽车装潢美容工。根据此专业标准，汽车运用与维修专业共设34门课程，其中专业核心课程5门，专门化方向课程29门。

汽车运用与维修专业课程有5个特征：

一是任务引领，即以工作任务引领知识、技能和态度，使学生在完成工作任务的过程中学习专业知识，培养学生的综合职业能力；

二是结果驱动，即通过完成典型产品或服务，激发学生的成就动机，使之获得完成工作任务所需要的综合职业能力；

三是突出能力，即课程定位与目标、课程内容与要求、教学过程与评价都围绕职业能力的培养，涵盖职业技能考核要求，体现职业教育课程的本质特征；

四是内容实用，即紧紧围绕完成工作任务的需要来选择课程内容，不强调知识的系统性，而注重内容的实用性和针对性；

五是做学一体，即打破长期以来的理论与实践二元分离的局面，以任务为核心，实现理论与实践一体化教学。

为了促进新教材的推广使用，便于边使用边修订完善，我们整合全国中等职业学校在汽车运用与维修专业方面的优质资源，成立了由相关中等职业学校校长为领导的教材编写委员会，组织各中等职业学校资深的专业教师，结合行业技师编写教材，以达到忠实体现以"任务引领型课程"为主体的中等职业学校课程与教材改革的理念与思路的目的，保证教材的编写质量。本套教材在积极贯彻落实上海市中等职业技术教育深化课程教材改革任务的同时，也希望能为全国中等职业技术教育的课程教材改革提供案例，为我国职业教育的发展作出自己应有的贡献。

汽车运用与维修专业教材编写委员会

2007年9月

前　言

Qichejixiechangshi

本教材以科学发展观为指导，以就业为导向，以能力为本位，以新课程教学标准和岗位实际需要为依据，集中体现教学内容的项目化、教学过程与岗位要求的同步化，有效地分解了基础学科知识中相关的难点，使其与实际操作运用有机地结合起来，改善了学生的学习状况，提高了学生的学习效率，并不断满足学生职业生涯发展和适应社会经济发展的需要。

本教材具有以下特点：

1. 项目引领，任务驱动，以活动为载体，按照实际工作任务、工作情景和工作过程，组织课程并实施教学，使理论更好地服务于实践。

2. 突出实践在课程中的主体地位，更突出学生在教学过程中的主体地位，让学生在实践中理解相应的理论知识，同时，让知识与原理更好地为技能学习服务。

3. 采用了大量的图表来展示知识要点，体现知识结构、技能要求、教学内容的弹性化和直观性。

4. 按照实践活动设计学习过程，并注重在职业情景中发现问题、分析问题和解决问题，有效地建立任务、知识、技能之间的联系，激发学生的学习兴趣，同时早日养成良好的职业道德和职业品质。

5. 每个项目活动结束后，均设计了师生评价体系以及相关拓展性问题，紧密结合合作意识及环保要求，开发学生发散性思维。

6. 习题的设计带有一定的拓展性，需要作一些课外阅读或教师点拨才能理解完成。

本书的使用建议：

1. 任课教师要具备一定的专业能力。既要对基础学科系统知识融会贯通，又要具有一定的操作能力。

2. 教学场所既要能满足现场式教学需要，又要具备多媒体功能。

3. 组织活动的学生人数可能要受到设备及器材的限制，要实施小组化教学。

4. 本教材配有教学光盘，主要是为基本知识拓展及操作过程的情景化服务。

建议的课时安排：

项 目	参 考 课 时
一、走进"工程语言"世界——机械制图介绍	22
二、识读较简单的汽车零件图	18
三、识读汽车部件的装配图	6
四、平面汇交力系作用下汽车构件受力分析	8
五、扭力扳手的使用和悬架、车桥、车架的受力分析	10
六、汽车运动构件的摩擦分析	4
七、车轮与飞轮转速、线速度、角速度和转矩的测定	2
八、汽车常用机构拆装	8
九、齿轮副的安装	10
十、发动机维修翻转架的使用	4
十一、齿轮系统的分解和装合	6
十二、V带和同步齿形带传动的选用和安装	6
十三、键与销的正确选用	2
十四、螺纹连接件的正确选用	2
十五、轴与轴承类型的识别和更换	6
十六、液压传动与液压控制	16
十七、汽车材料的识别和选用	10
合 计	140

由于编者的经历和水平有限,特别是对任务引领课程突出工作任务、不强调学科知识系统性理解的局限性,教材难以涵盖课程中的所有知识点,有些活动可能受到条件的限制不能有效地组织。书中难免存在错误和不妥之处,恳请读者批评指正,以便改版修订。

编者
2007 年 9 月

目录

Qichejixiechangshi

项目一　走进"工程语言"世界——机械制图介绍 1
　活动一　了解机械制图国家标准的一些规定 2
　活动二　使用制图工具和几何制图 8

项目二　识读较简单的汽车零件图 19
　活动一　识读组合体的三视图 20
　活动二　识读其他表达方式的图样 27
　活动三　识读剖视图和断面图 33
　活动四　识读零件图 44
　活动五　识读零件图的技术要求 51

项目三　识读汽车部件的装配图 65
　活动一　识读汽车部件的装配图 66
　活动二　识读装配图举例 69

项目四　平面汇交力系作用下汽车构件受力分析 73
　活动一　车辆骨架节点受力分析 74
　活动二　曲柄连杆机构在发动机运行过程中的受力分析 80

项目五　扭力扳手的使用和悬架、车桥、车架的受力分析 87
　活动一　扭力扳手的使用 88
　活动二　汽车悬架、车桥受力分析 92

项目六　汽车运动构件的摩擦分析 97
　活动一　汽车常用滑动摩擦副分析 98

活动二　汽车车轮滚动摩擦分析 ··· 102

项目七　车轮与飞轮转速、线速度、角速度和转矩的测定 ············· 109
　　　活　动　飞轮转速、线速度、角速度和转矩的测定 ······················· 110

项目八　汽车常用机构拆装 ··· 115
　　　活动一　怎样拆装刮水器 ··· 116
　　　活动二　拆卸内燃机的活塞连杆机构 ······································· 120
　　　活动三　利用盘形凸轮观摩从动件运动规律 ···························· 123

项目九　齿轮副的安装 ··· 131
　　　活动一　从齿轮机构中，认识渐开线齿轮的啮合传动 ·············· 132
　　　活动二　打开变速器，观察齿轮传动机械 ······························· 136
　　　活动三　装复汽车正时齿轮 ·· 139

项目十　发动机维修翻转架的使用 ··· 145
　　　活　动　KF—14　CF　拆装翻转架的认识 ······························ 146

项目十一　齿轮系统的分解和装合 ··· 153
　　　活动一　汽车机械式变速器的拆装 ··· 154
　　　活动二　汽车主减速器的拆装 ·· 159

项目十二　V带和同步齿形带传动的选用和安装 ······················ 163
　　　活动一　怎样调换V带 ·· 164
　　　活动二　同步齿形带的拆卸 ·· 170

项目十三　键与销的正确选用 ··· 175
　　　活动一　认识和选用常用键 ·· 176
　　　活动二　拆装活塞销和主销 ·· 181

项目十四　螺纹连接件的正确选用 ··· 187
　　　活动一　汽车构件的常用螺纹连接 ··· 188
　　　活动二　汽车螺纹连接件的选用 ·· 195

项目十五　轴与轴承类型的识别和更换 ………………………………… 201
　　活动一　汽车转轴的拆装 ………………………………………… 202
　　活动二　发动机曲轴或连杆轴瓦的选配 ………………………… 209
　　活动三　滚动轴承的选用 ………………………………………… 211
　　活动四　认识弹簧 ………………………………………………… 216

项目十六　液压传动与液压控制 ……………………………………… 225
　　活动一　拆装液压制动装置 ……………………………………… 226
　　活动二　分析液压传动系统的工作原理 ………………………… 230
　　活动三　认识液压元件和它的职能符号 ………………………… 232
　　活动四　认识液压基本回路 ……………………………………… 239
　　活动五　电喷发动机燃油系统燃油压力的控制 ………………… 243

项目十七　汽车材料的识别和选用 …………………………………… 247
　　活动一　识别汽车常用的金属材料 ……………………………… 248
　　活动二　识别汽车常用的非金属材料 …………………………… 252
　　活动三　选用汽车燃料和润滑油 ………………………………… 257
　　活动四　正确选用汽车冷却液和制动液 ………………………… 265

参考文献 ……………………………………………………………… 271

项目一
走进"工程语言"世界
——机械制图介绍

活动一　了解机械制图国家标准的一些规定

活动二　使用制图工具和几何制图

项目一　走进"工程语言"世界——机械制图介绍

情景描述　机械工程上的图样称为机械图样,它是表达机械设计者意图、指导机械制造和维修的技术文件,是机械工程上的一种语言,为了规范这种机械工程上的语言,将其成为大家共识的共同语言,世界上各个国家大都制定了机械制图的标准。当然,我们国家也有我国相应的《机械制图》国家标准。在工程上有一句常用的术语,叫作"按图施工","图"就是工程上的图样。"按图施工"必须识图,识图的第一步就是知道《机械制图》的国家标准以及了解一些几何作图的基础知识。

知识与技能要求:
1. 了解机械制图有关图纸、图线、字体、比例和尺寸标注的国家标准。
2. 知道如何使用常用的绘图工具和仪器。
3. 会用一些基本几何作图方法作图。

活动一　了解机械制图国家标准的一些规定

活动背景　在汽车维修的工作中,汽车维修工时常要识读一些汽车的零件图和部件的装配图,尤其是在接触新车型的时候。图1-1-1是一张齿轮轴的零件图,对照图1-1-2所示的立体图,不妨试读一下。若没有学过机械制图的基本知识,尽管有立体图对照,但要读懂这张图还是有一定困难的。要会识图首先应知道一些机械制图的基础知识,而机械制图的基础知识是统一在机械制图国家标准之下的,因此机械识图的第一步是了解机械制图国家标准。

活动分析
1. 机械制图图线的种类及各种图线在图样中代表的元素。
2. 机械图样中比例与字体的国家规定。
3. 机械零件图样的尺寸标注方法和规定。

关联知识

《机械制图》国家标准的一些规定
1. 什么是机械制图国家标准?

《机械制图国家标准》是一项基础性的技术标准,它统一规定了生产和设计部门应该共同遵守的画图规则,是工程界的共同"语言",是绘制和识读机械图样的准则和根据。

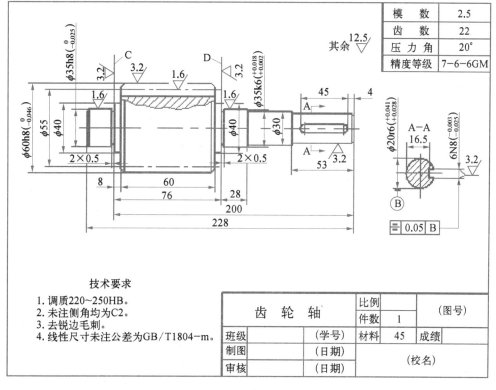

图1-1-1 齿轮轴零件图

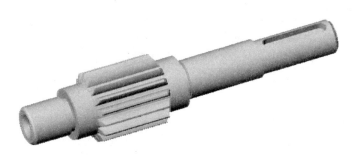

图1-1-2 齿轮轴立体图

我国国家标准(简称国标)的代号为"GB","GB/T"为推荐性国标,字母后面的两组数字,分别表示标准序号和标准批准的年份。

2. 图纸幅面和格式(GB/T14689—1993)

国家标准规定5种基本幅面,绘制图样时应优先采用,具体尺寸如表1-1-1所示。

表1-1-1 图 纸 幅 面

幅面代号		A0	A1	A2	A3	A4
幅面尺寸(B×L)		841×1 189	594×841	420×594	297×420	210×297
周边尺寸	e	20			10	
	c	10			5	
	a	25				

图纸格式分为留有装订边和不留装订边两种,如图 1-1-3 和图 1-1-4 所示。从表 1-1-1 中可以看出:A0 图纸是 A1 图纸的两倍,A1 图纸是 A2 图纸的两倍,以此类推。

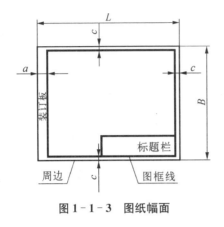

图 1-1-3　图纸幅面

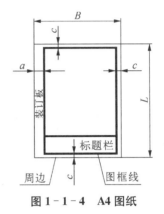

图 1-1-4　A4 图纸

每张图纸上都必须画出标题栏,标题栏的位置应位于图纸的右下角。标题栏的格式如图 1-1-5 所示。

标记	处数	分区	更改文件号	签名	年、月、日	(材料标记)			(单位名称)
设计	签名	年、月、日	标准化	签名	年、月、日	阶段标注	重量	比例	(图样名称)
审核									(图样代号)
工艺			批准			共　页　第　页			

图 1-1-5　标题栏

3. 图线(GB/T4457.4—2002)

机械制图的图线有 9 种,其名称、线形和用途如表 1-1-2 所示。

表 1-1-2　机械制图的图线名称、线形和用途

名称	图　线　形　式	图线宽度	主　要　用　途
粗实线	———————	d	可见轮廓线、相贯线、螺纹牙顶线、螺纹长度终止线、齿顶圆和剖切符号用线
细实线	———————	约 $d/2$	尺寸线、尺寸界线、剖面线、辅助线、可见过渡线、重合断面的轮廓线、引出线、螺纹的牙底线和齿轮的齿根线

（续 表）

名称	图线形式	图线宽度	主要用途
波浪线		约 $d/2$	断裂处的边界线、视图和剖视的分界线
双折线	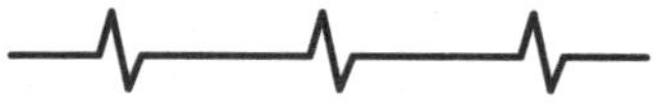	约 $d/2$	断裂处的边界线
细虚线	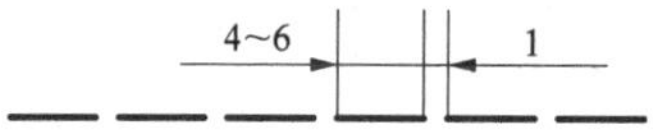	约 $d/2$	不可见的轮廓线、不可见的过渡线
细点画线	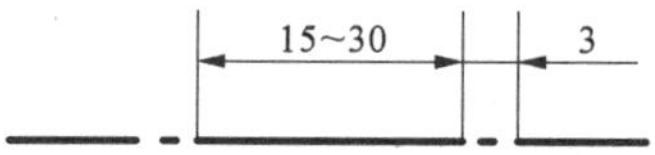	约 $d/2$	轴线、对称中心线、轨迹线、齿轮的分度圆及分度线
粗点画线	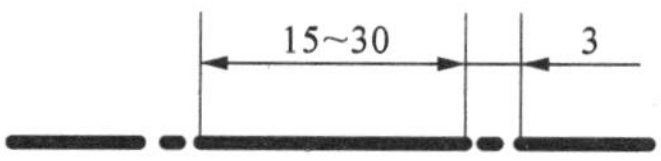	d	有特殊要求的线或表面的表示线
双点画线	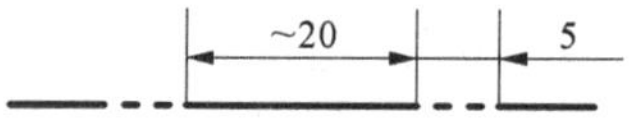	约 $d/2$	相邻辅助零件的轮廓线、中断线、极限位置的轮廓线、假想投影轮廓线
粗虚线	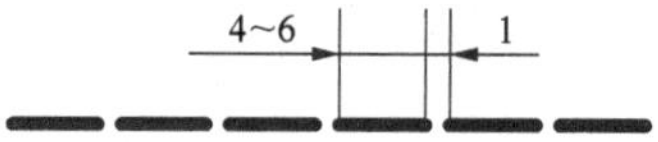	d	允许表面处理的表示线

国家标准规定了9种图线的宽度。粗线宽度为 d，粗、细线宽度比率为 2∶1，绘制工程图样时所有线型宽度 d 应在下面的系列中进行选择：

0.13，0.18，0.25，0.35，0.5，0.7，1，1.4，2，单位为 mm。

4. 字体（GB/T14691—1993）

字体是图样和技术文件中的一个重要组成部分，它包括汉字、数字和字母。

字体高度的公称尺寸系列有 1.8 mm、2.5 mm、3.5 mm、5 mm、7 mm、10 mm、14 mm、20 mm 等8种。如需更大时，字高按 $\sqrt{2}$ 倍的比率递增。字体高度代表字体的号数。

汉字：图样中的汉字应写成长仿宋体，如图 1-1-6 所示，并采用国家正式公布的简化字。汉字字宽为其字高的 $1/\sqrt{2}$ 倍。汉字的高度应不小于 3.5 mm。

字母和数字：分为 A 形（斜体）和 B 型（直体）两种。

A 型字体的笔画宽度为字高的 1/14，斜体字字头向右倾斜，与水平线约成 75 度，如图 1-1-7 所示；B 型字体的笔画宽度为字高的 1/10，如图 1-1-8 所示。在同一张图纸上只允许用一种号数的字体。

图 1-1-6 汉字

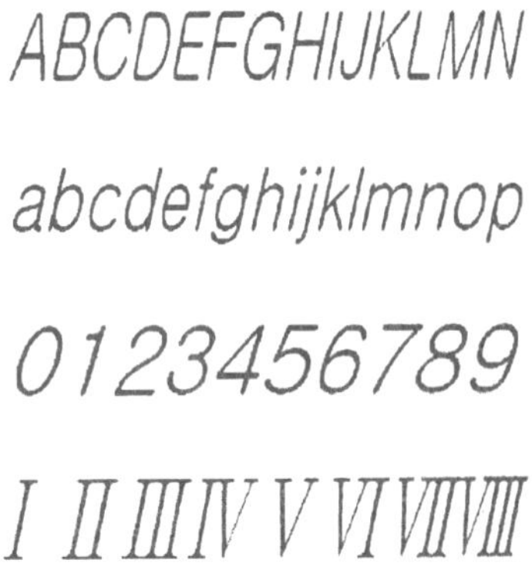

ABCDEFGHIJKLMN
abcdefghijklmnop
0123456789
Ⅰ Ⅱ Ⅲ Ⅳ Ⅴ Ⅵ Ⅶ Ⅷ
图 1-1-7　A 型字母和数字

ABCDEFGHIJKLMN
abcdefghijklmnop
0123456789
Ⅰ Ⅱ Ⅲ Ⅳ Ⅴ Ⅵ Ⅶ Ⅷ
图 1-1-8　B 型字母和数字

5. 比例

图形的大小与实际物体的大小之比称为图样的比例。

机械制图采用的比例应符合国家标准，绘制同一物体的各个视图应采用同一比例，并填写在标题栏中的“比例”这一栏中。国家标准规定的图样比例如表 1-1-3 所示。

表 1-1-3　机械制图的图样比例

原值比例	1∶1				
放大比例	2∶1	5∶1	$1\times10^n:1$	$2\times10^n:1$	$5\times10^n:1$
缩小比例	1∶2	1∶5	$1:1\times10^n$	$1:2\times10^n$	$1:5\times10^n$

注：n 为正整数。

6. 尺寸标注(GB/T44584—1984)

图样表达物体的大小是通过尺寸标注来确定的。无论图样的比例如何，应标注物体的实际尺寸，机械图纸中尺寸单位的国家标准是毫米，以毫米为单位时，不需要标明单位的符号。

标注一个尺寸，应包括尺寸界线、尺寸线和尺寸数字 3 个要素，如图 1-1-9 所示。

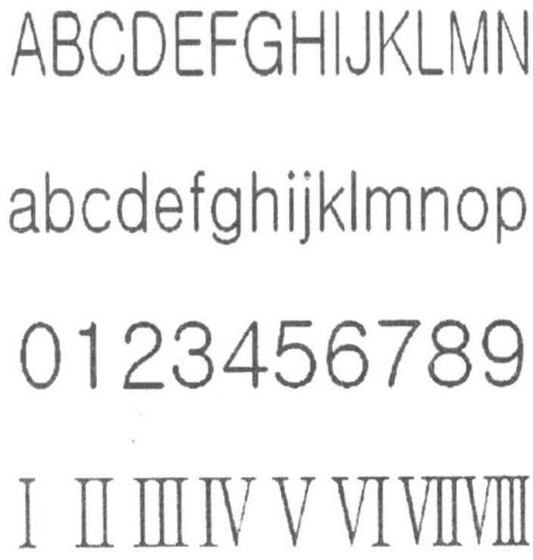

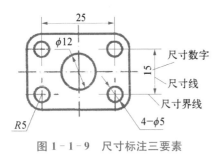

25
ϕ12
尺寸数字
15
尺寸线
尺寸界线
R5
4-ϕ5
图 1-1-9　尺寸标注三要素

28
R5
ϕ42
24
ϕ12
图 1-1-10　尺寸标注

(1) 尺寸界线

尺寸界线用细实线绘制，并应由图形的轮廓线、轴线或对称中心线引出；也可利用轮廓线、轴线或对称中心线作尺寸界线，如图 1-1-10 所示。

在圆弧过渡处标注尺寸时，必须用细实线将轮廓线延长，从它们的交点处引出尺寸界线。

(2) 尺寸线

尺寸线用细实线绘制，尺寸线一般应与尺寸界线垂直，如图 1-1-10 所示。

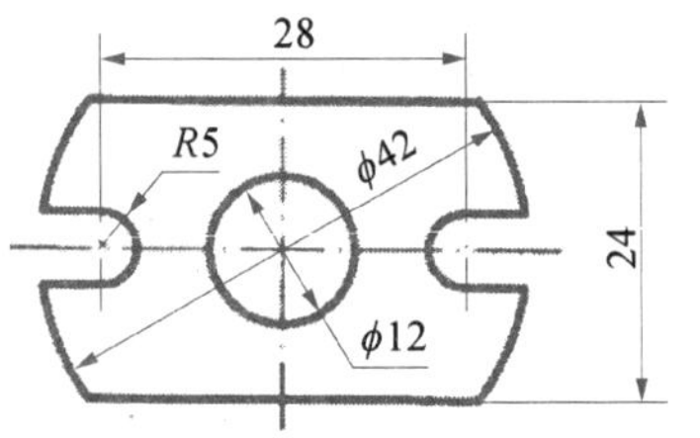

尺寸线终端有箭头和斜线两种形式。斜线用细实线绘制,方向为以尺寸线为基准逆时针旋转 45°,如图 1-1-11 所示。

斜线终端必须在尺寸线与尺寸界线相互垂直时才能使用。采用斜线作尺寸线终端时,图中若有圆弧的半径尺寸、圆的直径尺寸,这些尺寸线的终端应画成箭头,如图 1-1-11 所示。

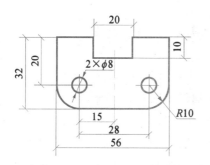 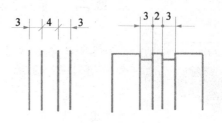

图 1-1-11 斜线作尺寸线终端　　图 1-1-12 斜线和圆点代替箭头

同一机件的图样中,一般只能采用一种终端形式,但当采用箭头作尺寸终端时,遇到位置不够画出箭头,其中间部分允许用圆点或斜线代替箭头,如图 1-1-12 所示。

标注角度时,尺寸线应画成圆弧,其圆心是该角的顶点,尺寸线的终端应画成箭头。

(3) 尺寸数字

注写尺寸数字时符合下列规定:

水平方向的尺寸,尺寸数字应写在尺寸线的上方,数字字头向上,如图 1-1-9 和图 1-1-10 所示;

铅垂方向的尺寸,尺寸数字应写在尺寸线的左方,数字字头朝左,如图 1-1-9 和图 1-1-10 所示;

倾斜方向的尺寸,尺寸数字应写在尺寸线靠上的一方,数字字头应有朝上的趋势,应尽可能避免如图 1-1-13 所示的 30° 范围内标注尺寸。

也允许将尺寸数字注写在尺寸线的中断处。

角度的数字一律写成水平方向,一般注写在尺寸线的中断处。必要时,也可注写在尺寸线的附近或注写在引出线的上方,如图 1-1-14 所示。

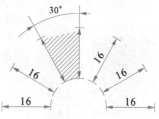

图 1-1-13 倾斜方向的尺寸标注

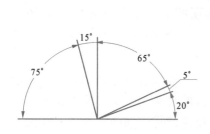 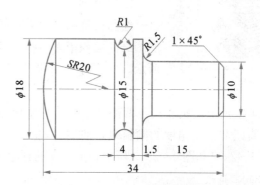

图 1-1-14 角度的标注　　图 1-1-15 标注圆或球面的直径或半径

尺寸数字不可被任何图线所通过,否则应将该图线断开,以保证尺寸数字清晰。

标注圆的直径或半径时,应在尺寸数字前加注符号"ϕ"或"R";标注球面直径或半径时,应在符号ϕ或R前加注符号"S",如图1-1-15所示。

活动二　使用制图工具和几何制图

活动背景　汽车修理厂要汽车修理工小王用钢板自制一把拧大螺帽的呆扳手,如图1-2-1所示,小王在钢板上划线放样时,由于找不到连接圆弧的圆心而感到无从下手。看来要从事汽车修理工作,不知道基本的几何作图方法,不会使用常用的绘图尺规,就可能在工作中缩手缩脚,完不成任务。因此,学会使用常用的绘图尺规进行几何作图,不但能给今后工作带来方便,而且通过体验几何作图能加快机械识图的学习进程。

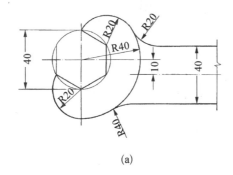
(a)

(b)

图1-2-1　自制呆扳手简图

1. 能使用一般绘图工具。
2. 能进行简单的几何制图。

一、常用绘图工具的使用

1. 绘图板

绘图板是用来固定图纸用的矩形木板,一般它的面积比相应标准规格的图纸的面积稍大一些,图纸用透明胶纸粘贴在绘图板上,如图1-2-2所示。应用时,绘图板要求表面平坦光洁,侧面的导边平直。

2. 丁字尺

丁字尺由尺头和尺身两部分组成。它主要用来和绘图板配合画水平线,加上三角板又可画垂直线和常用角度的倾斜线。使用时,左手握住尺头,使尺头内侧边紧靠绘图板左侧导边,如图1-2-2和图1-2-3所示。上下移动到绘图所需位置,配合三角板绘制各种图线。

3. 三角板

又称三角尺。三角板两块为一副,一块两个锐角都是45°,另一块两个锐角分别呈30°和60°。

三角板除直接用来画直线外,也可配合丁字尺画铅垂线和与水平线成30°、45°、60°的倾斜线。两块三角板相互配合还可画出与水平线成15°、75°的倾斜线,如图1-2-4所示。

图1-2-2 绘图板和丁字尺

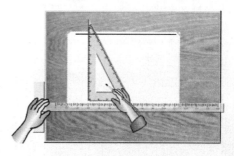

图1-2-3 丁字尺的使用

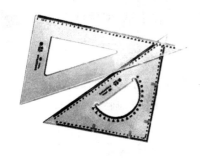

画30°斜线

(a)

画60°斜线或等分圆周为六等分

(b)

画45°斜线

(c)

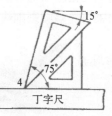

画15°及75°斜线

(d)

图1-2-4 三角板的使用

4. 圆规

圆规用来画圆和圆弧,附件有钢针插脚、铅芯插脚、鸭嘴插脚和延伸杆等,如图1-2-5所示。

圆规的钢针插脚有两个尖端,作图时,应使用有肩台的一端,并使肩台与铅芯平齐。画圆弧时,应尽量使钢针和铅芯都垂直于纸面。

画大圆弧时可用延伸杆连接后作图,如图1-2-6所示。

5. 分规

分规主要用来量取线段长度或等分已知线段。为了准确度量尺寸,分规的两针尖并拢后应能对齐。用分规

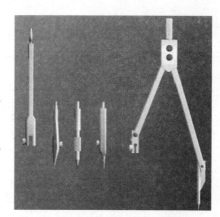

图1-2-5 圆规及其附件

 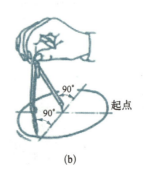 

图 1-2-6 圆规使用方法

从比例尺上量取长度时,针尖不要正对尺面,应使针尖与尺面保持倾斜。当用分规分割线段时,要用右手的拇指和食指捏住手柄,使两针尖沿线段摆转前进,如图 1-2-7 所示。

6. 铅笔

绘图铅笔的铅芯有软硬之分,分别用字母 B 和 H 表示。B 前的数字越大,铅芯越软,画线越黑;H 前的数字越大,铅芯越硬,画线越淡;HB 表示软硬适中。

铅笔的铅芯头部可削磨成尖锥形和鸭嘴形,如图 1-2-8 所示。尖锥形用来打底稿和画细线,鸭嘴形用来加深底稿和画粗线。

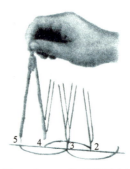

图 1-2-7 分规使用方法

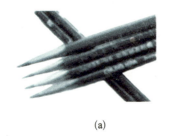 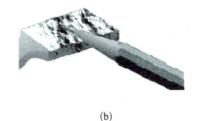

图 1-2-8 削磨铅笔

7. 曲线板

曲线板是用来画非圆曲线的。作图时,应先确定曲线上的各个点,然后用曲线板依次去找与各连接点曲率吻合的曲线段逐段依靠描绘,直到最后一段连成光滑的曲线,如图 1-2-9 所示。

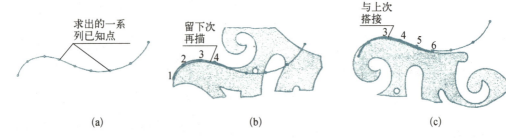

图 1-2-9 曲线板的使用

二、几何作图基础

1. 直线的等分

要六等分直线段 AB,先经 A 点作一与 AB 倾斜的任意直线段 AC,用分规摆转量取 6 格,然后用三角板连接 BC,进而用三角板配合平移,经 AC 中的 1、2、3、4、5 点作 BC 的平行线交直线段 AB,就得到直线段 AB 上的各等分点,如图 1-2-10 所示。

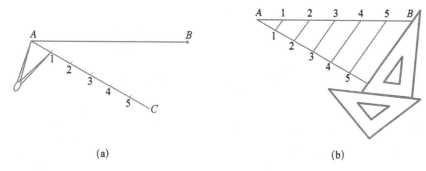

图 1-2-10　直线的等分

2. 圆的等分和正多边形作法

机械制图中作正多边形通常是通过等分圆周来得到的,即作圆内接多边形。

等分圆周通常用圆规作图,少数特殊角度的正多边形(如正三边形和正六边形)也可通过用三角板与丁字尺、绘图板配合作图。

(1) 圆的三等分和正三边形作法

① 用圆规等分圆周:以铅直的直径上端点为圆心,以该圆的半径为半径作一圆弧,与圆周相交得到两个等分点,加上铅直的直径下端点,就是 3 个等分点,如图 1-2-11 中的图(a)所示。

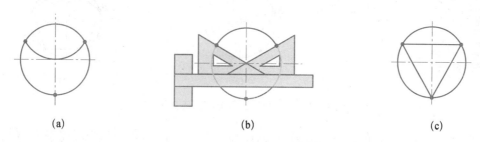

图 1-2-11　圆的三等分和正三边形作法

② 用三角板等分圆周:丁字尺与水平直径平行,三角板 30°角靠在丁字尺上,斜边经过圆心,斜边与圆周的两个交点就是两个等分点,同理,铅直的直径下端点就是第三个等分点,如图 1-2-11 中的图(b)所示。

连接各等分点就可得到一个正三边形,如图 1-2-11 中的图(c)所示。

(2) 圆的六等分和正六边形作法

① 用圆规等分圆周:以铅直的直径上、下端点为圆心,以该圆的半径为半径作两圆弧,与圆周相交得到 4 个等分点,加上水平直径两端点,就是 6 个等分点,如图 1-2-12 中的图(a)所示。

② 用三角板等分圆周:丁字尺与水平直径平行,三角板 60°角靠在丁字尺上,斜边经过圆心,

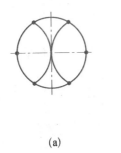 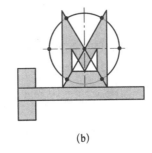 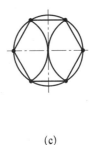

(a)   (b)   (c)

图1-2-12 圆的六等分和正六边形作法

斜边与圆周的4个交点就是4个等分点，同理，水平直径的左右端点就是第五、第六个等分点，如图1-2-12中的图(b)所示。

连接各等分点就可得到一个正六边形，如图1-2-12中的图(c)所示。

（3）圆的五等分和正五边形作法

作图步骤分别如图1-2-13中的各图所示：

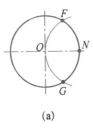 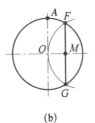 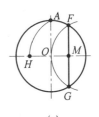

(a)   (b)   (c)

 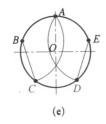 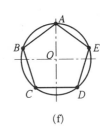

(d)   (e)   (f)

图1-2-13 圆的五等分和正五边形作法

步骤一： 以水平直径的右端点为圆心，以该圆的半径为半径，作圆弧交圆周于F点和G点；

步骤二： 作直线连接FG，交水平直径于M点；

步骤三： 以M点为圆心，以M到竖直直径的上端点A的距离为半径，作圆弧交水平直径于H点，A点到H点的距离就是五分之一圆周的弦长，也就是圆内接正五边形的一条边长；

步骤四： 以竖直直径的上端点A为圆心，以弦长AH为半径，作圆弧交圆周于B点和E点，得到两个等分点；

步骤五： 分别以B点和E点为圆心，弦长AH为半径，作圆弧交圆周于C点和D点，又得到两个等分点，加上A点，共得到5个等分点；

步骤六： 连接各等分点就可得到一个正五边形。

（4）圆的十二等分和正十二边形作法

其作图方法是圆的六等分的推广和延伸。方法是：分别以水平直径左右端点和竖直直径的上下端点为圆心,以该圆的半径作半径,分别作圆弧与圆周相交,得到8个等分点,加上作圆心的4个端点,共12个等分点。用直线连接各分点,就得到一个正十二边形,如图1-2-14所示。

3. 圆弧连接

用已知半径的圆弧光滑地连接两条已知线段(直线或圆弧)的作图方法称为圆弧连接。

圆弧连接的关系实质是圆弧与被连接线段相切的关系。圆弧连接的作图关键,可归结为求连接圆弧的圆心和切点。

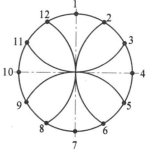

图1-2-14 圆的十二等分

> 圆弧连接的作图步骤:
> 步骤一 求出连接圆弧的圆心;
> 步骤二 求出切点;
> 步骤三 用连接圆弧半径画圆弧光滑连接。

(1) 两已知直线段之间的圆弧连接

已知两直线段 AB 和 BC 成一夹角,连接圆弧半径为 R,圆弧连接方法如下:

以 R 为距离分别作 AB 和 BC 的平行线,两条平行线的交点 O 就是连接圆弧的圆心,过 O 点作直线段 AB 和 BC 的垂线,垂足 K_1 和 K_2 就为切点,以 O 为圆心、以 R 为半径作圆弧连接 K_1 和 K_2,就完成两直线段之间的圆弧连接,如图1-2-15所示。

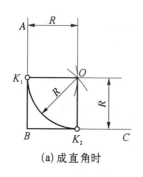
(a) 成直角时

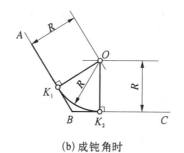
(b) 成钝角时

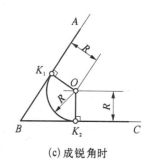
(c) 成锐角时

图1-2-15 两直线段之间的圆弧连接

(2) 两已知圆弧之间的圆弧连接

① **两已知圆弧之间的外切圆弧连接**:已知两个圆的半径分别为 R_1 和 R_2、圆心分别为 O_1 和 O_2,连接圆弧的半径为 R,圆弧连接方法如下:

以 O_1 为圆心,以 (R_1+R) 为半径,画一圆弧,再以 O_2 为圆心,以 (R_2+R) 为半径,画一圆弧,两圆弧的交点即为连接圆弧的圆心 O。

连接 O_1 和 O,与圆周的交点就为切点 K_1;连接 O_2 和 O,与圆周的交点就为切点 K_2。

以 O 为圆心、以 R 为半径作圆弧连接 K_1 和 K_2,就完成了两圆弧之间的圆弧连接,如图1-2-16所示。

② **两已知圆弧之间的内切圆弧连接**:已知两个圆的半径分别为 R_1 和 R_2、圆心分别为 O_1 和 O_2,连接圆弧的半径为 R,圆弧连接方法如下:

以 O_1 为圆心,以 $(R-R_1)$ 为半径,画一圆弧,再以 O_2 为圆心,以 $(R-R_2)$ 为半径,画一圆弧,两圆弧的交点即为连接圆弧的圆心 O。

连接 O_1 和 O,与圆周的交点就为切点 K_1;连接 O_2 和 O,与圆周的交点就为切点 K_2。

以 O 为圆心、以 R 为半径作圆弧连接 K_1 和 K_2,就完成了两圆弧之间的圆弧连接,如图 1-2-17 所示。

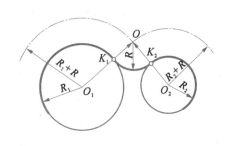 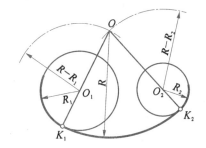

图 1-2-16　两已知圆弧之间外切圆弧连接　　　图 1-2-17　两已知圆弧之间内切圆弧连接

③ **两已知圆弧之间的内外切圆弧连接**：已知两个圆的半径分别为 R_1 和 R_2、圆心分别为 O_1 和 O_2,连接圆弧的半径为 R,圆弧连接方法如下：

以 O_1 为圆心,以 $(R-R_1)$ 为半径,画一圆弧,再以 O_2 为圆心,以 (R_2+R) 为半径,画一圆弧,两圆弧的交点即为连接圆弧的圆心 O。

以 O 为起点作经 O_1 的射线,与圆周的交点就为切点 K_1;连接 O_2 和 O,与圆周的交点就为切点 K_2。

以 O 为圆心、以 R 为半径作圆弧连接 K_1 和 K_2,就完成了两圆弧之间的圆弧连接,如图 1-2-18 所示。

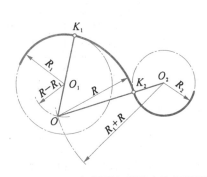 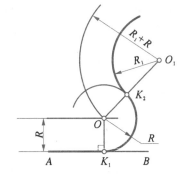

图 1-2-18　两已知圆弧之间的内外切圆弧连接　　　图 1-2-19　已知直线段和已知圆弧的圆弧连接

(3) 已知直线段和已知圆弧的圆弧连接

已知圆的半径为 R_1、圆心为 O_1,圆外有一直线 AB,连接圆弧的半径为 R,圆弧连接方法如下：

以 O_1 为圆心,以 (R_1+R) 为半径,画一圆弧,以 R 为距离,作直线段 AB 的平行线,圆弧与平行线的交点即为连接圆弧的圆心 O。

经 O 作 AB 的垂线,垂足就为切点 K_1;连接 O 和 O_1,与圆周的交点就为切点 K_2。

以 O 为圆心、以 R 为半径作圆弧连接 K_1 和 K_2,就完成了已知直线段和已知圆弧的圆弧连接,如图 1-2-19 所示。

4. 斜度与锥度的画法及标注

(1) 斜度

斜度是指一直线或平面对另一直线或平面的倾斜程度，其大小用两直线或平面间的夹角的正切来度量。在图样中以 1∶n 的形式标注。标注时，斜度符号∠的倾斜方向应与斜度方向一致。如图 1-2-20(c) 所示为斜度是 1∶3 的画法及标注。

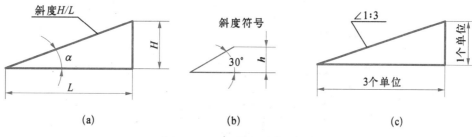

图 1-2-20　斜度画法及标注

(2) 锥度

锥度是指正圆锥底圆直径与其高度或圆锥台两底圆直径之差与其高度之比。在图样中以 1∶n 的形式标注。在画锥度时，锥度符号◁的方向应与锥度一致。如图 1-2-21(c) 所示为锥度是 1∶3 的画法及标注。

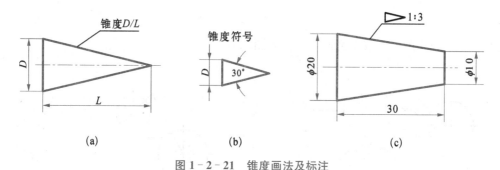

图 1-2-21　锥度画法及标注

学生姓名		日期		自评	互评	师评
1. 你知道机械制图国家标准所规定的内容了吗？						
2. 你知道各种图线所表达的含义了吗？						
3. 直线与圆弧、圆弧与圆弧的光滑连接会了吗？						
4. 斜度与锥度的画法及标注看得懂了吗？						
学习体会 1. 重新写字有何感觉？ 2. 如何削铅笔才能写好字、画好图线？ 3. 活动中哪个学习方法可以改进以使其更方便实用？ 4. 你还有哪些要求与设想？						
总体评价				教师签名		

课后练习

一、技能训练工具

绘图板、丁字尺、三角板、圆规、分规、曲线板和铅笔等。

二、技能训练内容

1. 如下图所示，按尺寸1∶1画呆扳手的零件简图。

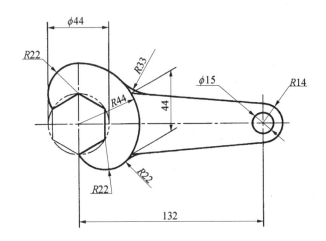

2. 根据图下面的小图尺寸按比例要求完成大图。

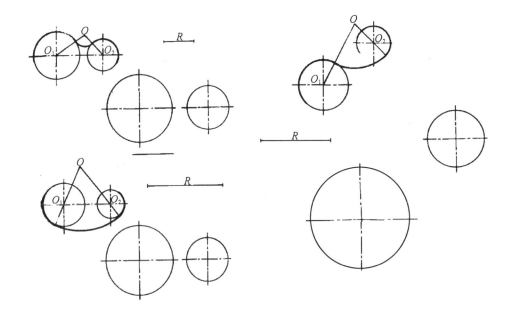

3. 如下图，按图示尺寸1∶1绘制平面图形。

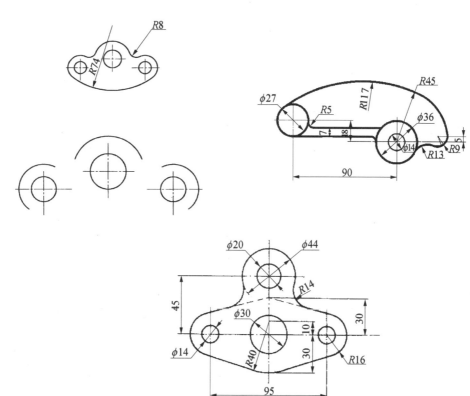

4. 如下图,按图示小图所标注的斜度和锥度,完成大图的斜度和锥度画图和标注。

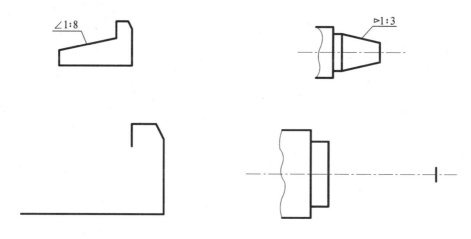

项目二
识读较简单的汽车零件图

活动一　识读组合体的三视图

活动二　识读其他表达方式的图样

活动三　识读剖视图和断面图

活动四　识读零件图

活动五　识读零件图的技术要求

项目二　识读较简单的汽车零件图

情景描述　汽车是由成千上万个零件组成的。要装配成一辆汽车,首先要加工好每一个零件,要加工好零件必须首先设计好零件图。表示单个零件的图样称为零件图。零件图集中表达了零件的结构形状、尺寸大小和技术要求,并根据它加工制造零件。零件的结构形状各不相同,要正确表达零件的结构形状,需要采用各种表达方式才能完成。

知识与技能要求:
1. 知道正投影的原理和三视图的投影规律。
2. 知道基本视图的形成和 6 个基本视图的配置关系。
3. 知道剖视图和断面图的种类、适用范围、作图方法和标注的有关规定。
4. 知道局部视图、斜视图、局部放大图的适用范围、作图方法和标注规定。
5. 知道机械图样的简化画法、规定画法。
6. 会识读较简单的汽车零件图样。

活动一　识读组合体的三视图

活动背景　机械制图是按投影原理作图的,通过正投影的方法作出物体的三视图,即用平面的图形来表达空间形体。下面有一张组合体的三视图,如图 2-1-1 所示。初次识读该三视图,是否能想像出该组合体的实际形状?

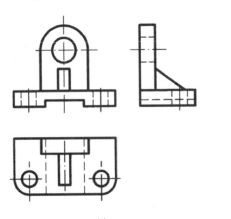 

(a)　　　　　　　　　　　　　　　　　(b)

图 2-1-1　组合体的三视图和实际形状

1. 明确投影与机械制图的关系。
2. 在看图中牢记正投影的基本性质。
3. 能熟悉三视图的投影规律,能画简单形体的三视图。

一、投影

1. 投影

物体在白天阳光或晚上灯光的照射下,在地面或墙上产生一定形状的影子,这是我们在日常生活中司空见惯的现象。

我们把上述现象中产生的这种影子称为投影,把太阳和电灯等光源称为投射中心,把光线称为投射线,把地面和墙称为投影面。

2. 投影法分类

应用投影原理表达物体形状的方法称为投影法,机械制图就是按照投影法作图的。

投影法分为两大类:中心投影法和平行投影法。

(1) 中心投影法

如图 2-1-2 所示,投射光线由一点发出,逐渐发散,在投影面上产生的投影比原物体轮廓大,当投射中心、投影面和物体三者之间的距离发生变化时,投影大小也会发生变化。因此,中心投影法不能准确反映物体的真实大小,它不适用于绘制机械图样。

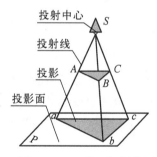
图 2-1-2　中心投影法

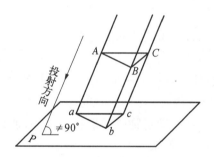
图 2-1-3　斜投影法

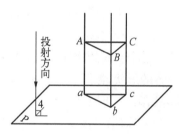
图 2-1-4　正投影法

(2) 平行投影法

投射线为平行线时的投影方法称为平行投影法。平行投影法根据投射线和投影面与位置关系不同,又可分为斜投影法和正投影法两种。

① 斜投影法:投射线倾斜于投影面的投影为斜投影法,如图 2-1-3 所示。

② 正投影法:投射线垂直于投影面的投影为正投影法,如图 2-1-4 所示。正投影法能真实反映物体的大小和形状,度量性好,作图方便,因此机械制图的图样主要采取正投影法作图。

二、正投影的基本性质

1. 真实性

当空间直线或平面平行于投影面时,它在该投影面上的投影反映直线的实长或平面的实形,如图 2-1-5 所示。正投影的这种性质叫作真实性,或叫作全等性。

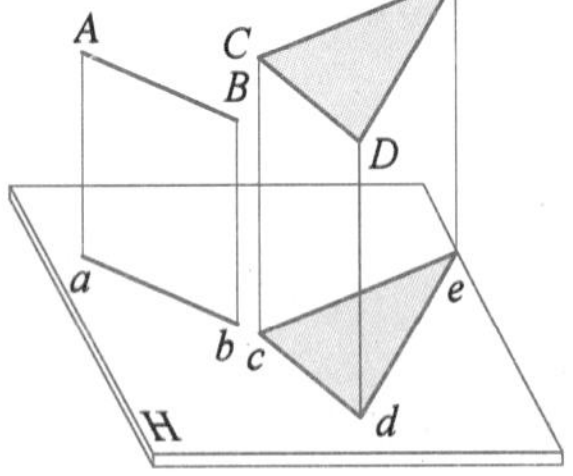

图 2-1-5 平行反映真实性 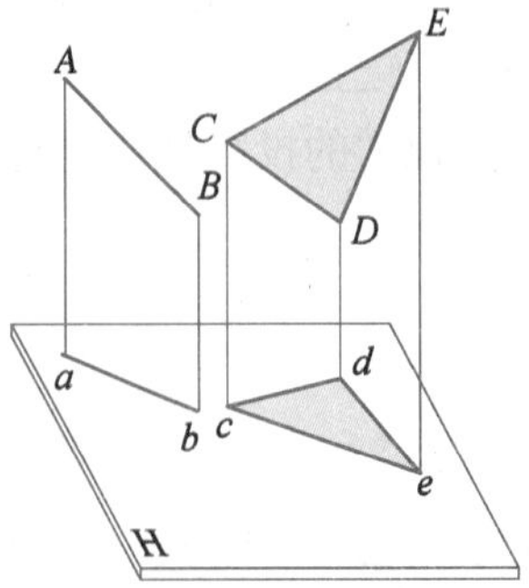　　　图 2-1-6 倾斜反映收缩性 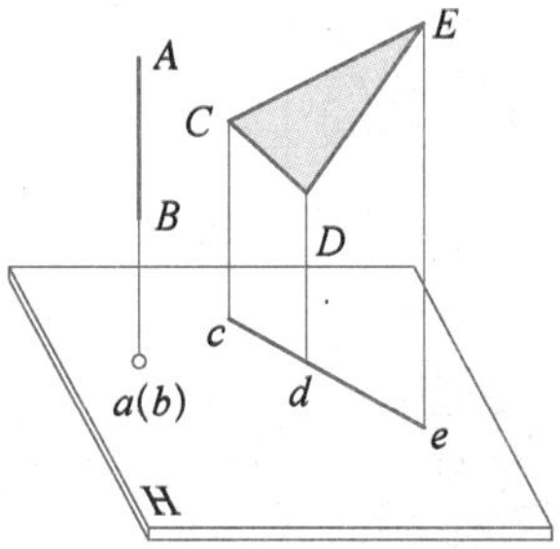　　　图 2-1-7 垂直反映积聚性

2. 收缩性

当空间直线或平面倾斜于投影面时，它在该投影面上的正投影仍为直线或与原平面相类似的平面图形，但其投影的长度变短或面积变小，如图 2-1-6 所示。正投影的这种性质叫作收缩性，或叫作类似性。

3. 积聚性

当直线或平面垂直于投影面时，它在该投影面上的投影为一点或一条直线，如图 2-1-7 所示。正投影的这种性质叫作积聚性。

三、三视图的形成及其投影规律

1. 视图

按照正投影法将物体向投影面投影得到的图形称为视图。

2. 用 3 个视图才能确切表达物体的形状

一个空间的物体有长、宽、高，用正投影的一个视图，有时甚至用两个视图也不能确切地表达物体的形状，如图 2-1-8 所示，其原因是：不同形状的物体的某一个面，甚至两个视图可能会相同，如图 2-1-9 所示。因此，为了唯一确定物体的形状和大小，通常采用 3 个相互垂直的投影面投影，即用三视图来确切表达物体的形状。

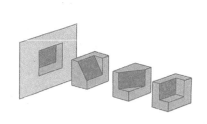

图 2-1-8 不同形状的物体
有一个相同的视图

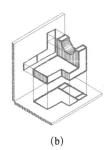

图 2-1-9 不同形状的物体
有两个相同的视图

在机械图样上也有用一个视图表达机械零件的形状的，但必须附加说明。例如：圆柱零件的直径标注"ϕ"，球体零件的直径标注"$S\phi$"，薄板零件的标注厚度"t"等。在装配图上的常用标准件，如螺栓、轴承等一般也只画一个视图。

3. 3个相互垂直的投影面

用3个互相垂直的平面可将空间划分为8个分角,如图2-1-10所示。我国机械制图国家标准GB/T14692—1993规定采用第一角投影法,如图2-1-11所示。美国、日本等发达国家则采用第三角投影法。

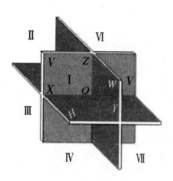

图2-1-10 空间8个分角

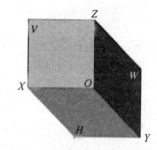

图2-1-11 第一分角的3个投影面

4. 第一分角的投影面

第一分角投影法是将物体置于第一分角内,使其处于观察者与投影面之间,即保持投影的位置关系如图2-1-12所示。

第一分角3个互相垂直的投影面分别是:正投影面V;水平投影面H;侧投影面W。

第一分角3个互相垂直的投影轴是:V面与H面的交线X轴;H面与W面的交线Y轴;V面与W面的交线Z轴。

5. 三视图的形成

(1) 投影:将物体放入由V、H、W面组成的投影体系中,用正投影的方法分别得到物体的3个投影,如图2-1-13所示,在V面上的投影称为主视图,在H面上的投影称为俯视图,在W面上的投影称为左视图。

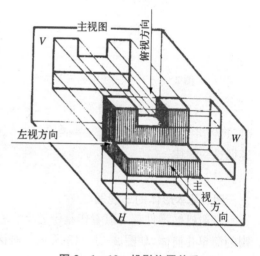

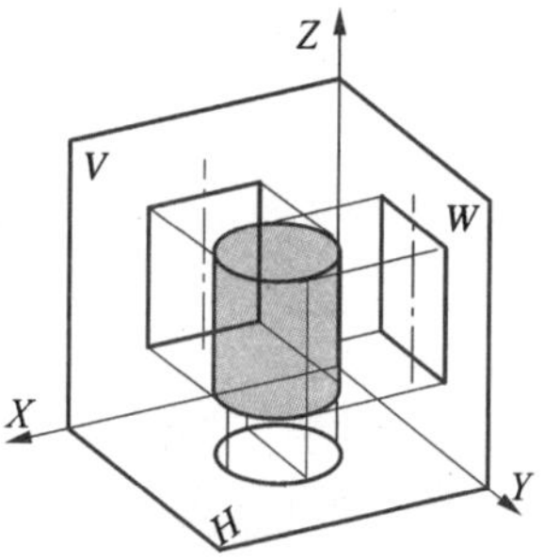

图2-1-12 投影位置关系

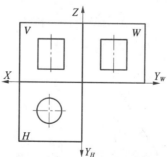

图2-1-13 三面投影

图2-1-14 投影面展开图

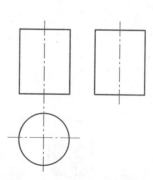

图2-1-15 省去投影面和投影轴的三视图

(2) 展开：V 面保持不动，将 H 面绕 X 轴向下旋转 $90°$，将 W 面绕 Z 轴向右旋转 $90°$，就将 3 个投影面展开到一个平面内，如图 2-1-14 所示。

(3) 留图：省去投影面和投影轴，留下的 3 个视图可根据图纸的大小调整相对位置，应能得到符合要求的三视图，如图 2-1-15 所示。

从图 2-1-15 中可以看出：俯视图在主视图的下边，左视图在主视图的右边。

6. 三视图的投影规律

如图 2-1-16 所示，一个物体在 3 个投影面中得到的投影具有三等关系，即：主、俯视图长对正（即等长）；主、左视图高平齐（即等高）；俯、左视图宽相等（即等宽）。

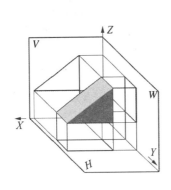

图 2-1-16 三视图的三等关系

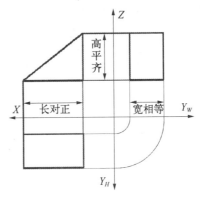

图 2-1-17 三视图投影规律

"长对正、高平齐、宽相等"的"三等"关系是绘制和识读三视图必须遵循的投影规律。作图时，物体 3 个视图的总体尺寸要遵循这一规律，如图 2-1-17 所示，三视图上的点、线、面也都应遵循这一规律。

四、基本形体的三视图

一般机械零件都可以看作是由若干个基本形体组成的组合体。所谓基本形体是指一些有规则的简单几何体，如图 2-1-18 所示。概括起来有以下 4 种类型：

$$\text{基本形体} \begin{cases} \text{柱} \begin{cases} \text{棱柱} \\ \text{圆柱} \end{cases} \\ \text{锥} \begin{cases} \text{棱锥} \\ \text{圆锥} \end{cases} \\ \text{球} \\ \text{环} \end{cases}$$

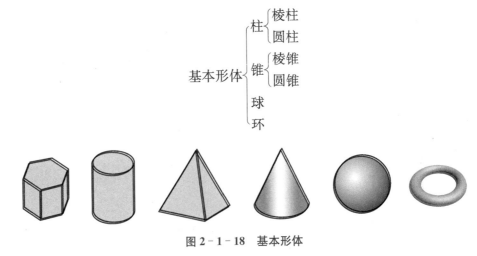

图 2-1-18 基本形体

其中棱柱体和棱锥体的表面都为平面，称为平面体；圆柱、圆锥、球和环的表面为回转面（即由一条直线或曲线回转而成)或回转面和平面构成,称为回转体。

1. 六棱柱的三视图

如图 2-1-19 所示为一正六棱柱,将其顶面和底面平行于水平投影面放置,进行三面投影,然后按照"长对正,高平齐,宽相等"的三等投影关系绘制三视图,所得视图如图 2-1-20 所示。

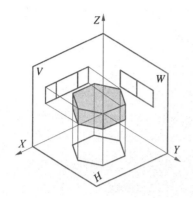

图 2-1-19 六棱柱的三面投影

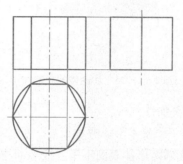

图 2-1-20 六棱柱的三视图

2. 圆锥体的三视图

如图 2-1-21 所示的是一圆锥体,将其底面平行于水平投影面放置,进行了三面投影,所得视图如图 2-1-22 所示。

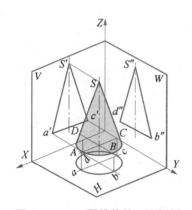

图 2-1-21 圆锥体的三面投影

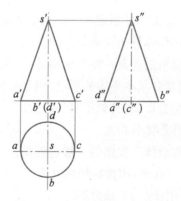

图 2-1-22 圆锥体的三视图

机械制图国家标准规定,空间物体上的点用大写字母 A、B、C…标记,这些点在 H 面上的投影用相应的小写字母 a、b、c…标记;在 V 面上的投影用相应的小写字母 a'、b'、c'…标记(每个小写字母上标带一撇);在 W 面上的投影用相应的小写字母 a''、b''、c''…标记(每个小写字母上标带两撇)。若在视图两点重叠,被遮挡住的点其标记字母要加上括号。

五、组合体的三视图

1. 组合体的分类

机械零件大多为组合体。组合体可分为 3 类:

(1) 切割体

由基本形体切割而成。如图 2-1-23 所示的是一个由长方体经几次切割而成的形体,

图 2-1-24 所示的是它的三视图。

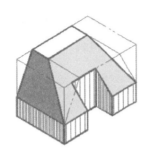

图 2-1-23 切割体的立体图

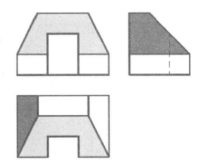

图 2-1-24 切割体的三视图

（2）叠加体

由若干个基本形体叠加而成。叠加体中各基本形体表面间的连接有以下几种情况：

① 相邻两形体表面不平齐或表面相交时，要画出连接处分隔线。

② 相邻两形体表面平齐连接或表面相切时，连接处不应画线。

（3）综合体

由基本形体切割和叠加组成，如图 2-1-25 所示。一般综合体要比切割体和叠加体复杂一些，汽车零件大多为综合体。

2. 识读组合体三视图

如图 2-1-25 所示为一综合式的组合体三视图，初学者可以运用形体分析法来帮助识读三视图。

形体分析法就是：假想地将组合体分解成若干个基本形体，搞清楚各基本形体的形状、相互的位置关系、表面连接的状态和组合形式，达到了解和想像出整体的目的。这种思考方法叫作形体分析法。

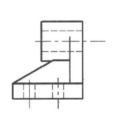
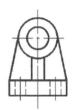

图 2-1-25 综合体的三视图

识读组合体三视图的一般过程是：

① 看三视图，用投影规律分析主、左、俯 3 个视图表达形体的相互关系；

② 运用形体分析法分解组合体，分析各基本形体的形状、位置和连接状态，如图 2-1-26 所示；

③ 根据分析结果想像出组合体的整体形状，如图 2-1-27 所示。

图 2-1-26 将综合体分成若干个基本形体

图 2-1-27 读三视图想像出综合体的实际形状

活动二　识读其他表达方式的图样

活动背景　汽车修理工小李在修车的工作中,看到不同汽车制造厂绘出的同类汽车零件图,仔细一对照,发现这两个企业的图样表达方式有一定差别,这是什么原因呢? 实际上表达机件的图样有各种方式,应用时需要根据不同机件的结构特点,选用适当的表达方法。其原则是:用最少的视图,最完整、清晰地表达出机件的内外结构形状。机件常用的各种表达方法,有基本视图、局部视图、斜视图、剖视图、断面图、局部放大图以及简化画法等。生产中对机械图样的要求,一是要看图方便,二是在完整清晰地表达各部分形状的前提下力求制图简便。作为汽车修理工应该知道机械图样的各种表达方法。如图 2-2-1 所示就是一种表达方式。

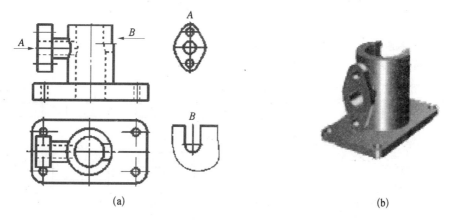

图 2-2-1　用主视图、俯视图和局部视图表达轴类零件

活动分析
1. 知道基本视图的形成和 6 个基本视图的配置关系。
2. 能读懂局部视图、斜视图、局部放大图,明确作图方法和标注的有关规定。
3. 知道机械图样的简化画法、规定画法。
4. 通过本活动能基本看懂含有基本视图、局部视图、斜视图和局部放大图的汽车零件图样。

关联知识

一、基本视图

1. 什么是基本视图?

机件向基本投影面投影所得的视图,称为基本视图。

当机件的外部形状比较复杂而且上下、左右、前后各个方向形状都不同时,用三视图就不能完整、清晰地把它们表达出来。因此《机械制图》GB/T17451—1998 规定,采用正六面体的 6 个面作为基本投影面,将物体放在其中,分别向 6 个投影面投影,如图 2-2-2

所示,得到6个基本视图:除了原来的主视图、俯视图和左视图外,还有右视图、仰视图和后视图,这6个视图称为基本视图。把这6个基本视图按国家标准规定展开在一个平面上,如图2-2-3所示,就得到6个基本视图的配置关系。

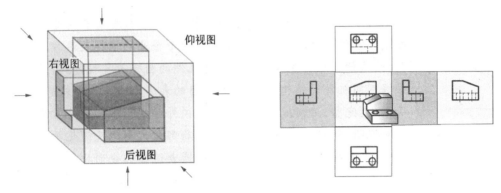

图2-2-2 向6个基本投影面投影　　　图2-2-3 6个基本视图的展开

在同一张图纸内按图2-2-4配置视图时,不需要标注视图名称。

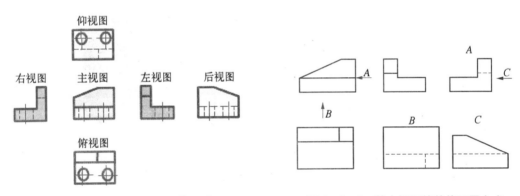

图2-2-4 6个基本视图的配置　　　图2-2-5 基本视图的其他配置方式

若不能按图2-2-4的规定配置时,应在视图的上方用大写的拉丁字母标出视图的名称"×",并在相应视图的附近,用箭头指明投影方向,注上相同的字母,这种视图称为向视图。向视图是可以自由配置的视图,如图2-2-5所示。

2. 绘制基本视图的注意点

① 基本视图之间仍然保持"长对正,高平齐,宽相等"的"三等"投影关系;

② 应根据机件结构形状特点,选用其中必要的几个基本视图;

③ 用粗实线表示可见的轮廓线,用虚线表示不可见的轮廓线。只要在其他基本视图上已表达清楚了,虚线可以省略。

二、局部视图

1. 什么是局部视图?

将机件的某一部分向基本投影面投影所得到的视图称为局部视图,如图2-2-6的"A"、"B"和图2-2-7的"B"和"C"所示。

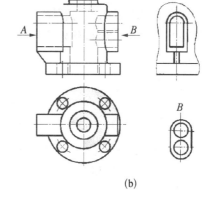

图 2-2-6 局部视图(一)

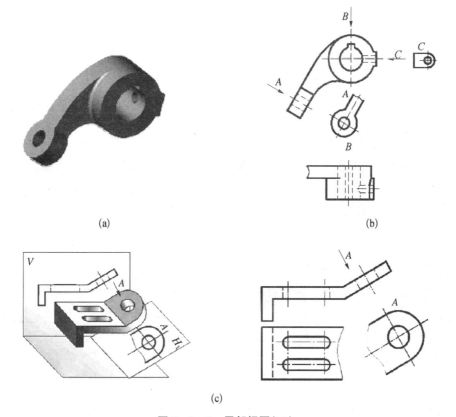

图 2-2-7 局部视图(二)

局部视图用来表达机件某一局部的外形。当机件某些局部形状在已画的基本视图上未能反映清楚,但又没有必要另画一个基本视图时,可用局部视图来表达。

2．局部视图的画法和标注

① 局部视图的上方,应用大写的拉丁字母标出视图的名称"×",在对应的视图附近,用箭头指明投射方向,并注上和"×"同样的字母。

② 局部视图一般配置在箭头所指的投影方向上,必要时也可以配置在其他适当的位置。当局部视图按投影关系配置,中间又无其他图形隔开时,可省略标注,如图 2-2-6 "A"视图,可省

略不注。

③ 局部视图的范围可用视图轮廓线、波浪线或双折线组合表示,如图2-2-6"A"视图。当所表示的局部结构形状完整,而且外轮廓线成封闭时,波浪线可省略,如图2-2-6"B"视图。

三、斜视图

1. 什么是斜视图?

将机件向不平行于任何基本投影面的平面(斜投影面)投影而得到的视图,称为斜视图。如图2-2-7(b)的"A"视图和图2-2-7(c)的"A"所示。

斜视图用来表达机件上倾斜部分的外形。

2. 斜视图的画法和标注

① 斜视图的上方,应用大写的拉丁字母标出视图的名称"×",在对应的视图附近,用箭头指明投射方向,并注上和"×"同样的字母,字母一律按水平方向书写,如图2-2-7所示。

② 斜视图一般配置在箭头所指的投影方向上,必要时也可配置在其他位置。

③ 在不会引起误解的条件下,允许将图形旋转,但必须在视图的名称"×"旁加上旋转箭头。

④ 斜视图的断裂处用波浪线或双折线表示,其画法与局部视图相同。

四、局部放大图

1. 什么是局部放大图?

将机件的部分结构用大于原图形所采用的比例画出的图形,称为局部放大图。

当机件上某些细小的结构在原图形中表达不清楚或不便于标注尺寸时,可采用局部放大图加以显示,如图2-2-8和图2-2-9所示。

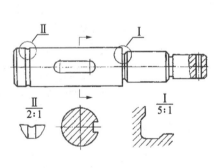

图2-2-8 局部放大图(一)

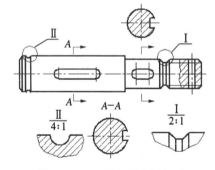

图2-2-9 局部放大图(二)

2. 局部视图的画法和标注

① 局部放大图可画成视图、剖视图或断面图,它与原图形的表达方式无关。

② 局部放大图应用细实线圈出被放大的部位,并尽可能配置在被放大部位的附近,图形上方应标出放大的比例。

③ 同一机件的视图上有几个被放大的部位时,必须用罗马数字依次标明被放大的部位,并在对应的局部放大图的上方标注出相应的罗马数字和采用的比例,如图2-2-8和图2-2-9所示。

五、简化画法和规定画法

1. 相同结构要素的省略画法

机件上有多个相同的、并按一定规律分布的结构要素,如孔、轮齿、槽等,只需画出几个完整的要素,其余用细实线连接,或画出它们的中心位置,并在图中注明该要素的总数即可,如图2-2-10和图2-2-11所示。

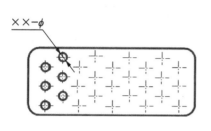
图2-2-10 多个相同孔的省略画法

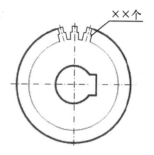
图2-2-11 多个相同轮齿的省略画法

2. 肋和轮辐的规定画法

对于机件的肋、轮辐和薄壁等,如按纵向剖切,这些结构都当作不剖切处理,即不画剖面符号,用粗实线将它与其相邻的连接部分分开。如按横向剖切,这些结构画出剖切符号,如图2-2-12和图2-2-13所示。

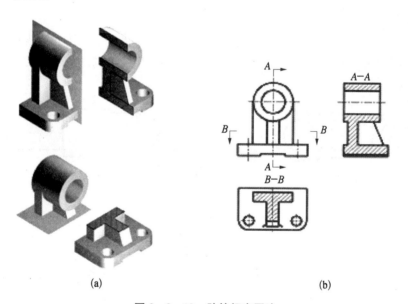

(a)　　　　　　　　　　　　(b)

图2-2-12 肋的规定画法

当零件回转体上均匀分布的肋、轮辐、孔等不处于剖切平面上时,可将这些结构旋转到剖切平面上画出,而且不必加任何标注,如图2-2-14所示。

3. 对称图形的规定画法

圆盘类零件上均匀分布的孔可按图2-2-14绘制。在不至于引起误解时,对称机件可只画1/2或1/4,并要在对称中心线的两端画出两条与其垂直的平行细实线,如图2-2-15所示。

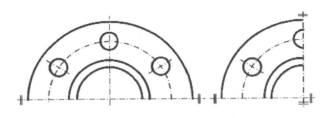

图 2-2-13 轮辐的规定画法　　　　图 2-2-14 均匀分布的孔的画法

图 2-2-15 对称图形的省略画法

4. 断开画法

类似于轴、杆、型材、连杆等较长的机件,沿长度方向的形状一致或按一定规律变化时,可用断开后缩短表示,但机件的轴线(或对称线)仍应连续画出,并标注机件的实际尺寸,断开处以用波浪线或双折线为界。如图 2-2-16 所示。

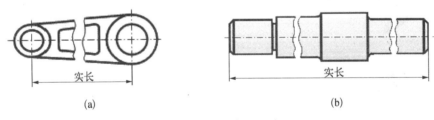

图 2-2-16 断开画法

5. 其他简化画法

① 当平面在图形中不能充分表达时,可用平面符号(相交的两条细实线)表示,如图 2-2-17 所示。

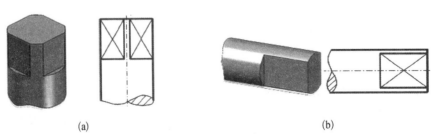

图 2-2-17 用符号表示平面

② 与投影面倾斜角度小于或等于 30°的圆或圆弧，其投影可以用圆或圆弧来代替真实投影的椭圆，如图 2-2-18 所示。

图 2-2-18 较小倾斜角度的圆的简化画法

活动三　识读剖视图和断面图

汽车零件并不都是实心的，有不少零件内部结构还较为复杂，当零件内部结构稍微复杂一点，在视图中用虚线来表达其内部的轮廓时，就可能出现如图 2-3-1 所示的虚线套虚线、虚线与实线重叠、尺寸难以标注等现象，这样会使看图的人眼花缭乱，难以读懂图纸。汽车有不少轴类零件，用三视图表达，如图 2-3-2 所示，往往是既麻烦又难以表达清楚，怎样来解决这些问题呢？通过本活动可以找到基本的答案。

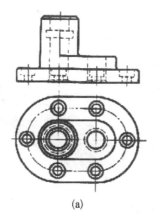
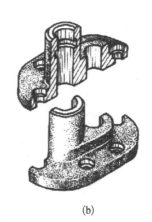

图 2-3-1　内部结构较为复杂的零件

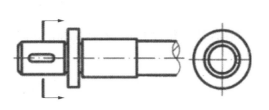

图 2-3-2　用主视图和左视图表达轴类零件

1. 看懂采用不同的剖视图来表达零件内部的结构和形状。
2. 一般轴类零件用断面图表达更清楚，能读懂断面图。
3. 能区分断面图和剖视图。

 尝试识读下面图2-3-3和图2-3-4所示的剖视图和断面图,并完成填空：

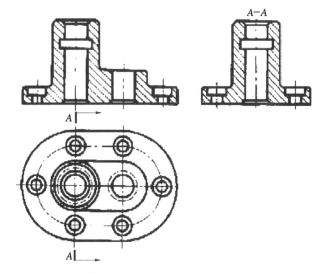

图2-3-3 剖视图

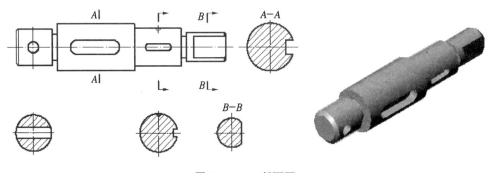

图2-3-4 断面图

1. 图2-3-3采用的是_____视图；左视图上方字母"A-A"表示_____,而主视图上方没有字母是因为_____。

2. 图2-3-4上的4个断面为_____断面,最左方的断面没有任何标记是因为_____。

一、剖视图

1. 什么是剖视图？

假想地用剖切面剖开物体,将处在观察者和剖切面之间的部分移去,而将其余部分向投影面投影所得的图形称为剖视图,简称剖视,如图2-3-5所示。

2. 剖视图的作用

剖视图的主要作用是用来表达机件内部的结构和形状。

在机械制图中,表达机件内部结构的图样大多采用剖视图。

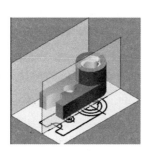 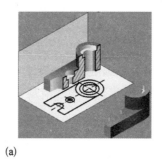 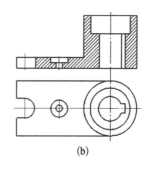

(a)   (b)

图 2-3-5 剖视图的形成

一旦采用了剖视，机件内部形状就由不可见变为可见，原来用细虚线表示的轮廓线就应换成粗实线。

3. 有关画剖视图的规定

① 剖视图只是假想地把机件剖切开来，实际机件还是完整的，因此在其他视图上仍应按完整的机件画，如图 2-3-5(b)所示的俯视图。

② 被剖切到的剖面应画上剖面符号。不同的材料有不同的剖面符号，国家标准规定的各种材料的剖面符号画法如表 2-3-1 所示。

表 2-3-1 各种材料的剖面符号

金属材料 （已有规定剖面符号者除外）		胶合板 （不分层数）	
线圈绕组元件		基础周围的泥土	
转子、电枢、变压器和 电抗器等的迭钢片		混凝土	
非金属材料 （已有规定剖面符号者除外）		钢筋混凝土	
型砂、填砂、粉末冶金、砂轮、 陶瓷刀片、硬质合金刀片等		砖	
玻璃及供观察用的 其他透明材料		格 网 （筛网、过滤网等）	
木材	纵剖面	液 体	
	横剖面		

金属材料的剖面符号，一般用与水平线成45°方向、间距相等的细实线表示，这些细实线也称为剖面线。如果剖视图的主要轮廓线与水平线接近45°，可将此剖面线画成与水平线成30°或60°，同一零件的剖面线要求为斜度一致、间隔均匀。

③ 一般采用了剖视，在视图上就不再画虚线了。若剖面后面还有不可见的形体轮廓，则可在其他视图上表达清楚，若在其他视图上也难以表达清楚，允许在剖视图上画出虚线。

4. 剖视图的分类

按剖切范围的大小，剖视图可分为3类：全剖视图、半剖视图、局部剖视图。

(1) 全剖视图

用剖切面完全地剖开物体所得的剖视图，如图2-3-5所示，称为全剖视图。

全剖视图一般用于外形比较简单且对称的机件，或外形已在其他视图上表达清楚、内部结构比较复杂时，常采用全剖视图表达机件的内部结构形状。

(2) 半剖视图

当物体具有对称平面时，向垂直于对称平面的投影面上投射所得的图形，可以对称中心线为界，一半画成剖视图，另一半画成视图，如图2-3-6所示，这样的图形称为半剖视图。

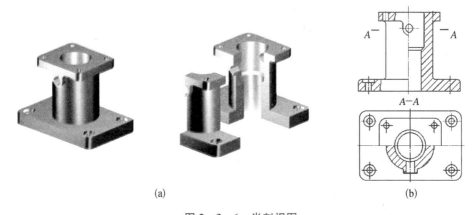

(a) (b)

图2-3-6 半剖视图

半剖视图主要用于具有对称平面，且内、外形状需在同一视图上都有所表达的对称机件。

机件左右对称的，剖视一般画在视图右半边；机件前后对称的，剖视一般画在视图的前半边；机件上下对称的，剖视一般画在视图的上半边。在表示机件外部结构形状的半个视图上，一般不需要再画虚线。

(3) 局部剖视图

用剖切面局部地剖开物体所得的剖视图，如图2-3-7所示，称为局部剖视图。

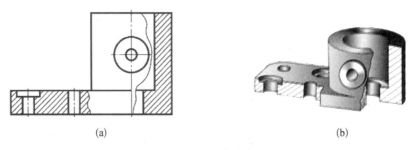

(a) (b)

图2-3-7 局部剖视图

局部剖视图一般以波浪线（也可用双折线）为界，波浪线既不能和轮廓线重合也不能用轮廓线来替代（如图2-3-8所示），更不能画到轮廓线之外，同时波浪线也不能穿空而过（如图2-3-9所示），如遇到孔、槽等结构时，波浪线必须断开。

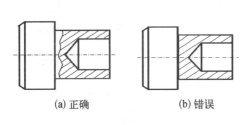

图2-3-8 局剖边界波浪线不能用其他图线替代

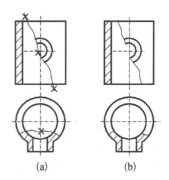

图2-3-9 波浪线不能穿空而过

局部剖视图主要用于内、外形都需要在同一视图上有所表达且不对称的机件（如图2-3-7所示）；或不宜作半剖视的对称机件，实心零件上有孔、凹坑（如图2-3-8所示）；或键槽等局部结构（如图2-3-9所示）。局部剖视图的剖切范围可大可小，非常灵活，运用得当的话，既可简化作图又能使读图方便。

5. 剖视图的标注

剖视图上方一般应用大写的拉丁字母标注出其名称"×-×"，并在另一相应的视图上用剖切符号表示剖切位置和投射方向。剖切位置用长约5～10 mm的粗实线段表示，在该粗实线的外侧画上与其相垂直的箭头表示投射方向，并在两侧写上与"×-×"相同的字母，如图2-3-3和图2-3-6所示。剖切符号应尽可能不与视图的轮廓线相交。

6. 剖视图的省略标注

① 对称零件逢中剖切不需标注；当剖切平面与机件的对称平面完全重合，可以不必进行任何标注。

如图2-3-3所示的机件前后对称，全剖视的主视图具备省略标注的条件；又如图2-3-6所示的机件左右对称，半剖视的主视图也具备省略标注的条件，可以不必标注；这两个机件的其他视图则不具备省略标注的条件，必须按规定方法标注。

② 当单一剖切平面的剖切位置明显时，局部剖视图的标注可省略，如图2-3-10和图2-3-11所示。

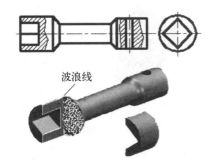

图2-3-10 表达孔的形状的局部剖视

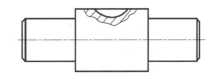

图2-3-11 表达键槽形状的局部剖视

③ 当剖视图按照投影关系配置，中间又没有其他图形隔开时，可省略箭头，如图2-3-6和图2-3-12所示。

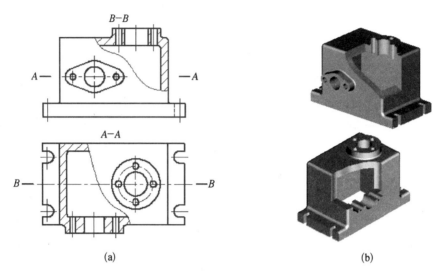

图2-3-12 箱体零件的局部剖视图

7. 剖切面的种类

由于机器上的机件种类繁多，对显示各种机件内部结构的剖切方法也不尽相同。一般根据机件的结构特点，可以选择在不同的位置，一个或两个甚至多个剖切面剖开物体。

（1）单一剖切平面

用一个剖切面剖开机件，这种剖切方法有两类：一类是平行于投影基本平面的单一剖切平面剖切，另一类是用倾斜于基本投影平面的单一剖切平面剖切：

① 平行于投影基本平面的剖切：前面介绍的全剖视图、半剖视图和局剖视图均被视为是这一类剖切。

② 倾斜于基本投影平面的剖切：用这类方法剖切后投影得到的视图称为斜剖视图，如图2-3-13所示。

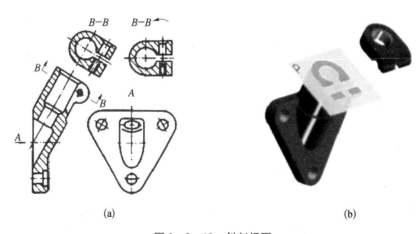

图2-3-13 斜剖视图

斜剖视图主要用于表达机件上倾斜部位的内部结构。采用斜剖画剖视图时，必须注意：

采用斜剖画剖视图必须标注,标注方法与其他几种剖视图的标注方法基本相同,注写字母一律按水平位置书写,字头朝上。

斜剖视图一般配置在箭头所指的方向。若放置在图纸的其他位置,应将图形旋转放正画出,并在斜剖视图上方注明其名称和旋转符号"×-× ⌒"或"⌒ ×-×"。如图2-3-13所示。

(2) 几个平行的剖切平面

用几个平行的剖切平面剖开机件的方法称为阶梯剖,投影后所得的视图称为阶梯剖视图。

如图2-3-14所示的机件,其主视图是用3个互相平行且平行于正投影面的剖切平面对机件呈阶梯状的剖切。

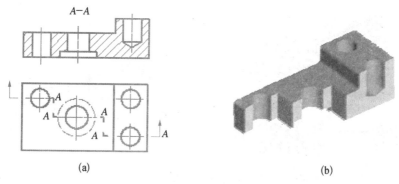

图2-3-14 阶梯剖视图

阶梯剖一般用于外形简单,内形结构错开,难以用一个剖切平面剖切表达的机件。采用阶梯剖画剖视图必须注意:

① 阶梯剖视图上方应用字母标出视图名称"×-×",并在相对应的视图上表示剖切位置和投射方向的剖切符号,在剖切平面的起讫处和转折处除了画上短的粗实线外,还应标注与名称"×-×"相同的字母。但剖切平面转折处的剖切符号中的粗短画不能与视图中的轮廓线重合。

② 各剖切平面剖切后所得的剖视图是一个图形,在剖视图中不画各剖切平面的界线,即剖切平面的转折处没有轮廓线。

③ 剖切位置要选择适当,以免把机件上应该表达的部分切除掉而使视图表现不完整。

(3) 几个相交的剖切平面

用两个相交的剖切平面剖开机件的方法,称为旋转剖。如图2-3-15所示。

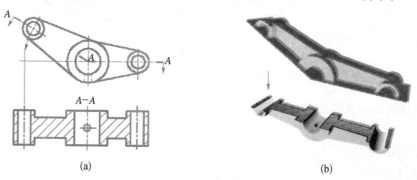

图2-3-15 旋转剖视图

当机件内部结构形状用单一剖切平面剖切不能完全表达,而这个机件在整体上又具有垂直于某一基本投影面的回转轴线时,可用旋转剖表达。采用旋转剖画剖视图时,必须注意:

① 假想地按剖切位置剖开机件后,将被剖开的倾斜部分旋转到与选定的投影面平行位置,再进行投影作图。

② 旋转剖视图标注的方法和阶梯剖视图基本相同。

(4) 组合的剖切平面

当机件的内部结构形状较多且复杂,单用阶梯剖和旋转剖仍不能表达清楚时,可以用组合的剖切平面剖开机件,这种方法称为复合剖。如图 2-3-16 所示,就是用旋转剖和阶梯剖组合的复合剖。

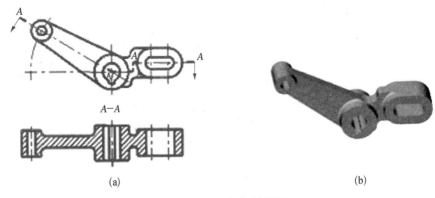

图 2-3-16 复合剖视图

图 2-3-17 是用几个相交的剖切平面复合剖切机件,采用这种剖切方法画剖视图时,可用展开画法。

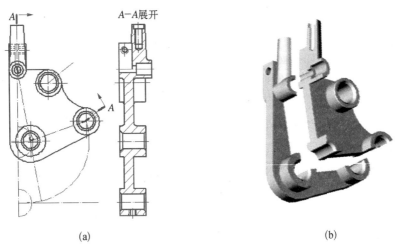

图 2-3-17 复合剖视图

采用复合剖画剖视图必须标注,其画法与标注方法与阶梯剖、旋转剖基本相同。

二、断面图

1. 什么是断面图?

假想用剖切平面将机件的某处切断,仅画出断面的图形,称为断面图,简称断面。

2. 断面图的作用

断面图是用来表达机件某一局部断面形状的图形。如图 2-3-18 所示。

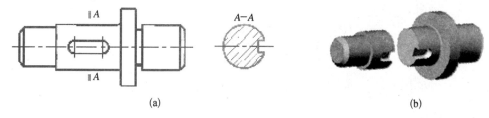

图 2-3-18　断面图

3. 断面图与剖视图的区别

断面图只表达机件被切断的断面,反映的只是一个面的投影,而剖视图表达的是机件被剖切后,断面和断面后面所有剩余部分的整体,反映的是一个体的投影。如图 2-3-19 所示。

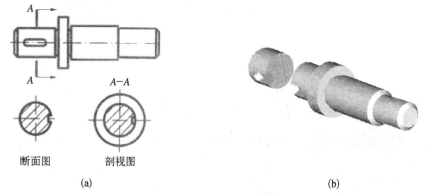

图 2-3-19　断面图与剖视图的区别

4. 断面图的分类

断面图分为移出断面和重合断面两种。

（1）移出断面

画在视图轮廓之外的断面图称为移出断面。

① 移出断面的画法和图形放置的有关规定如下：

a. 移出断面的轮廓线用粗实线绘制,断面上剖面线的画法与剖视图相同。

b. 移出断面通常放置在剖切线的延长线上,如图 2-3-20 所示;移出断面的图形对称时,也可画在视图的中断处,如图 2-3-21 所示;移出断面图也可放置在其他适当位置,如图 2-3-22 所示。

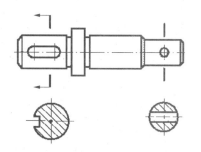

图 2-3-20　剖切线的延长线上的移出断面

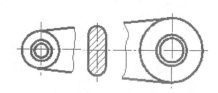

图 2-3-21　视图的中断处的移出断面

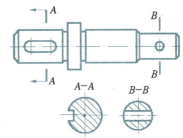

图 2-3-22 放置在其他位置的移出断面

c. 由相交的剖切平面剖切得到的移出断面,中间应用波浪线断开,如图 2-3-23 所示。

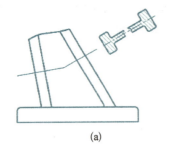
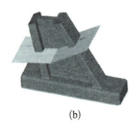

(a)　　　　　　　　　　　　　　(b)

图 2-3-23 相交剖切平面剖切得到的移出断面

d. 当剖切平面通过回转孔或凹坑的轴线时,这些部分应按剖视图绘制,如图 2-3-24 和图 2-3-25 所示。

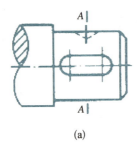
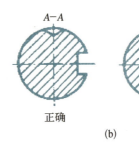

(a)　　　　　　　　　　　　　　(b)

图 2-3-24 剖切平面通过回转孔或凹坑的轴线

e. 剖切平面经过圆通孔或非圆通孔而导致出现完全分离的两个剖面时,这些结构也应按剖视绘制,如图 2-3-25 和图 2-3-26 所示。

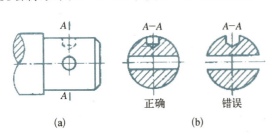
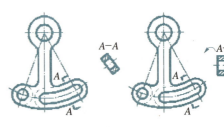

图 2-3-25 剖切平面经过圆通孔　　　　图 2-3-26 剖切平面经过非圆通孔

② 移出断面的标注作如下规定：

a. 移出断面的标注方法和剖视图相类似，用短的粗实线表示剖切位置，用箭头表示投射方向，并注上字母。在断面图的上方用同样的字母标出相应的名称"×-×"。经过旋转后转正的断面图应加注"⌒"或"⌒"符号，如图 2-3-26 所示。

b. 对称图形的移出断面放置于剖切线的延长线上，不需标注；不对称图形的移出断面放置在剖切符号延长线上，可不标注字母，如图 2-3-20 所示。

c. 对称图形的移出断面，按投影关系放置，可不标注箭头，如图 2-3-24 所示。

(2) 重合断面

画在视图轮廓之内的断面图称为重合断面。

重合断面可看作是将断面在剖切后原地旋转 90°，在视图之内显示的图形。如图 2-3-27 和图 2-3-28 所示。

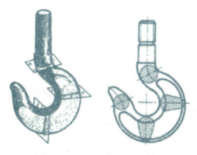

图 2-3-27　吊钩的重合断面

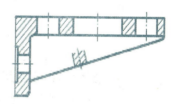

图 2-3-28　肋板的重合断面

重合断面图一般用来表达轮辐、肋板和型钢等的截面结构和形状。重合断面的画法和图形放置有关规定如下：

重合断面的轮廓线用细实线绘制。当视图中的轮廓线与重合断面的图形重叠时，视图中的轮廓线仍应连续画出，不可间断，如图 2-3-29 所示。

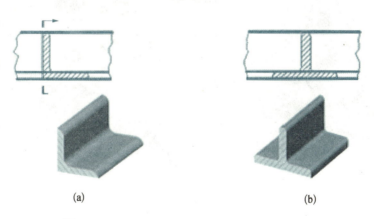

图 2-3-29　视图轮廓线与重合断面的图形重叠

位置固定放置的不对称重合断面，只标剖切符号和投影方向，不标字母；对称的重合断面可不作任何标注，如图 2-3-27、图 2-3-28 和图 2-3-29 所示。

活动四　识读零件图

活动背景

明确了图样的各种表达方式，就能初步识读零件图。要读懂零件图，首先要了解零件图的内容和读图步骤，才能领会图纸上的各项要求，才能最终修复零件。

活动分析

1. 知道零件图的作用和应包含的内容。
2. 掌握零件图视图选择的三原则。
3. 会分析零件图的尺寸基准和尺寸标注的方法。
4. 会识读一般汽车零件图的图形及其尺寸。

关联知识

一、零件图的作用

零件是机器的制造单元。零件图是直接指导制造和检验零件的重要技术文件，它是用来表示零件结构形状、大小和技术要求的图样。

一辆汽车至少由上万个零件装配而成，如图2-4-1所示的是部分汽车零件，如图2-4-2所示的是汽车发动机曲轴飞轮组的主要零件。

要生产出合格的汽车，首先必须制造出合格的零件，而零件又是根据零件图来进行制造和检验的。在机器或部件中，除标准件外，一般零件都要绘制零件图，哪怕是再简单的零件也必须绘制其图样。

图2-4-1　部分汽车零件

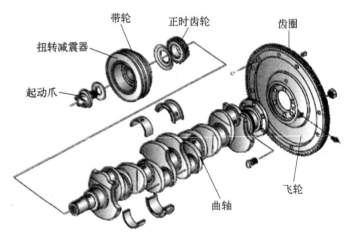

图2-4-2　曲轴飞轮组

二、零件图的内容

我们以图2-4-3所示的单缸发动机曲轴的零件图来说明一张完整的零件图应具备的内容：

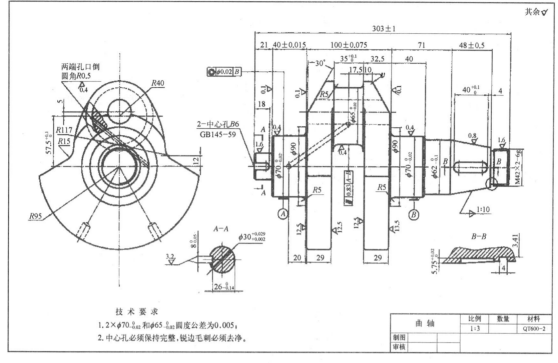

图 2-4-3 单缸发动机曲轴零件图

① 一组视图：用以完整、清晰地表达零件的结构和形状。

② 完整的尺寸：用以正确、完整、清晰、合理地表达零件各部分的大小和各部分之间的相对位置关系。

③ 合理的技术要求：用以表示或说明零件在加工、检验过程中所需的要求。如尺寸公差、形状和位置公差、表面粗糙度、材料、热处理、硬度及其他要求。技术要求常用符号或文字来表示。

④ 标题栏：一般填写零件的名称、材料标记、阶段标记、重量、比例、图样代号、单位名称以及设计、制图、审核、工艺、标准化、更改、批准等人员的签名和日期等内容。学校教学中一般用简易标题栏。

三、零件的视图选择

视图是零件图中的重要内容之一，必须使零件上每一部分的结构形状和位置都在视图上表达完整、正确、清晰，并符合设计和制造要求，且便于画图和看图。

要达到上述要求，在画零件图的视图时，应灵活运用前面学过的视图、剖视、断面以及简化和规定画法等表达方法，选择一组恰当的图形来表达零件的形状和结构。

1. 主视图的选择

主视图是零件的视图中最重要的视图，选择零件图的主视图，一般应从主视图的投射方向和零件的摆放位置两个方面来考虑，选择时应遵循如下三原则：

（1）形状特征原则

选择零件主视图的投射方向，应考虑形状特征原则，即所选择的投射方向所得到的主视图应最能反映零件的形状特征。

如图2-4-4所示的轴类零件，什么方向投影最能反映其形状特征呢？显然A、B两个方向中B投影方向反映形状最佳。

如图2-4-5所示的轴承座零件，什么方向投影最能反映其形状特征呢？显然A、B、C、D四个方向中B投影方向反映形状最佳。

当零件主视图的投射方向确定以后，还需确定主视图的位置。所谓主视图的位置，即是零件的摆放位置。一般分别从以下的工作位置原则和加工位置原则来考虑。

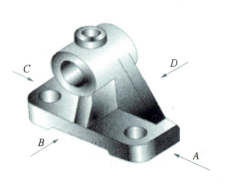

图2-4-4　轴承座零件主视图的投影方向选择

（2）工作位置原则

 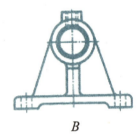 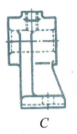 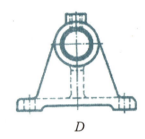

　　A　　　　　　　B　　　　　　　C　　　　　　　D

图2-4-5　轴承座零件主视图的投射方向

所选择的主视图的位置，应尽可能与零件在机械或部件中的工作位置相一致。如图2-4-6所示，汽车拖钩的主视图应尽可能与拖钩的工作位置相一致。

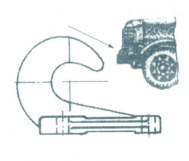 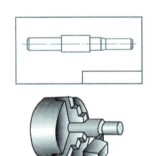

图2-4-6　工作位置原则　　　　图2-4-7　加工位置原则

（3）加工位置原则

零件图的重要作用之一就是用来指导生产零件。因此，主视图所表示的零件位置应尽可能与零件在机床上加工时所处的位置相一致，以便于工人加工时看图。

综上所述，主视图的选择应有利于看图，在满足形体特征原则的前提下，充分考虑零件的工作位置原则和加工位置原则。另外还要适当照顾习惯画法。如图2-4-7所示。

2．其他视图的选择

主视图选择好后，一般还应有其他视图与之配合，才能将零件的结构形状完整清晰地表达出来。

一个零件需要多少视图才能表达清楚，只能根据零件的具体情况来确定。其原则是：在保证充分表达零件结构形状的前提下，尽可能使零件的视图数目为最少。每一个视图都应有其表达的重点内容,有其独立存在的必要。

零件应选用哪些视图,完全是根据零件的具体结构形状来确定的。零件的视图过多,不仅使看图繁琐,而且会增加一些不必要的绘图工作量。视图的数目不足,则不能将零件的结构形状完全表达清楚。这样不仅会使看图困难,而且在制造时容易产生误解,生产出废品。

四、典型零件的视图选择

1. 轴套类零件

汽车发动机的曲轴、凸轮轴、挺柱、变速器的输入轴、输出轴、中间轴、柴油机喷油泵的柱塞和柱塞套都是轴套类零件。

轴套类零件往往只采用一个轴线水平放置的主视图,如图2-4-8所示。加上几个表达键槽或孔的局部剖视或移出断面图,以及反映越程槽和退刀槽的局部放大图,再加上标注的尺寸,足以把其结构形状表达清楚。

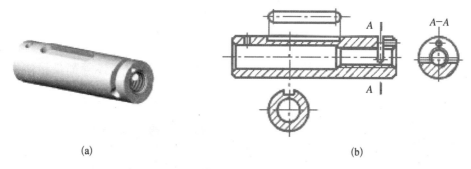

图2-4-8 柴油机喷油泵柱塞套零件图

2. 轮盘类零件

汽车上的齿轮、带轮、飞轮、水泵盖、方向盘、轴承端盖、离合器的压盘等都是轮盘类的零件。

轮盘类的零件图一般采用两个视图即主视图加左视图的表达方法,视图一般按加工位置轴线横放。为了显示零件内部矛盾形状和结构,常采用全剖、旋转剖或复合剖等表达方法。如图2-4-9所示的是汽车上的车身盘类零件图。

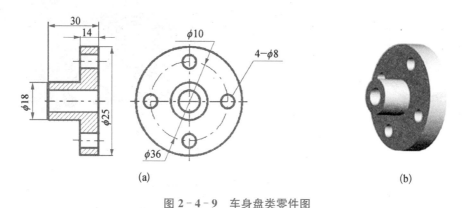

图2-4-9 车身盘类零件图

3. 叉架类零件

汽车变速器的拨叉、汽车上的连杆、杠杆、支座、支架等都是叉架类零件。

如图2-4-10所示的是汽车上的叉架类零件。叉架类零件形状大多比较复杂,主要为浇铸件和锻造件,肋和扭拐部位较多,其主视图应按形状特征等三原则来表达,主要轴线或平面应平行或垂直于投影面。采用的视图一般不少于两个,图样中局部视图、斜剖视图以及重合断面应用较多。

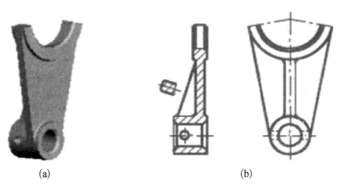

图2-4-10 叉架类零件图

4. 箱体类零件

汽车发动机的气缸体、变速器的壳体、后桥的壳体、转向器的壳体等都是箱体类零件,如图2-4-11所示。

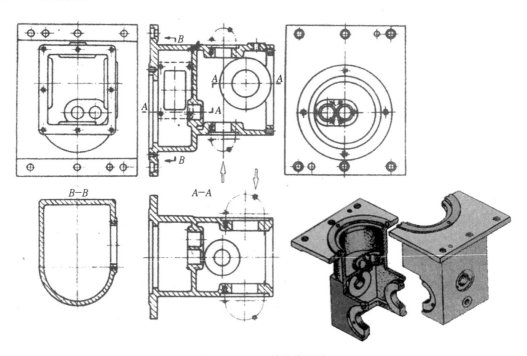

图2-4-11 箱体类零件

箱体类零件大多内外形状较复杂,主视图选择应符合形状特征等三原则。采用的视图一般不少于3个。若内外形状具有对称性,应采用半剖视图。若内部、外部形状都较复杂且不对称,则可局部视图,且保留一定虚线。对局部的内外部结构,则可以用斜视图、局部剖视图或断面图等方式来表达。

五、零件图的尺寸标注

零件的视图只表达零件的结构形状,而零件各组成部分的实际大小和相对位置要靠视图上所标注的尺寸数值来表达。

在零件图上标注尺寸,必须做到正确、完整、清晰、合理。

1. 尺寸基准

标注尺寸的起点,称为尺寸基准,简称基准。根据设计和加工的不同角度来确定基准,可把基准分成两类:

(1) 设计基准

为满足零件在机器或部件中对其结构、性能的特定要求而选定标注尺寸的起点,如图2-4-12和图2-4-13所示。

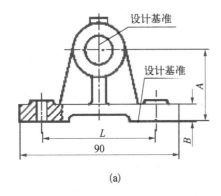
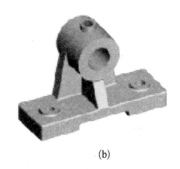

图2-4-12 设计基准

(2) 工艺基准

为便于零件的加工、测量和装配而选定标注尺寸的起点,如图2-4-13所示。

常用的基准线有零件的对称中心线、回转体的轴线等;常用的基准面有底板的大面积安装面、装配结合面、重要端面;零件图上3个坐标方向上各有一个主要基准和多个辅助基准。

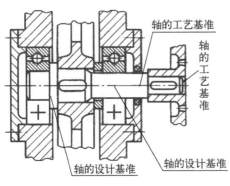
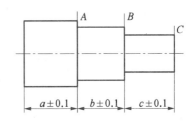

图2-4-13 设计基准和工艺基准　　　图2-4-14 链状式尺寸标注形式

2. 尺寸标注的形式

(1) 链状式

零件在一个方向上的几个尺寸依次首尾相接,前一个尺寸的终点是后一个尺寸的起点,一节一节相连犹如链状,称为链状式,如图2-4-14所示。链状式由于基准依次推移,使各段尺寸误差累积。因此,当阶梯状零件对总长精度要求不高,而对各段长度或零件中各孔中心距的尺寸精度要求较高时,可采用链状式尺寸注法。

（2）坐标式

零件在一个方向上的几个尺寸由同一基准出发进行标注,称为坐标式,如图2-4-15所示。坐标式所注各段尺寸其精度只取决于本段尺寸的加工误差,这样既可保证所注各段尺寸的精度要求,又因各段尺寸精度互不影响,故又不产生位置误差累加。因此,当需要从同一基准定出一组精确的尺寸时,可采用这种尺寸注法。

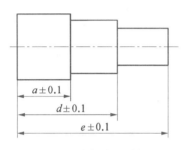

图2-4-15 坐标式尺寸标注形式

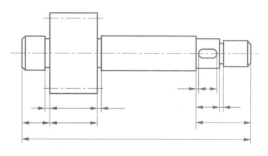

图2-4-16 综合式尺寸标注形式

（3）综合式

零件在一个方向上的多个尺寸,将链状式和坐标式两种形式综合起来标注,称为综合式,如图2-4-16所示。综合式具有链状式和坐标式的优点,既能保证一些精确尺寸,又能减少阶梯状零件中尺寸误差积累。因此,综合式注法应用较多。

3. 标注尺寸的注意事项

（1）重要尺寸必须从设计基准直接注出

零件上凡是影响产品性能、精度、互换性和装配定位关系的尺寸都是重要尺寸。为保证产品质量,重要尺寸必须从设计基准直接注出。因为从设计基准直接注出,可避免其他部分加工误差的影响,如图2-4-17所示。

（2）避免注成封闭尺寸链

一组首尾相连的链状尺寸称为尺寸链,在标注尺寸时,应避免注成封闭尺寸链。通常是将尺寸链中最不重

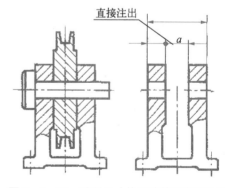

图2-4-17 重要尺寸从设计基准直接注出

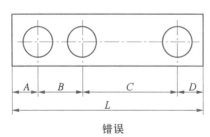

错误

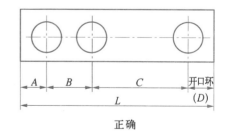

正确

图2-4-18 避免注成封闭尺寸链

要的那个尺寸作为开口环,不注写尺寸,如图2-4-18所示。这样,使该尺寸链中其他尺寸的制造误差都集中到这个开口环上来,从而保证主要尺寸和总体尺寸的精度。

（3）所有标注尺寸应该可以直接测量

标注尺寸时应注意到加工和测量的方便,要求在标注零件各部分尺寸时,应考虑测量、检验的方便,所有标注尺寸应该可以直接测量,如图2-4-19所示。

（4）零件应用总体尺寸

一般情况下,零件应用总体尺寸,即总长、总宽和总高。

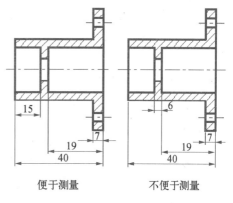

图2-4-19　所有标注尺寸应可以直接测量

活动五　识读零件图的技术要求

在读图时,我们发现零件图上除了有一组视图和尺寸外,还有好多我们不认识的符号或标记。要读懂图纸上的全部内容,我们还要继续学习零件图上的技术要求,技术要求包括零件表面粗糙度、零件的极限尺寸与配合要求、零件的形状和位置公差、零件材料的要求、加工要求、热处理和表面处理的说明等。

1. 能看懂零件表面粗糙度符号的意义,掌握标注方法。
2. 能计算零件的极限尺寸、尺寸公差,明确配合要求。
3. 了解零件形位公差的符号意义和标注方法。
4. 会识读一般汽车的零件图。

零件图上的技术要求有以下几个方面的内容:表面粗糙度、零件的极限尺寸与配合要求,零件的形状和位置公差,以及对零件材料的要求和说明、零件的热处理和表面处理的说明等。

一、表面粗糙度

1. 什么是表面粗糙度?

零件表面在机械加工后会留下细微的痕迹,在显微镜下观察可以看到这种微观的峰谷状不平状态。零件表面上这种微观不平的程度,称为表面粗糙度,如图2-5-1所示。

2. 表面粗糙度的主要参数

表面粗糙度的主要参数是轮廓算术平均偏差R_a,它是指在取样长度L范围内,被测轮廓线上各点到基准线的距离y_i的算术平均值,如图2-5-2所示。

R_a数值越小,零件表面越光洁;R_a数值越大,零件表面越粗糙。R_a数值通常标注在表面粗糙度符号上面,其单位为μm。

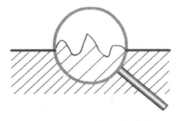
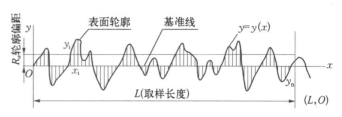

图 2-5-1 表面粗糙度　　　　　　　图 2-5-2 表面粗糙度的主要参数

3. 表面粗糙度的符号、代号及其意义

表面粗糙度的符号、代号及其意义，可参见表 2-5-1。

表 2-5-1　表面粗糙度符号、代号及其意义

符　号	意　义　及　说　明	代　号	意　义　及　说　明
∨	表面粗糙度基本符号，用任何加工方法来获得该表面粗糙度。	6.3∨	用任何加工方法来获得该表面粗糙度，粗糙度的上限值为 6.3 μm。
∨ (with circle)	用不去除材料的加工方法来获得该表面粗糙度，例如铸、锻、冲压成形等。	25∨	用不去除材料的加工方法来获得该表面粗糙度，粗糙度的上限值为 25 μm。
∨	用去除材料的加工方法来获得该表面粗糙度，例如车、刨、铣、磨、钻等。	1.6∨	用去除材料的加工方法来获得该表面粗糙度，粗糙度的上限值为 1.6 μm。

4. 表面粗糙度的标注

① 在同一图样上，每个表面的粗糙度代号一般只标注一次，即在一个视图上标注后，在其他视图上不再重复标注。

② 表面粗糙度代号应注在可见轮廓线、尺寸界线、引出线或它们的延长线上，符号的尖端必须从材料的外部指向零件表面，如图 2-5-3 所示。

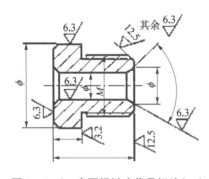
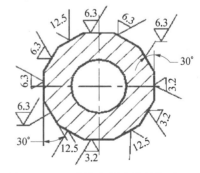

图 2-5-3 表面粗糙度代号标注（一）　　　图 2-5-4 表面粗糙度代号标注（二）

③ 图样上，表面粗糙度代号中数字的标注方法和尺寸数字的标注方法相类似，大小和方向与图中尺寸数字的大小和方向应一致，如图 2-5-4 所示。

④ 当零件的大部分表面具有相同的表面粗糙度时，对其中使用最多的一种表面粗糙度代号可以统一注在图样的右上角，并注"其余"两字，如图 2-5-5 所示。

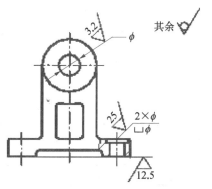 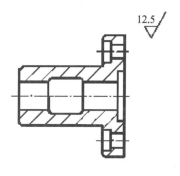

图 2-5-5 表面粗糙度代号标注(三)　　图 2-5-6 表面粗糙度代号标注(四)

⑤ 当零件所有表面具有相同的表面粗糙度时,其符号或代号可在图样的右上角统一标注,如图 2-5-6 所示。

二、极限与配合

1. 互换性

相同规格的零件,不用选择和修配就能装在机器上,达到规定的性能要求,零件的这种性质就称为互换性。

2. 尺寸与尺寸公差

(1) 基本尺寸

由设计确定的尺寸。

(2) 实际尺寸

通过测量获得的尺寸。

(3) 极限尺寸

允许尺寸变动的两个极端值,它是以基本尺寸为基数来确定的。两个极端值中大的称为最大极限尺寸,小的称为最小极限尺寸。

(4) 尺寸偏差

某一尺寸减其基本尺寸所得的代数差称为尺寸偏差,简称偏差。最大极限尺寸减去基本尺寸所得的代数差,称为上偏差,最小极限尺寸减去基本尺寸所得的代数差,称为下偏差,即:

$$上偏差 = 最大极限尺寸 - 基本尺寸$$
$$下偏差 = 最小极限尺寸 - 基本尺寸$$

国家标准规定:孔的上偏差代号为 ES,孔的下偏差代号为 EI;轴的上偏差代号为 es,轴的下偏差代号为 ei。

上、下偏差可以是正值、负值或零。

(5) 尺寸公差

允许尺寸的变动量称为尺寸公差,简称公差。它等于最大极限尺寸减最小极限尺寸之差,或上偏差减下偏差之差,即:

$$公差 = 最大极限尺寸 - 最小极限尺寸 = 上偏差 - 下偏差$$

因为最大极限尺寸总是大于最小极限尺寸,上偏差总是大于下偏差,所以公差一定为正值。

(6) 公差带

由代表上、下偏差的两条线所限定的一个区域,如图 2-5-7 所示。

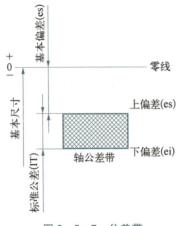

图 2-5-7 公差带   图 2-5-8 轴的公差带

以图 2-5-8 所示的轴为例,它的基本尺寸为 40 mm,最大极限尺寸为 40.02 mm,最小极限尺寸为 39.95 mm,上偏差为 +0.02 mm,下偏差为 -0.05 mm,公差为 0.07 mm。

(7) 标准公差

由国家标准规定的用以确定公差带大小的公差称为标准公差。用"IT"表示,共分 20 个等级,即 IT01、IT0、IT1～18,其中 IT01 级最高,等级依次降低,IT18 级最低。

(8) 基本偏差

用以确定公差带相对于零线位置的上偏差或下偏差,一般是指靠近零线的那个偏差。当公差带位于零线上方时,其基本偏差为下偏差,当公差带位于零线下方时,其基本偏差为上偏差,如图 2-5-9 所示。

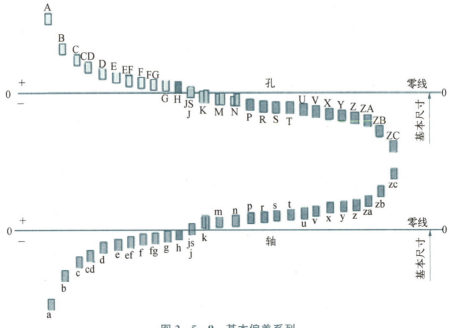

图 2-5-9 基本偏差系列

基本偏差系列只表示公差带的位置而不表示公差带的大小,故公差带一端画成开口。

孔的基本偏差从 A～H 为下偏差,J～zc 为上偏差,JS 的上下偏差分别为+IT/2 和－IT/2。

轴的基本偏差从 a～h 为上偏差,j～zc 为下偏差,js 的上下偏差分别为+IT/2 和－IT/2。

3. 配合

(1) 配合的概念

基本尺寸相同的、相互结合的孔和轴公差带之间的关系称为配合,如图 2-5-10 和图 2-5-11 所示。

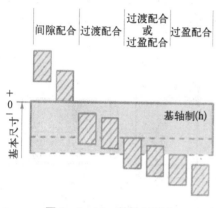

图 2-5-10 基轴制配合

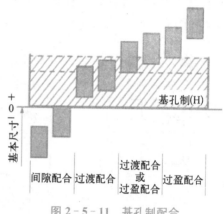

图 2-5-11 基孔制配合

(2) 配合的种类

① 间隙配合:具有间隙(包括最小间隙等于零)的配合。此时孔的公差带在轴的公差带之上。

② 过盈配合:具有过盈(包括最小过盈等于零)的配合。此时孔的公差带在轴的公差带之下。

③ 过渡配合:可能具有间隙或过盈的配合。此时孔、轴的公差带重叠。

(3) 基准制

① 基孔制:基本偏差为一定的孔的公差带与不同基本偏差的轴的公差形成各种配合的一种制度。基孔制配合中的孔称为基准孔,其基本偏差代号为 H,下偏差 EI=0。

② 基轴制:基本偏差为一定的轴的公差带与不同基本偏差的孔的公差形成各种配合的一种制度。基轴制配合中的轴称为基准轴,其基本偏差代号为 h,上偏差 es=0。

由于孔比轴承加工稍难一些,一般应优先采用基孔制配合。

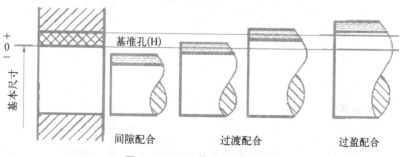

图 2-5-12 基孔制配合示例

基孔制配合示例如图 2-5-12 所示,基轴制配合示例如图 2-5-13 所示。

(4) 配合代号

用孔、轴公差带代号组合表示,写成分数形式。例如 $\phi18H8/p6$,$\phi18$ 表示孔、轴基本尺寸,H8 表示孔的公差带代号,p6 表示轴的公差带代号,H8/p6 表示配合代号。在配合代号中,凡孔的基本偏差为 H 者,表示基孔制配合,凡轴的基本偏差为 h 者,表示基轴制配合。如图 2-5-14 所示。

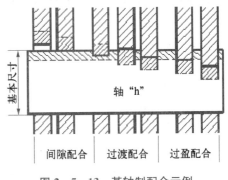

图 2-5-13 基轴制配合示例

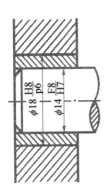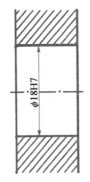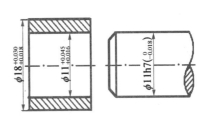

图 2-5-14 配合代号

三、形位公差

形位公差是形状公差和位置公差的简称。形状公差是零件要素(点、线、面)的实际形状对理想形状的允许变动量,位置公差是零件要素(点、线、面)的实际位置和理想位置的允许变动量。

1. 形位公差的项目和符号

形位公差的项目和符号,可参见表 2-5-2。

表 2-5-2 形位公差的项目和符号

分 类	项 目	符 号	分 类	项 目	符 号
形状公差	直线度	—	定向	平行度	//
	平面度	▱		垂直度	⊥
	圆度	○		倾斜度	∠
	圆柱度	⌭	定位	同轴度	◎
				对称度	=
	线轮廓度	⌒		位置度	⊕
	面轮廓度	⌒	跳动	圈跳动	↗
				全跳动	↗↗

2. 形位公差的标注

在图样上标注形位公差时,应有公差框格、被测要素和基准要素(对位置公差)3组内容。

(1) 公差框格和指引线

形位公差框格有两到3格,一般形状公差为两格,位置公差为3格,框格用细实线绘制,如图2-5-15所示。框格内自左向右填写,第一格填写形位公差的项目符号,第二格填写形位公差数值,第三格填写基准代号。框格一端和指引线相连,指引线箭头指向被测要素。

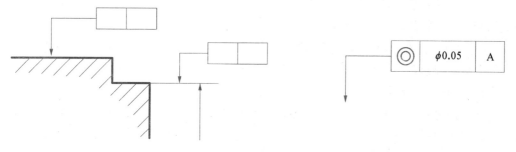

图2-5-15 公差框格和指引线

(2) 基准要素的标注

基准要素用大写字母表示,基准符号为用小圆的细实线与粗的短横线相连,如图2-5-16所示。零件图上形位公差标注实例,如图2-5-17所示。

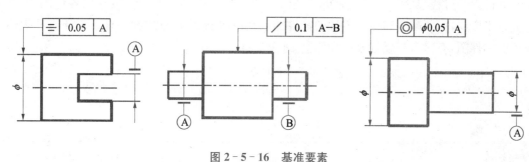

图2-5-16 基准要素

四、识读零件图

在零件设计制造、机器安装、机器的使用和维修等工作中,经常要识读零件图。识读零件图的目的是为了弄清零件图所表达零件的结构形状、尺寸和技术要求,以便指导生产和解决有关的技术问题。

1. 读零件图的基本要求

① 了解零件的名称、用途和材料。
② 分析零件各组成部分的几何形状、结构特点及作用。
③ 分析零件各部分的定形尺寸和各部分之间的定位尺寸。
④ 熟悉零件的各项技术要求。

2. 读零件图的方法和步骤

(1) 概括了解

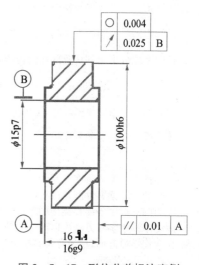

图2-5-17 形位公差标注实例

从标题栏内了解零件的名称、材料、比例等,并浏览视图,可大致了解零件的用途和形体概况。

(2) 详细分析

① 分析图样表达方式:分析零件图的视图形式,找出主视图和其他基本视图以及辅助视图所在的位置。若有剖视、断面和局部放大图等,则要弄清剖切方法、位置或放大比例,分析这些图形的表达目的和作用。

② 分析形体、想出形状:先从主视图出发,联系其他视图,利用投影关系进行分析。采用形体分析法逐个弄清零件各部分的结构形状和相互位置关系,最后想像出整个零件的结构形状。如果能结合零件结构的功能来分析,对想像零件的立体形状有一定的帮助。

③ 分析尺寸:找出零件长、宽、高 3 个方向的尺寸基准,从基准出发,搞清哪些是主要尺寸,再用形体分析法找出各部分的定形尺寸和定位尺寸。检查是否有多余标注的尺寸和漏标的尺寸,并检查尺寸是否符合设计和工艺要求。

④ 分析技术要求:分析零件的尺寸公差、形位公差、表面粗糙度和其他技术要求,弄清楚零件各部位的尺寸要求的高低和表面要求的高低,还要弄清楚各部位的加工要求,以便采用相应的加工方法。

(3) 归纳总结

综合了解和分析,把图形、尺寸和技术要求等全面系统地联系起来思索,并参阅相关资料,可得到零件的整体结构、尺寸大小、技术要求及零件的作用等完整的情况。

看零件图的过程,是一个了解、分析、理解和想像的综合过程。对于较复杂的零件图,需要参考有关技术资料,如装配图和相关零件的零件图以及说明书等,才能完全看懂。对于有些表达比较繁琐的零件图,有时需要反复分析和琢磨,才能看懂。

评一评

学生姓名		日期		自评	互评	师评
1. 你知道正投影及三面投影体系吗?						
2. 你知道画三视图的方法吗?						
3. 在图上能分辨出剖视及剖面的种类吗?						
4. 试读零件图,能判断某尺寸的种类吗?						
5. 能写出某尺寸的极限尺寸、上下偏差和公差吗?						
6. 读零件图有一定的顺序吗?						
学习体会 1. 读零件图主要读哪些方面的内容? 2. 对照齿轮轴读零件图,有何读图体会? 3. 断面图一般用于何种类型的零件? 4. 活动中哪个学习方法可以改进以使其方便实用? 5. 在合作学习方面,你还有哪些要求与设想?						
总体评价				教师签名		

一、技能训练器具

三角板、圆规和铅笔等,常用汽车零件实样和零件图样,含有剖视图和断面图的机械零件图样和汽车零件图样。

二、技能训练内容

(一) 识读组合体的三视图。

1. 找出相应的立体图,并在其下方括号内填写它的序号。

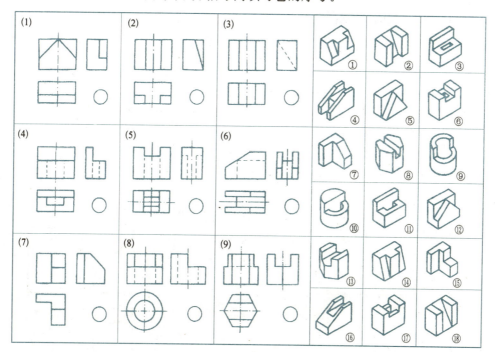

2. 根据两视图选择正确的第三视图(在括号内打√)。

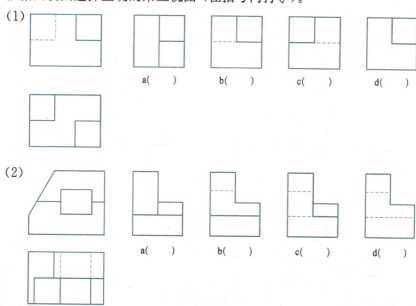

(3)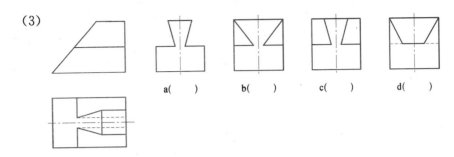

a(　)　　b(　)　　c(　)　　d(　)

(二) 识读组合体的三视图，补画漏线。

(1)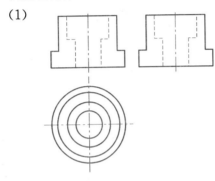

(2)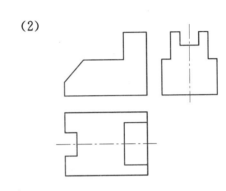

(3)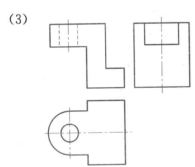

(4)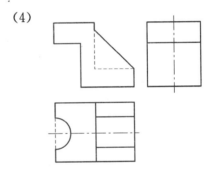

(三) 识读下例剖视图和断面图，完成填充：

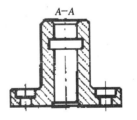

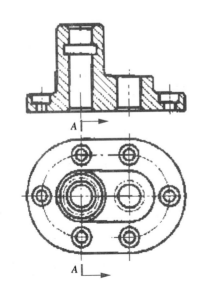

(1) 上图采用了_____个视图,其中_____个是剖视图,剖视图的形式上是_____剖;左视图上方字母"A-A"表示_____,而主视图上方没有字母是因为_____。

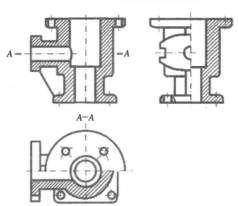

(2) 上图表达方式采用_____个图形,其中主视图采用_____剖视图,左视图采用_____剖视图,俯视图采用_____剖视图,主视图和左视图上方没有字母标记名称是因为_____,主视图上"A-A"旁不加投影方向的箭头是因为_____。

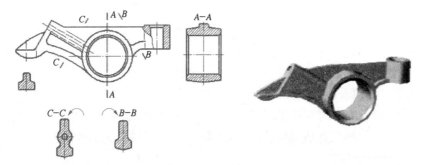

(3) 上图的图样表达方式采用_____个图形,其中主视图采用_____剖视图,其余几个图形都为_____断面,最左方的断面没有任何标记是因为_____,几个剖切位置都不加投影方向的箭头是因为_____。

(四) 选择正确的移出断面图,并在正确的断面图上打上"√"。

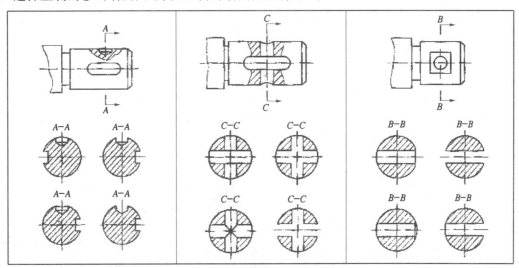

（五）识读下例零件图，完成填充。

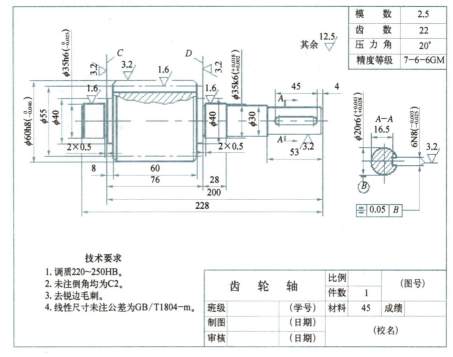

(1) 如上图所示，该零件名称为_____，所选用的材料是_____。

(2) 表达零件结构采用哪些视图？_____。

(3) 该零件图采用的尺寸标注的形式是_____式的；该零件长度为_____，共由_____段直径不同的轴段组成，轴段最大直径为_____，轴段最小直径为_____。

(4) 该零件的键槽深为_____，长为_____，宽为_____。

(5) 该零件的轴向尺寸基准是轴的_____，前后和上下的尺寸基准是轴的_____。

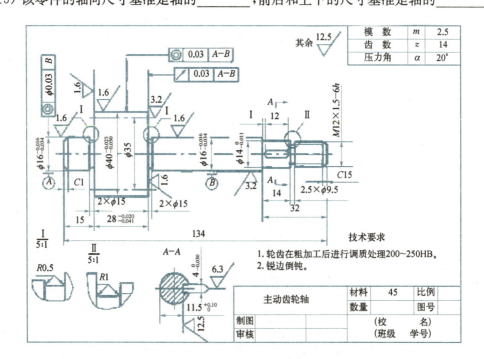

如上图所示的图样,该零件表达采用_____个图形,除了主视图外,另外几个图形为_____图和_____图,上方字母"A-A"是该图形的_____,局部放大图采用的比例是_____,该轴的退刀槽的深度为_____mm。

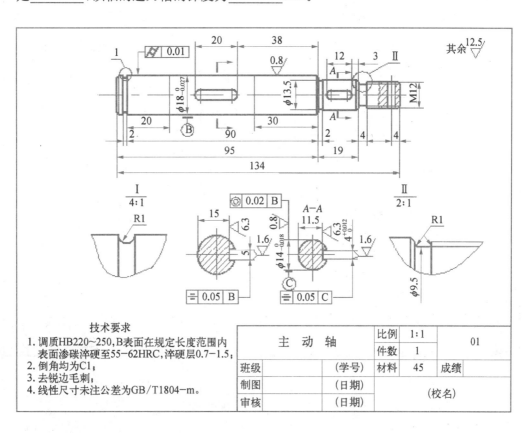

(1) 如上图所示,该零件名称为_____,所选用的材料是_____。
(2) 表达零件结构采用哪些视图?_____。
(3) 该零件图采用的尺寸标注的形式是_____式的;该零件长度为_____,共由_____段直径不同的轴段组成,轴段最大直径为_____,轴段最小直径为_____。
(4) 该零件的左轴段键槽深为_____,长为_____,宽为_____。
(5) 该零件的轴向尺寸基准是轴的_____,前后和上下的尺寸基准是轴的_____。

(六)解释如下图所示拨叉零件图中的所有表面粗糙度、尺寸公差、形位公差代号的意义。
(1) 主视图采用什么剖视面?
(2) 在视图上用文字和指引线标出轴向尺寸基准和径向尺寸基准。
(3) 说明$\phi 16$ mm 孔的公差等级和配合制度。
(4) 用箭头和指引线标出垂直度和同轴度的测量基准。
(5) 解释图中所注位置公差代号的含义。

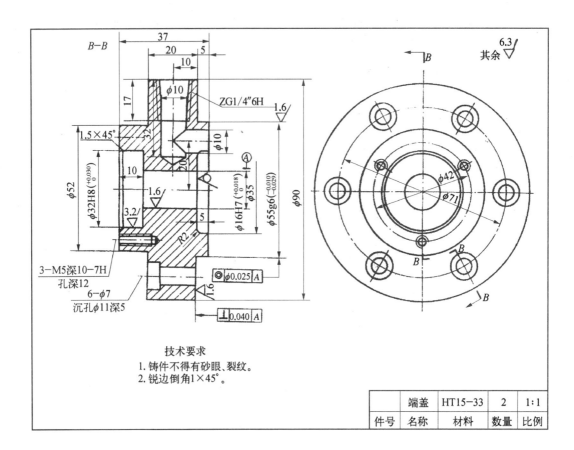

技术要求
1. 铸件不得有砂眼、裂纹。
2. 锐边倒角1×45°。

件号	名称	材料	数量	比例
	端盖	HT15-33	2	1:1

项目三 识读汽车部件的装配图

活动一　识读汽车部件的装配图

活动二　识读装配图举例

项目三　识读汽车部件的装配图

一辆汽车或一个汽车部件,都是由若干零件按一定的装配关系和技术要求装配而成。在产品安装和维修过程中,都是根据装配图进行装配、维修和检验的。因此,读懂装配图是一名汽车维修工人所必备的基本技能。

知识与技能要求:
1. 知道装配图的作用和内容。
2. 能看出装配图中主要零件的结构形状。
3. 能初步看懂部件中各个零件之间的相对位置和装配关系。
4. 会识读一般汽车部件的装配图。

活动一　识读汽车部件的装配图

一、装配图概述

表达装配体(机器或部件)及其组成部分的连接、装配关系的图样称为装配图。

装配图是表达机器结构、工作原理和功能的技术性文件,是制定装配工艺规程,进行机器装配、检查、调试和维修的技术依据。

二、装配图的内容

如图3-1-1所示的是汽车上的齿轮式机油泵,要将其按照装配图装配成一个完整的整体,首先要看懂其装配图。如图3-1-2所示。装配图一般应包括如下内容。

1. 一组视图

表达组成装配体的零件的形状及它们之间的装配、连接关系、机器或部件的工作原理。

2. 必要的尺寸

标出装配体的总体尺寸、性能尺寸、装配尺寸、安装尺寸以及其他重要尺寸。

3. 技术要求

图3-1-1　齿轮式机油泵

用文字或符号简明扼要地表达对装配体的质量、装配、检测、调整和安装、使用等方面的要求。

4. 标题栏

用来表示装配体的名称、数量以及填写设计、制图者的姓名等内容。

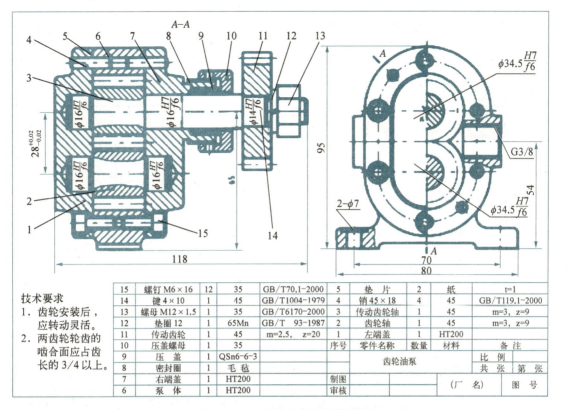

图 3-1-2 齿轮式机油泵装配图

5. 零件的序号和明细栏

装配图中的零件和部件都必须编写序号,并在标题栏上方编制出相应的明细栏,按序号把各个零件的名称、材料、数量、规格等项注写下来。

(1) 序号的标注形式

零、部件序号一般应由三部分组成,分别为指引线、水平线或圆圈、序号数字,其标注的基本形式如图 3-1-3 所示。

图 3-1-3 序号的标注形式

① 指引线:指引线用细实线绘制,由图形的可见轮廓内引出,起始端画一圆点。指引线可以画成折线,但只可曲折一次。指引线不能相交,不应与剖面线平行。

② 水平线或圆圈:水平线或圆圈用细实线绘制,用以注写序号数字。

③ 序号数字:序号数字写在指引线的水平线上或圆圈内,应比该装配图中的尺寸数字高度大一号。若不画水平线或圆圈,直接在指引线附近注写序号数字,应比装配图中尺寸数字高度大两号。同一张装配图中,编注序号的形式应一致。

(2) 明细栏的画法和填写

① 明细栏一般应紧接在标题栏上方绘制,如图3-1-4所示。若标题栏上方位置不够时,其余部分可画在标题栏的左方。

2					
1					
序号	名 称	数量	材料	备 注	
（图　名）		比例		（图　号）	
		件数			
制图		（日期）	重量		共 张	第 张
校对		（日期）	（校　名）		
审核		（日期）			

图3-1-4　标题栏和明细栏

② 明细栏最上方的边线一般用细实线绘制。

③ 明细栏中的序号应按自下而上的顺序填写,以便发现有漏编序号的零件时,可向上填补。如果是单独附页的明细栏,序号应按自上而下的顺序填写。

④ 明细栏中的序号应与装配图上的编号一致,即一一对应。

⑤ 在明细栏的备注这一栏中,一般填写附加说明或常用件的主要参数,如齿轮的模数、齿数等。

⑥ 螺栓、螺母、垫圈、键、销等标准件的标记分两部分填入明细栏。标准代号填入代号这一栏,其余规格尺寸等填在名称这一栏。

三、装配图上技术要求包含的内容

① 装配体装配后应达到的性能要求。

② 装配过程中的注意事项和特殊加工要求。

③ 检验、试验方面的要求。

④ 使用要求。如对装配体的维护、保养方面的要求及操作使用时应注意的事项等。

上述内容在每一张图上不一定都要注全,应根据装配体的需要来确定。

技术要求一般注写在明细栏的上方或图纸下部空白处。如果内容很多,可另外编写技术文件作为图纸的附页。

四、读装配图的步骤和方法

1. 概括了解

看标题栏了解装配体的名称,对于复杂机器或部件可通过说明书或参考资料了解其构造、工作原理和用途。

看零件编号和明细栏,了解零件的名称、数量和它在图中的位置。

2. 分析视图

分析各视图的名称及投影方向,弄清剖视图、断面图的剖切位置,从而了解各视图的表达意图和重点。

3. 分析装配关系、传动关系和工作原理

分析装配主线,弄清各零件间相互配合的要求,以及零件间的定位、连接方式、密封等问题。再进一步搞清运动零件与非运动零件的相对运动关系。

4. 分析零件、读懂零件的结构形状

5. 总结归纳

在对机器或部件的工作原理、装配关系和各零件的结构形状进行分析之后,还应对所注尺寸和技术要求进行分析研究,了解装配图反映的设计意图和装配工艺性能等,并弄清各零件的拆装顺序。经归纳总结,加深对机器或部件的全面认识,读懂装配图。

活动二　识读装配图举例

如图3-2-1所示,以识读汽车维修工常用的机用虎钳装配图为例。

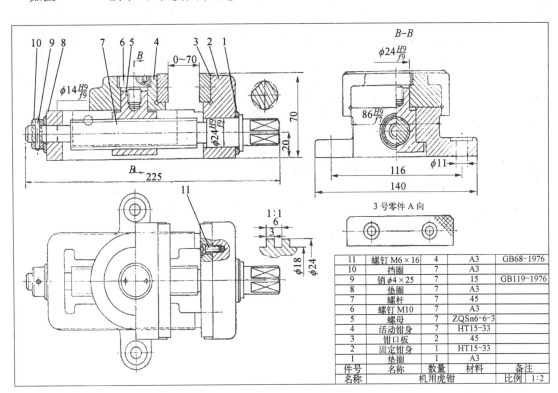

图3-2-1　台虎钳装配图

1. 概括了解

从标题栏知道该装配体叫机用虎钳,是我们汽车维修工经常用来夹持汽车零件的工具。它利用螺旋传动原理使活动钳身轴向移动,配合固定钳身,把工件夹紧或松开。

从零件明细表中可以看出:该装配体共由两种标准零件、9种一般零件组成。

2. 分析视图

如图3-2-1所示,该项图样采用了主、左、俯3个基本视图,还有断面图、局部视图和局部放大图等。

主视图采用单一的全剖视图,由于剖切平面通过装配体的前后对称面,因此省略标注,它表达了机用虎钳的主要装配关系。主视图上螺钉和销钉都是实心体,因此不画剖面线。为了表示左端挡圈和螺杆用销钉连接的情况,采用了局剖的表达方法。此外,螺钉6也同样采用了局剖的方法表达上端的小孔的形状。

左视图采用了半剖视图,根据"B-B"剖切符号的标注,从主视图上可以找到剖切位置。它主要表达固定钳身、活动钳身和螺母5之间的接触状况,并表达了虎钳一个方向外形和安装孔的形状。

俯视图采用了局剖视图,它除了表达式钳口板连接的方法之外,还表达了虎钳的外形。

A向局部视图单独表达钳口板形状,移出断面图表达螺杆头部方榫的形状。局部放大图采用比原图放大的比例,表达螺杆的牙型,并标注有关尺寸。

3. 分析装配关系、传动关系和工作原理

由图3-2-2和螺旋传动的有关知识可知其装配关系和工作原理:活动钳身的底面和固定钳身接触,螺母的上部装在活动钳身的孔中,依靠螺钉把活动钳身和螺母固定在一起,螺杆转动时,螺母带动活动钳身作轴向移动,活动钳身的轴向移动范围为0~70 mm。

图3-2-2 机用虎钳零件的实际结构形状

4. 分析零件的结构形状

根据装配图,分析零件在部件中的作用,并通过构形分析确定零件各部分的形状,先分析活动钳身、固定钳身、螺杆和螺母等主要零件。

① 由明细栏中的零件序号,从装配图中找到该零件所在位置;

② 利用投影分析,根据零件的剖面线倾斜方向和间隔,确定零件在各视图中的轮廓范围,并可大致了解到各零件的简单形体;

③ 综合分析,确定零件的实际结构形状,如图 3-2-2 所示。

5. 总结归纳

在对机用虎钳的工作原理、装配关系和各零件的结构形状进行分析之后,还应读懂所注尺寸和技术要求,并弄清各零件的拆装顺序。经归纳总结,加深对机用虎钳总体的全面认识,如图 3-2-3 所示。

图 3-2-3 机用虎钳实际形状

学生姓名		日期		自评	互评	师评
1. 你知道装配图的作用吗?						
2. 你能发现零件图和装配图的不同之处吗?						
3. 在图上由配合代号能分辨出配合的种类和配合基准制吗?						
4. 读简单部件的装配图,能判断其工作原理吗?						
5. 能从明细表中分析常用的标准件吗?						
6. 读装配图有一定的顺序吗?						
学习体会 1. 读装配图主要读哪些方面的内容? 2. 对照千斤顶读装配图,有何读图体会? 3. 活动中哪个学习方法可以改进以使其更方便实用? 4. 在合作学习方面,你还有哪些要求与设想?						
总体评价				教师签名		

一、技能训练器具

常用汽车部件的实样和汽车部件装配图、常用的汽车维修设备部件装配图。

二、技能训练内容

1. 识读螺旋千斤顶装配图,完成下列填充:

   (1) 该装置的名称是_____;由明细栏知道它共有_____种零件,其中_____和_____是标准件。

   (2) 该装配图的图样表达方式采用_____个图形,其中主视图采用_____视图,俯视图采用_____视图,另外的图形为_____图。

(3) 该装配图中的绞杆不作剖切处理的原因是_____,该装置螺套和底座采用_____制配合。该螺旋千斤顶能顶升的最大高度为_____。

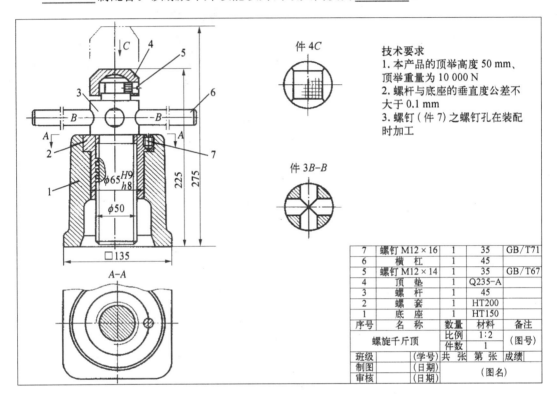

2. 识读其他汽车部件装配图样。

项目四
平面汇交力系作用下汽车构件受力分析

活动一　车辆骨架节点受力分析

活动二　曲柄连杆机构在发动机运行过程中的受力分析

项目四　平面汇交力系作用下汽车构件受力分析

情景描述

人们在推、拉、提、掷物体时,从肌肉的紧张收缩中,感觉到人对物体施加的作用,从而产生了对力的感性认识。然而汽车在行驶过程中各部件均受到不同类型的力的作用,受力情况非常复杂,因此正确认识汽车构件的受力情况,是保证安全行车的关键因素,也是汽车维修、整形的重要依据。

知识与技能要求:

1. 理解静力学基本概念。
2. 理解平面汇交力系的基本概念和形式。
3. 能对机件进行初步的受力分析。

活动一　车辆骨架节点受力分析

活动背景

现代轿车广泛应用承载式车架,如图4-1-1所示,我们不难发现其车身左侧中间的框架节点受力情况,它是一平面汇交力的实例。那么汽车上许多杆件的受力又是怎样的呢?

图4-1-1　承载式车架

活动分析

1. 能认识静力学的基本概念。
2. 能对汽车主要机件进行受力分析。

操纵机械式转向系统

1. 认识机械式转向系统的组成

如图4-1-2所示桑塔纳轿车的机械式转向系统，由转向盘、转向传动轴、齿轮齿条式转向器、转向横拉杆和转向节等组成。

2. 操纵并观察判断

① 双手握着方向盘并朝逆时针方向（左）转动，观察横拉杆的移动方向：朝左方向移动，判断转向车轮的偏转方向为左转。

② 双手握着方向盘并朝顺时针方向（右）转动，发现横拉杆朝右方向移动，转向车轮也向右转动。

3. 思考和分析

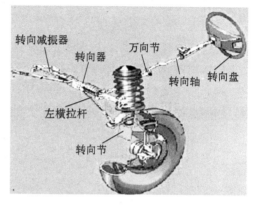

图4-1-2 机械式转向系统

为什么转动方向盘，转向车轮也会相应转动呢？是否由于力的因素在起作用呢？

力是物体间的相互作用，这种作用是使物体的运动状态或形状发生改变的原因。

必须分清哪个是受力物体，哪个是施力物体。

一、静力学基本概念

1. 力的概念

力是物体间的相互作用，这种作用能使物体的运动状态或形状发生改变。力不能脱离周围物体而存在。在研究物体受力情况时，必须分清哪个是受力物体，哪个是施力物体。

2. 力的三要素

力对物体的作用效应取决于力的三要素：

① 力的大小（在国际单位制中力的单位为牛，记作 N。牛单位较小，工程上常以千牛作为力的单位，记作 kN）；

② 力的方向；

③ 力的作用点。

这3个要素中有任何一个改变时，都会使力的作用效应改变。

3. 力的图示法

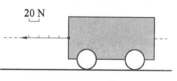

图4-1-3 力的图示法

力是矢量，既有大小又有方向。力的三要素可用有向线段来表示。

如图4-1-3所示，线段的长度（按一定比例）表示力的大小，线段的箭头指向表示力的方向，线段的起点或终点表示力的作用点，力的这种表示方法叫做力的图示法。

二、静力学基本公理

公理是人类从长期的观察和实践中积累起来的经验,并经过概括、总结提炼出来的,它的正确性已被大量的实践所证明。静力学公理揭示了有关力的基本规律,它是静力学的基础。

公理1 两力平衡公理

要使作用在一个刚体上的两个力平衡,其必要和充分的条件是:这两个力大小相等、方向相反并且作用在同一直线上。

设一刚体受到 F_1、F_2 两个力的作用而平衡,如图 4-1-4 所示,则这两个力的作用线必定与两力作用点的连线重合,此外,这两个力的大小相等,指向相反,用矢量式可表示为

$$F_1 = -F_2$$

图 4-1-4 二力的平衡

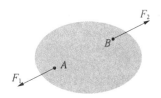

图 4-1-5 两力杆

如果物体只受两个力作用并处于平衡,那么该物体称为两力杆。根据公理1,我们能够立即确定这两个力的方向必定沿着两力作用点的连线。如图 4-1-5 所示。

> 1. 两力杆并不一定都是直杆,也可能是轴线弯曲的杆件。
> 2. 但无论是直杆还是弯杆,只要是两力杆,其力作用线都在两端力作用点的连线(直线)上。

公理2 加减平衡力系公理

在作用着已知力系的刚体上,加上或减去任意的平衡力系并不改变原力系对刚体的作用效果。

力的可传性原理:作用于刚体上的力可沿其作用线移至刚体的任一点,而不改变此力对刚体的作用效应。我们可以用一实例来加以验证。例如,用一水平力 F 推一小车和拉一小车,得到的效果是一样的。如图 4-1-6 所示。

公理3 两力合成公理

作用于物体上同一点的两个力可以合成为一个合力,合力也作用于该点,合力的大小和方向由以这两个力的邻边所构成的平行四边形的对角线来决定。

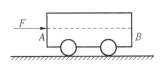

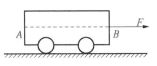

图 4-1-6 用力 F 推和拉小车

如图 4-1-7 所示,作用在物体 A 点上的两力 F_1 和 F_2 的合力为 F,用矢量等式可表示为 $F = F_1 + F_2$。

两力合成公理又称为平行四边形法则,它是矢量合成的基本法则。合力 F 又可称为力 F_1 和 F_2 的矢量和。

两力合成公理不但适用于两个力的合成,还可推广到更多的共点力的合成。

由此我们还可得出推论三力平衡汇交定理：如果刚体受到互不平等的3个力作用而处于平衡，则此3个力的作用线必汇交于一点。如图4-1-8所示。

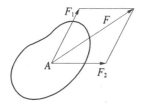
图4-1-7 两力合成

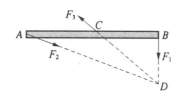
图4-1-8 三力平衡汇交

公理4 作用与反作用公理

两个物体间的作用力与反作用力总是同时存在同时消失，而且它们大小相等，方向相反，沿着同一直线，分别作用在两个物体上。

演示实验 把两个弹簧秤 A 和 B 连接在一起，如图4-1-9所示，用手拉弹簧秤 B，可以看到两个弹簧秤的指针同时移动，弹簧秤 B 的示数指出弹簧秤 A 对它的作用力 F 的大小，而弹簧秤 A 的示数指出弹簧秤 B 对它的反作

图4-1-9 作用与反作用

用力 F' 的大小。可以看出，两个弹簧秤的示数是相等的。改变手拉弹簧秤的力，弹簧秤的示数也同时随着改变（同时增大，同时减少，同时为零），但两个弹簧秤的示数总相等，方向总相反。

三、力系的概念

1. 力系

同时作用于一物体上的一群力。

2. 平衡力系

如果某一力系作用到一原来平衡的物体上，而物体仍然保持平衡，则此力系称为平衡力系。

3. 等效力系

如果一力系对物体的作用效果和另一力系对该物体的作用效果相同，那么这两个力系是等效力系，等效力系可以互相替代。

4. 合力和分力

如果一个力和一个力系等效，那么这个力就称为这个力系的合力；反之，力系中的各个力就称为这个力的分力。

5. 力的合成和分解

由已知力系求合力的过程称为力的合成；反之，称为力的分解。

	一对平衡力	一对作用力与反作用力
共同点	大小相等，方向相反，作用在同一条直线上	
不同点	① 两个力作用在同一物体上； ② 两个力的性质不一定相同； ③ 一个力的产生、变化和消失并不一定影响另一个力； ④ 两个力共同作用，效果是使物体平衡。	① 两个力作用在相互作用的两个不同物体上； ② 两个力的性质一定相同； ③ 两个力同时产生，同时变化，同时消失； ④ 两个力各有各的作用效果。

四、约束和约束反力

1. 约束和约束反力

能在空间任意运动的物体称为自由体。对非自由体的某些方向上的运动(或位移)起限制作用的周围物体称为约束。

例如安装在发动机气缸内的活塞,受到气缸的限制,只能沿气缸壁往复运动,因而它们就属于非自由体。如图4-1-10所示。

约束总是阻碍物体的运动,那么物体必在其受阻的方向上对约束产生作用力。根据作用与反作用公理,约束将对被约束的物体产生反作用力,这种反作用力称之为约束反力,简称反力。因此,约束反力的方向总是和该约束所能阻止的运动方向相反。运用这个准则,我们可以确定约束反力的方向和作用线。

从以上我们可以得出:物体受力一般可分为两类,一类是使物体产生运动或运动趋势的力,称为主动力,如物体受到的重力、加在物体上的载荷等等;另一类是阻碍物体运动的力,称为约束反力(即被动力)。主动力和约束反力都是作用于物体上的外力。通常,主动力的大小和方向是已知的,约束反力的大小和方向是未知的。在静力学问题中,约束反力和已知的主动力总是组成一个平衡力系。因此可用平衡条件来求出约束反力。一般来讲,约束力的作用点就是约束与被约束物体的相互接触点,通常约束反力的方向可根据约束类型来确定。

图4-1-10 发动机气缸内的活塞运动

2. 常见约束类型

(1) 柔性约束

由柔软的绳索、皮带或链条等构成的约束称为柔性约束。如图4-1-11所示,一般用字母T来表示这类约束反力。

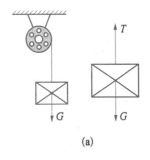
(a)

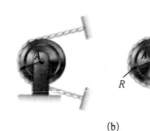
(b)

图4-1-11 柔性约束

(2) 光滑面约束

当两个物体间的接触表面非常光滑,摩擦力可以忽略不计时,构成光滑接触面约束。

如一个小球放在水平的桌面上时,由于桌面的支撑作用,小球不可能向下运动,如图4-1-12所示,因为桌面对小球有一个垂直向上的支持力阻碍了小球向下运动。

光滑面约束反作用力的特点:力的作用点在接触点,力的作用线沿着接触面的公法线,力的作用方向指向被约束的物体,通常用N表示。

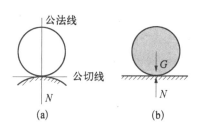
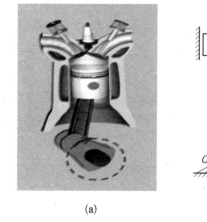

图 4-1-12　光滑面约束　　　　　图 4-1-13　铰链约束

(3) 铰链约束

通过圆柱形的轴或销子将两个物体连接起来,形成一种两相连物体间只能绕轴或销子转动的约束称为圆柱形铰链约束,简称铰链约束。

如连杆与活塞用活塞销连接,内燃机中的曲柄与连杆用曲柄销连接,都是铰链约束的实例。通常可认为圆孔对圆柱销的接触面是光滑的,因此其约束反力方向必沿着接触面的公法线且通过圆柱销的中心。如图 4-1-13 所示。

铰链约束可分为固定铰链约束和活动铰链约束。

固定铰链约束及约束反力,如图 4-1-14 所示。

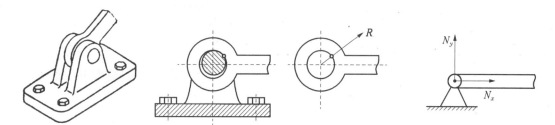

图 4-1-14　固定铰链约束

活动铰链约束及约束反力,如图 4-1-15 所示。

图 4-1-15　活动铰链约束

(4) 固定端约束

将物体的一端固定,而另一端呈自由端的约束称为固定端约束。

固定端约束的特点:不能产生沿任何方向的移动,也不能沿任一轴线转动。如图 4-1-16

所示,一端紧固地插入刚性墙内的阳台挑梁(图(a))、摇臂钻在图示平面内紧固于立柱上的摇臂(图(b))、夹紧在卡盘上的工件(图(c))等,就是物体受到固定端约束的3个实例。

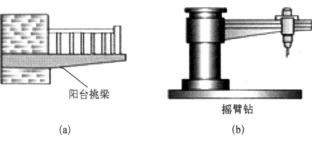
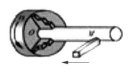

图 4-1-16 固定端约束

五、物体的受力分析与受力图

我们将要研究的构件解除全部约束,把它从周围的物体中分离出来,简称分离体,将它所受的全部主动力和约束反力以力矢表示在分离体上,这样所得到的图形称为受力图。

恰当地选取研究对象,正确地画出构件的受力图是解决力学问题的关键。画受力图的具体步骤如下:

① 明确研究对象,画出分离体;
② 在分离体上画出全部主动力;
③ 在分离体上画出全部约束反力。

例 4-1 均质杆 AB 重量为 G,支于光滑的地面及墙角间,并用水平绳 DE 系住,如图 4-1-17 所示。试画出杆 AB 的受力图。

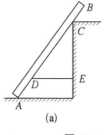
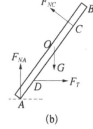

图 4-1-17 例 4-1 图

解 ① 确定杆 AB 为研究对象。

② 画出主动力 G 和 3 个约束反力:光滑面约束反力 F_{NA}、F_{NC},柔束反力 F_T,如图 4-1-17(b)所示。

活动二 曲柄连杆机构在发动机运行过程中的受力分析

曲柄连杆机构工作时受到的作用力有气体作用力、运动构件质量的惯性力、相对运动件接触表面间的摩擦力以及外界阻力等,一般在受力分析时忽略摩擦力和外界阻力,主要讨论气体作用力和惯性力。

1. 认识曲柄连杆机构的组成部分;
2. 明确平面汇交力系中各力的作用线特征;
3. 能列举和分析汽车构件受平面汇交力系作用的实例。

一、认识发动机曲柄连杆机构

如图4-2-1所示为发动机的基本组成,其中曲柄连杆机构由气缸体、缸套、活塞、连杆和曲轴等组成。

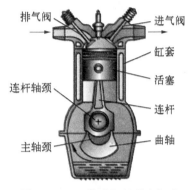

图4-2-1 发动机的基本组成

二、分析气体作用力

如图4-2-2所示为气体压力作用情况示意图。以作功冲程为例,曲柄和连杆均受压缩。

三、分析惯性力与离心力

如图4-2-3所示为惯性力与离心力作用情况示意图。

作往复运动的物体,当运动速度变化时,要产生往复惯性力。物体绕某一中心作旋转运动时,就会产生离心力。这两种力在曲柄连杆机构的运动中都是存在的。

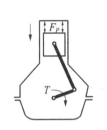  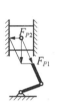 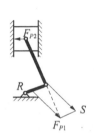

图4-2-2 气体压力作用

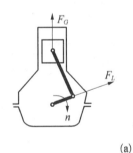 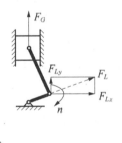 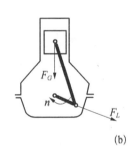 

(a)　　　　　　　　　　　　　　　　(b)

图4-2-3 惯性力与离心力作用

在静力学中,我们主要研究物体在力系作用下的平衡问题。力系有各种类型,在本教材中我们只研究平面力系,其重点为平面汇交力系。平面汇交力系是指各力的作用线在同一平面内且汇交于一点的力系。

一、平面汇交力系的合成

平面汇交力系是指各力的作用线在同一平面内且汇交于一点的力。

1. 汇交两力合成的三角形法则

由平行四边形公理可知,作用在物体上同一点A的两个力F_1、F_2可以合成,合力F也作用在该点,它的大小和方向是以此两力为邻边所作的平行四边形的对角线表示,如图 4-2-4 所示,其矢量式为 $\boldsymbol{F} = \boldsymbol{F}_1 + \boldsymbol{F}_2$。

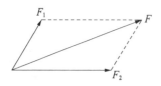
图 4-2-4 平行四边形公理

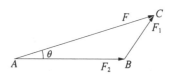
图 4-2-5 三角形法则

为简便,作图时可直接将 F_1 平移连在 F_2 的末端,通过 △ABC 即可求得合力 F,如图 4-2-5 所示。此法称为求汇交两力合成的三角形法则。按一定比例作图,可直接求得合力的近似值,也可以由正弦定理、余弦定理计算合力的大小。

 力 F_1 和 F_2 的合力 F 的大小和方向随着 F_1 和 F_2 之间的夹角而变化。当夹角等于 0°时,力 F_1 和 F_2 在同一直线上且方向相同,$F=F_1+F_2$,合力的大小等于两个力的大小之和,合力的方向跟两个力的方向相同;当夹角等于 180°时,力 F_1 和 F_2 在同一直线上但方向相反,$F=F_1-F_2$,合力的大小等于两个力的大小之差,合力的方向同两个力中较大的方向。

2. 任意两个共点力的合成

力的三角形法只解决两个共点力的合成问题,当有更多的共点力合成时,我们就用任意多个汇交力(共点力)的合成的方法——力的多边形法。

在一些实际问题中,汇交于一点的力往往不是两个,而是多个,现讨论汇交于一点的多个力的合成问题。

如图 4-2-6 所示,设在刚体平面上有一汇交力系 F_1、F_2、F_3、F_4 作用并汇交于 O 点,其合力 F 可以连续使用上述力的三角形合成法则来求得,即先求 F_1 与 F_2 合力 F_{R1},再将 F_{R1} 与 F_3 合成为 F_{R2},最后求出 F_{R2} 与 F_4 的合力 F。可用矢量表示为

$$\boldsymbol{F} = \boldsymbol{F}_1 + \boldsymbol{F}_2 + \boldsymbol{F}_3 + \boldsymbol{F}_4$$

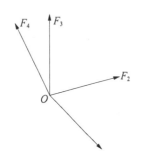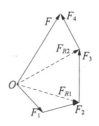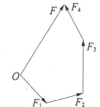

图 4-2-6 力的多边形法则

由图 4-2-6 可知，F_{R1} 和 F_{R2} 亦可省略，故求合力 F，只需将各力 F_1，F_2，F_3，F_4 首尾相接，形成一条折线，最后连其封闭边，从共同的始端 O 指向 F_4 的末端所形成的矢量即为合力 F。此法称为力的多边形法则。力的多边形法则的封闭边即为力系的合力。

由此可以得到如下结论：平面汇交力系的合力等于力系各力的矢量和，合力的作用线通过力系的汇交点。设平面汇交力系为 F_1，F_2，…，F_n，以 F 代表它们的合力，则可用矢量式表示为

$$F = F_1 + F_2 + \cdots + F_n = \sum F_i$$

由力的多边形法则求合力 F 时，只要将各分力首尾相接，连成折线，则起点到终点的连线便是合力。合力大小和方向与各力相加次序无关。

二、力在直角坐标轴上的投影

如图 4-2-7 所示，设在直角平面坐标系 Oxy 内，有一已知力 F，从力 F 的始点 A 和端点 B 分别作垂直于 x 轴和 y 轴的垂线，垂足分别为 a、b 和 a'、b'，从而在每一坐标轴上得到一线段，x 轴上得到 ab，y 轴上得到 $a'b'$，线段 ab 和 $a'b'$ 就是力 F 在 x 轴和 y 轴上的投影，通常用符号 F_x 表示力 F 在 x 轴上的投影，用符号 F_y 表示力 F 在 y 轴上的投影。力在坐标轴上的投影是代数量，投影的指向与坐标轴的正向一致为正，反之为负。如图 4-2-7 所示。

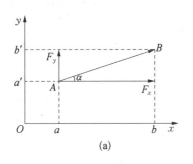
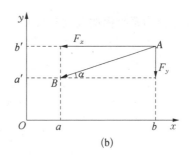

图 4-2-7　力 F 在 x 轴和 y 轴上的投影

设 F 与 x 轴上的夹角为 α，从图 4-2-7(a) 可以得出：

$$\begin{cases} F_x = F\cos\alpha \\ F_y = F\sin\alpha \end{cases}$$

从图 4-2-7(b) 可以得出：

$$\begin{cases} F_x = -F\cos\alpha \\ F_y = -F\sin\alpha \end{cases}$$

若已知力 F 在 x、y 的投影时，则 F 的大小和方向可由下式求得：

$$\begin{cases} F=\sqrt{F_x^2+F_y^2} & \text{(大小)} \\ \tan\alpha=\dfrac{F_y}{F_x} & \text{(方向)} \end{cases}$$

三、合力投影定理

合力投影定理建立了合力投影与分力投影之间的关系。如图 4-2-8 所示，平面汇交力系 F_1、F_2、F_3、F_4 组成的力的多边形，F 为合力。将力的多边形中各力投影到 x 轴上，由图 4-2-8 可见

$$Od = Oa + ab - bc - cd$$

显然上式左侧 Od 为合力 F 的投影，右侧为 4 个投影的代数和。令 F_x 和 F_{x1}、F_{x2}、F_{x3}、F_{x4} 分别表示合力及各分力在 x 轴上的投影，则

$$F_x = F_{x1} + F_{x2} + F_{x3} + F_{x4}$$

上式可推广到任意多个力的情况，即

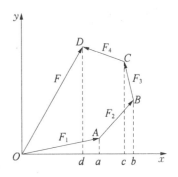

图 4-2-8 合力投影定理

$$\begin{cases} F_x = F_{x1} + F_{x2} + \cdots + F_{xn} = \sum F_x \\ F_y = F_{y1} + F_{y2} + \cdots + F_{yn} = \sum F_y \end{cases}$$

由此得到合力投影定理：合力在任一轴上的投影，等于各分力在同一轴上投影的代数和。进一步还可求出合力 F 的大小与方向。

四、平面汇交力系平衡的几何条件

由于平面汇交力系可用其合力来替代，因此平面汇交力系平衡的充分与必要的条件是：该力系的合力等于零。用矢量等式可表示为

$$\sum_{i=1}^{n} \boldsymbol{F}_i = 0$$

由几何作图可看出：在平衡的情况下，多边形中最后一个力的终点与第一个力的起点正好相重合，构成一个自行封闭的力的多边形。

五、平面汇交力系平衡的解析法

平面汇交力系平衡的充要条件是合力为零，即：

$$F_R = \sqrt{(\sum F_x)^2 + (\sum F_y)^2} = 0$$

于是可得：

$$\begin{cases} \sum F_x = 0 \\ \sum F_y = 0 \end{cases}$$

上面两式是平面汇交力系平衡方程。

平面汇交力系的平衡方程有两个独立式子,用它可求解未知量不多于两个的平面汇交力系的平衡问题。

学生姓名		日期		自评	互评	师评
1. 你理解了力的概念了吗?						
2. 你掌握了力的三要素吗?						
3. 你学会了受力分析与画受力图了吗?						
4. 你学会了平面汇交力系分析了吗?						
5. 你能写出平面任意力系解析法的解题步骤吗?						
6. 请对静力学基础知识进行梳理。						
7. 在活动中注意卫生和安全了吗?						
8. 在学习活动中有团结协作吗?						
学习体会: 1. 活动中感觉哪个技能最有兴趣?为什么? 2. 活动中哪个技能最有用?为什么? 3. 活动中哪个技能操作可以改进以使操作更方便实用?请写出操作过程。(请同学们大胆创新,共同研讨,不断提高操作能力。) 4. 你还有哪些要求与设想?						
总体评价				教师签名		

一、填空题

1. 力的三要素是指力的_____、_____和_____。
2. 在国际单位制中以_____作为力的单位,记作_____。
3. 所谓两力杆,是指只受到两个力而保持_____的杆件。
4. 作用力和反作用力总是_____出现的,而且它们_____、_____,位于同一_____,分别作用在_____上。
5. 约束反力的方向总是和该约束_____运动趋势方向_____,而约束反力的大小则可通过_____计算得到。
6. 常用的约束类型有_____、_____、_____、_____和_____5种。
7. 平面汇交力系平衡的充要条件是力系的_____等于_____。
8. 刚体在平面汇交力系作用下处于平衡的几何条件是_____自行封闭。

二、是非题

1. 凡是处于平衡状态的物体,相对于地球来说都是静止不动的。（　）
2. 两力杆不一定是直杆。（　）
3. 用平行四边形法求得的合力一定大于分力。（　）
4. 柔性约束产生的约束反力只能是拉力。（　）
5. 平面汇交力系平衡的几何条件是力系中各个力的多边形自行封闭。（　）

三、画出图示中球的受力图

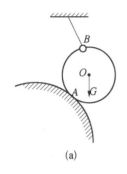 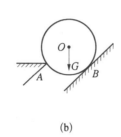 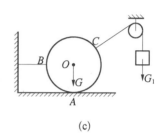

(a)　　　　　　　　　(b)　　　　　　　　　(c)

四、画出图示中 AB 杆的受力图

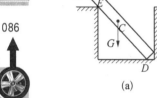 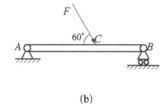 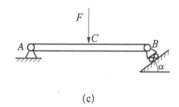

(a)　　　　　　　　　(b)　　　　　　　　　(c)

五、简答题

1. 什么是物体的平衡状态？
2. 什么是力系？什么是平衡力系？
3. 能不能说合力一定大于分力？为什么？试举例说明。
4. 画受力图的一般步骤是怎样的？
5. 平面汇交力系的平衡条件是什么？

项目五
扭力扳手的使用和悬架、车桥、车架的受力分析

活动一　扭力扳手的使用

活动二　汽车悬架、车桥受力分析

项目五　扭力扳手的使用和悬架、车桥、车架的受力分析

情景描述　在拧紧轮胎或缸盖等重要部分的螺栓时,并不是越紧越好,而是规定有一定数值的力矩(俗称"扭力")。汽车的悬架、车桥、车架的结构很复杂,而结构的设计依据是它的受力情况,故本项目对悬架、车桥、车架的受力进行简单的分析。

知识与技能要求:

1. 理解力矩与力偶的基本概念。
2. 理解平面平行力系、平面任意力系的概念。
3. 会对受平面平行力系的构件进行初步的受力分析。

活动一　扭力扳手的使用

活动背景　在拧紧轮胎或缸盖等重要部分的螺栓时,并不是越紧越好,而是规定有一定数值的力矩(俗称"扭力")。我们可以使用扭力扳手来达到这种要求。

活动分析

1. 汽车修理工常用的呆扳手,其手柄部分的长短是根据所拧螺栓的直径规格而定的。
2. 什么时候需要用扭力扳手?使用时应注意什么问题?

操作活动

一、选择合适的扳手拧紧螺母

操作尝试:用正常扳手拧紧螺母,感觉手上用力;在正常扳手手柄上加上套筒拧紧相同类型螺母,再感觉手上用力,发现拧紧相同类型的螺母,后者用力比前者轻。可见手柄部分越长,其力臂就越长,在同样的力作用下,则力矩也越大。若呆扳手手柄长度不受到限制,就有可能把小直径的螺栓拧断。

二、用扭力扳手来拧紧发动机气缸盖或主轴承的螺栓与螺母

发动机气缸盖或主轴承的螺栓与螺母拧紧要求很高,通常要用扭力扳手控制力矩大小,拧

紧时要严格按照规定的顺序和力矩大小要求，通过看扭力扳手上的扭转力矩刻度来控制。如图 5-1-1 和图 5-1-2 所示：

图 5-1-1　扭紧缸盖螺栓（操作手势演示）

图 5-1-2　通过指针观察施加的扭力

一、力矩与力矩的平衡条件

1. 力矩

力是物体运动状态改变的原因，力不仅能使物体移动，还能使物体转动，我们用力矩来解释物体的转动效应。

以扳手拧螺母为例。如图 5-1-3 所示，设螺母能绕 O 点转动，作用在扳手的力 F 在与螺母轴线垂直的平面内，力 F 的作用线到 O 点的垂直距离为 d。转动中心 O 点称为力矩中心，简称矩心。O 点至力 F 的作用线的垂直距离 d 称为力臂。

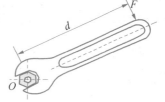

图 5-1-3　力矩

力 F 使物体绕 O 点转动的效应，取决于下列两个因素：① 力的大小与力臂的乘积 Fd；② 力使物体绕 O 点转动的方向。通常规定：力使物体绕矩心逆时针方向转动的力矩为正，反之为负。以上两个因素可用一个代数量 $\pm Fd$ 来概括，用公式记为

$$M_O(F) = \pm Fd$$

力矩的单位在国际单位制中常用 N·m（牛·米）。

力矩在下列两种情况下等于零：① 力等于零；② 力的作用线通过矩心，即力臂为零。

由经验可知：螺母拧紧的程度不仅与力 F 的大小有关，而且与点到力的作用线的垂直距离 d 有关。同样大小的力，如果 d 越长，螺母就拧得越紧。反过来，如果 d 很短，要拧紧螺母就要花费很大的力气。

另外，如果我们改变力的方向，则力的作用效果也随之改变。若在扳手上加一个反向力，则可拧松螺母。显然，力 F 使扳手绕 O 点转动的方向不同，则其效应也就不同。

2. 合力矩定理

平面汇交力系的合力对平面内任意点为矩，等于所有各分力对同一点之矩的代数和。这个关系称为合力矩定理，它的数学表达式为

$$M_O(R) = M_O(F_1) + M_O(F_2) + \cdots + M_O(F_n) = \sum M_O(F)$$

例 5-1 如图 5-1-4 所示,圆柱直齿传动中,已知轮齿啮合面间的作用力 $F_n=1$ kN,啮合角 $\alpha=20°$,齿轮分度圆直径 $d=60$ mm。试计算力对轴心 O 的力矩。

解 方法一:根据力矩的定义来求

$$M_O(F_n) = F_n \cdot h = F_n \cdot (D/2) \cdot \cos\alpha = 28.2 \text{ (N·m)}$$

方法二:根据合力矩定理来求

将力 F_n 沿半径 r 方向分解成一组正交的圆周力 $F_t=F_n\cos\alpha$ 与径向力 $F_r=F_n\sin\alpha$。

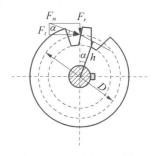

图 5-1-4 例 5-1 图

$$M_O(F_n) = M_O(F_t) + M_O(F_r) = F_t \cdot r + 0 = F_n\cos\alpha \cdot r = 28.2 \text{(N·m)}$$

3. 力矩的平衡

如图 5-1-5 所示,力 F_A 促使杆 AB 绕 O 点作逆时针方向转动,而力 F_B 促使杆 AB 绕 O 点作顺时针方向转动,当 F_A 和 F_B 分别对 O 点产生力矩的大小相等、方向相反时,转动效应互相抵消,杆 AB 处于平衡状态。

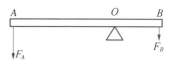

图 5-1-5 力矩的平衡

由此可知,所有绕定点转动物体平衡的共同规律。如果在绕定点转动的物体上作用有 n 个力,各力对转动中心 O 点的力矩分别为 $M_O(F_1)$,$M_O(F_2)$,…,$M_O(F_n)$,则绕定点转动物体的平衡条件是:各力对转动中心 O 点的矩的代数和等于零,即合力矩等于零。用公式表示为

$$M_O(F_1) + M_O(F_2) + \cdots + M_O = 0$$

记为

$$\sum M_O(F) = 0$$

上式称为力矩平衡方程。

利用力矩平衡方程,可以分析和计算杠杆、绞车、滑轮等绕定点(或定轴)转动的简单机械在平衡时,某些未知力的大小。

二、力偶与力偶矩

1. 力偶

在日常的生活和生产实际中,我们时常会看到汽车司机用双手转动转向盘驾驶汽车;人们用两个手指头旋转钥匙开门;用两个手指头拧开或关紧水龙头。如图 5-1-6 所示,转向盘、钥匙、水龙头为何会转动?这是因为人们对这些物体施加了等值、反向的一对平行力。这种由两个大小相等、方向相反的一对平行力组成的力系,叫做力偶。

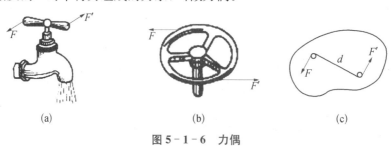

(a)　　　　　　　(b)　　　　　　　(c)

图 5-1-6 力偶

① 力偶是大小相等、方向相反且不共线的两个力所组成的力系。所以力偶就是一个最简单、最基本的力系，记作 (F, F')。
② 力偶对物体的作用效果是改变物体的转动状态。

力使物体绕某点转动的效应可用力矩来度量，同理力偶使物体转动的效应可由力偶的两力对点的合力矩来度量。

在图 5-1-6 中，由力 F 与 F' 对转动中心的合力矩为

$$M = M_O(F) + M_O(F') = F \cdot \frac{d}{2} + F \cdot \frac{d}{2} = Fd$$

力偶中两个力之间的距离 d，称为力偶臂。力偶中的力 F 与力偶臂 d 的乘积，称为力偶矩。力偶对物体转动效应的大小由力偶矩来度量。

力偶 (F, F') 的力偶矩，以符号 $M(F, F')$ 表示，或简写为 M，那么就有

$$M = \pm Fd$$

如图 5-1-7 所示，设物体上作用一力偶臂为 d 的力偶 (F, F')，力偶对任一点 O 的矩为

$$M = M_O(F) + M_{O1}(F') = F(d+a) - F'a = Fd$$

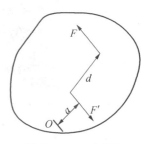

图 5-1-7 力偶矩

从上式可看出，力偶对物体的转动作用决定于力偶中力的大小和两个力之间的距离，而与矩心位置无关。即：

力偶矩的大小等于力与力偶臂的乘积，其正负号表示力偶的转向。力偶矩的正负规定与力矩相同，即：逆时针方向转动为正，顺时针方向转动为负。

力偶矩的单位与力矩的单位相同。

力偶中两个力所在的平面，称为力偶作用面，受力偶作用的物体在此平面内转动。

力偶对物体的转动效应，取决于下列三要素：
① 力偶矩的大小；
② 力偶矩的转向；
③ 力偶的作用平面。

2. 力偶的性质

性质1 力偶既无合力，也不能和一个力平衡，力偶只能用力偶来平衡。

性质2 力偶对其作用面内任一点之矩恒为常数，且等于力偶矩，与矩心的位置无关。

性质3 力偶可在其作用面内任意转移，而不改变它对刚体的作用效果。

性质4 只要保持力偶矩的大小和转向不变，可以同时改变力偶中力的大小和力偶臂的长短，而不改变其对刚体的作用效果。

活动二　汽车悬架、车桥受力分析

活动背景　汽车悬架是汽车里重要的一个组成部分，其作用有以下两点：① 尽量保持车轮与地面的接触；② 减少震动，提高乘坐的舒适度。悬架的组成包括弹性组件、减振器和传力装置等3部分，这3个部分分别起缓冲、减振和力的传递作用。

请观察非独立悬架结构图，如图5-2-1所示。图5-2-2为汽车后桥的简化受力分析。

图5-2-1　非独立悬架结构图

图5-2-2　后桥简化受力分析图

汽车的悬架系统及受力分析如图5-2-3所示。

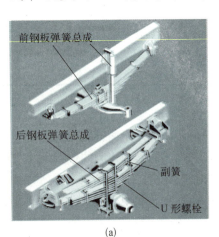

(a)

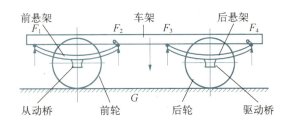

(b)

图5-2-3　悬架系统及受力分析

1. 观察后桥及悬架的结构和组成。
2. 初步分析后桥主要部件的受力情况。

一、平面平行力系

力系中各力的作用线都在同一个平面内，并且相互平行，这样的力系为平面平行力系。如图 5-2-4 所示。

1. 平面平行力系的平衡条件与平衡方程

如图 5-2-4 所示，设物体受到平面平行力系 F_1、F_2、F_3、F_4 的作用。如选取 x 轴与各力垂直，那么各力在 x 轴上的投影必定为零，自然满足 $\sum F_x = 0$。所以平面平行力系独立的平衡方程式数目只有两个，即：

$$\begin{cases} \sum F_y = 0 \\ \sum M_O(F) = 0 \end{cases}$$

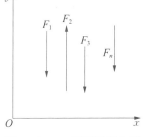

图 5-2-4 平面平行力系

因此平面平行力系的平衡条件为：力系中所有各力的代数和等于零；所有各力对平面内任意一点的合力矩等于零。

平面平行力系的平衡方程常常采用另外一种形式，即：

$$\begin{cases} \sum M_A(F) = 0 \\ \sum M_B(F) = 0 \end{cases}$$

也就是说，力系中所有各力对平面内任意两点的合力矩均等于零。应当指出的是，A、B 两点的连线，不能与力系中的各力平行。

2. 平面平行力系平衡方程的应用

下面以一实例来说明平面平行力系平衡方程的应用。

例 5-2 汽车起重机的车重 $G=20$ kN，起重机旋转及固定部分重 $W_1=30$ kN，起重臂重 $W_2=4$ kN，尺寸如图 5-2-5 所示，设起重臂在起重机对称平面内，并且放在最低位置，求车辆不至于翻倒的最大起重量 W_3，以及车轮受到地面的约束反力。

解 取整台汽车起重机为研究对象。其上面的作用力 G、W_1、W_2、W_3、R_A、R_B 组成了一平面平行力系，由平衡条件 $\sum M_B = 0$，可得：

$R_A \times 3.8 - G \times 2 + W_2 \times 2.5 + W_3 \times 5.5 = 0$

当 W_3 增加到汽车不至于翻倒的临界值时，为安全起见，必须 $R_A \geqslant 0$。所以

$R_A = (2G - 2.5W_2 - 5.5W_3) \div 3.8 \geqslant 0$

得 $W_{3\max} = 5.45$ (kN)

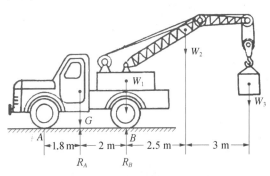

图 5-2-5 汽车起重机

对于后轮支座反力,有 $\sum F_y = 0$,则
$$R_A + R_B = G + W_1 + W_2 + W_3$$

因为　　$R_A = 0$

所以　　$R_B = 59.45$（kN）

二、平面任意力系

作用于物体上的各力,其作用线任意地分布在同一平面内,它们既不汇交于一点,又不全部相互平行,这样的力系称为平面任意力系。

1. 平面任意力系的平衡条件与平衡方程

起重机的水平梁 AB 受到平面任意力系的作用,力系中的各力不但能使水平梁 AB 产生沿 x 轴方向和 y 轴方向移动的趋势,而且还能使水平梁 AB 产生在力系所在的平面内转动的趋势。若要使水平梁 AB 在各力作用下仍然保持平衡,首先,水平梁 AB 在各力作用下不能沿 x 轴方向或 y 轴方向产生移动,因此必须满足:

$$\sum F_x = 0, \qquad \sum F_y = 0$$

另外,水平梁 AB 也不能绕力系所在平面内任意一点产生转动,即:

$$\sum M_O(F) = 0$$

由此可以得到平面任意力系的平衡条件:力系中所有各力,在两个互相垂直的坐标轴上投影的代数和等于零,力系中所有各力对力系所在平面内任意点的合力矩等于零。即:

$$\begin{cases} \sum F_x = 0 \\ \sum F_y = 0 \\ \sum M_O(F) = 0 \end{cases}$$

上式称为平面任意力系的平衡方程,由两个投影式和一个力矩式组成,它是平面任意力系的平衡方程,共有 3 个独立的方程,可以求解不超过 3 个未知量的平衡问题。

2. 平面任意力系平衡方程的应用

应用平面任意力系平衡方程求解实际问题时,首先要建立工程结构和构件的平面力学模型;其次确定研究对象,取其分离体,画受力图;然后列平衡方程求解。

学生姓名		日期		自评	互评	师评
1. 你是否理解力矩的基本概念?						
2. 你是否理解力偶的基本概念?						

(续 表)

学生姓名		日期		自评	互评	师评
3. 你是否理解平面平行力系的概念?						
4. 你是否理解平面任意力系的概念?						
5. 能否对受平面平行力系的构件进行初步的受力分析?						
6. 在学习活动中有团结协作吗?						
学习体会: 1. 活动中感觉哪个技能最有兴趣? 为什么? 2. 活动中哪个技能最有用? 为什么? 3. 活动中哪个技能操作可以改进以使操作更方便实用? 请写出操作过程。(请同学们大胆创新,共同研讨,不断提高操作能力。) 4. 你还有哪些要求与设想?						
总体评价				教师签名		

【课后练习】

一、填空题

1. 力矩的力臂就是_____到矩心的垂直距离,力矩的大小等于力的大小和力臂的_____,力矩在国际单位制中用_____作单位。
2. 力偶是一对_____、_____的_____力。
3. 力偶的三要素是力偶的_____、_____和_____。
4. 力偶矩相同的力偶是_____,它们可以互相_____。
5. 平面汇交力系和平面平行力系是_____的两种特殊形式。
6. 受平面任意力系作用的物体处于平衡的条件:一是物体所受的_____等于零;二是物体所受的_____等于零。

二、是非题

1. 力对刚体某点的力矩大小,将因为沿其作用线移动而变化。 ( )
2. 力偶不仅能使物体移动,而且能使物体转动。 ( )
3. 力偶可以在其作用面内任意转移,而不改变它对刚体的作用,因为转移并不改变其力偶矩。 ( )
4. 力偶的两力大小相等、方向相反,因此它们的合力为零。 ( )
5. 任何力系都可用一合力来代替。 ( )

三、简答题

1. 何谓合力矩定理?
2. 平面力偶系平衡的条件是什么?

项目六
汽车运动构件的摩擦分析

活动一　汽车常用滑动摩擦副分析

活动二　汽车车轮滚动摩擦分析

项目六 汽车运动构件的摩擦分析

情景描述

在现代汽车中存在大量的摩擦副,如缸套与活塞、活塞环间、轴与轴承间、凸轮、摇臂和挺杆间、气阀与阀座间、摩擦离合器、制动器以及轮胎与路面等,汽车20%的功率要用来克服摩擦。这些零部件在汽车中都很关键,其工作好坏将影响到汽车整体的性能、效率、可靠性和使用寿命。

知识与技能要求:

1. 理解滑动摩擦与滚动摩擦的概念。
2. 了解利用和消除摩擦的常用构件简单机理。

活动一 汽车常用滑动摩擦副分析

活动背景

汽车内燃机10%的能量消耗在摩擦上,为了对摩擦有个大致的了解,我们主要对发动机缸体内的活塞运动进行分析,从而理解滑动摩擦的概念。

活动分析

1. 仔细观察发动机内部,你认识哪些主要运动构件?
2. 了解四冲程发动机的工作原理,你知道活塞是如何运动的吗?
3. 观察活塞有没有磨损的痕迹,知道为什么会磨损吗?
4. 掌握滑动摩擦的机理。

操作活动

1. 观察剖开的发动机教学实验机,对照实物,指认如图6-1-1所示各构件的名称。

　(1)_____;(2)_____;(3)_____;(4)_____;
　(5)_____。

2. 转动实验机上的手柄或看图6-1-2,观察活塞和曲轴的运动情况。

部件名称	运动形式
活　塞	
曲　轴	

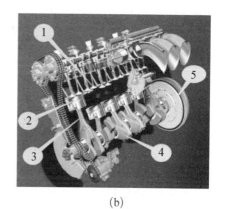

(a)   (b)

图 6-1-1 汽车发动机教学实验机

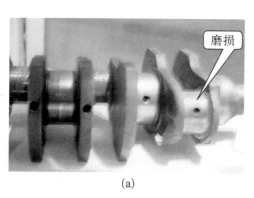
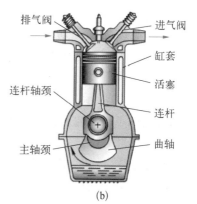

(a)   (b)

项目六 汽车运动构件的摩擦分析

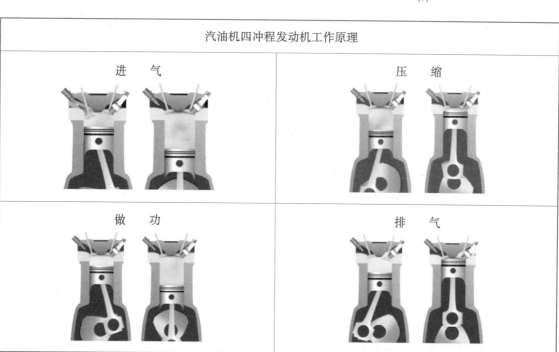

(c)

图 6-1-2 汽油机四冲程发动机

3. 观察活塞、曲轴的磨损情况，并做好记录，认真思考分析。

产生磨损的原因是摩擦，什么情况下会产生摩擦呢？

当两个相互接触的不光滑物体有相对运动或相对运动趋势时，它们之间必然有摩擦产生，也就形成了摩擦副。如在发动机中，活塞在气缸中往复运动，它们之间就产生了滑动摩擦，其表面之间必然产生阻碍活塞运动的力，我们把这种接触表面之间产生的阻碍滑动的力称为滑动摩擦力。当接触物体间只有相对滑动趋势而无滑动事实的摩擦称为静滑动摩擦，简称静摩擦。若滑动已发生，则称为动滑动摩擦，简称动摩擦。

由于摩擦力阻碍两物体相对运动，所以摩擦力作用于相互接触处，其指向总是与相对滑动或相对滑动趋势的方向相反，它的大小根据主动力作用的不同，可以分为 3 种情况：静滑动摩擦力、最大静摩擦力和动滑动摩擦力。

一、静滑动摩擦力和静滑动摩擦定律

如图 6-1-3(a)所示，在粗糙的水平面上放置一重为 P 的物体，该物体在重力 P 和水平面的法向反力 F_N 的作用下处于静止状态。现在该物体上加上一大小可变化的主动力——水平拉力 F，如图 6-1-3(b)所示。当拉力 F 较小时，物体静止在水平面上，但有相对滑动的趋势，此时，水平面对物体除了有法向反力 F_N 外，必定还有一个与力 F 方向相反的切向阻力 F_f，力 F_f 即为静摩擦力。

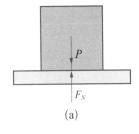   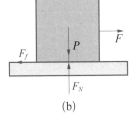   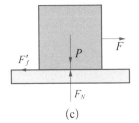

(a)　　　　　　　　(b)　　　　　　　　(c)

图 6-1-3　静摩擦力

根据平衡条件有

$$\sum F_x = 0, \quad F_f = F$$

即摩擦力等于水平拉力，并随着水平拉力 F 的增大而增大，但静摩擦力不会随水平拉力 F 的增大而无限地增大。当水平拉力 F 达到一定数值时，物体处于将滑而未滑的临界状态，这时静摩擦力增大到一个极限值，这个极限值称为最大静摩擦力，以 $F_{f\max}$ 表示，如图 6-1-3(c)所示。此后，如果拉力 F 继续增大，静摩擦力 F_f 不能再继续随之增大，物体将失去原有的平衡而滑动。

① 静摩擦力 F_f 产生于欲相对滑动的两物体的接触面上；
② 静摩擦力 F_f 的大小随主动力的变化而变化，但介于零到最大静摩擦力之间，即 $0 \leq F_f \leq F_{f\max}$；
③ 静摩擦力 F_f 的方向与物体滑动趋势方向相反。

大量实验表明：物体处于临界状态时的最大静摩擦力的值与两物体的接触面积无关，与两物体相互接触面间的正压力（法向反力）F_N 成正比，即：

$$F_{f\max} = fF_N$$

这就是静滑动摩擦定律，式中比例常数 f 称为静滑动摩擦因数，简称摩擦因数。摩擦因数的大小与相互接触的物体的材料性质和表面状况（如粗糙度、湿度、温度等）有关，是表示材料摩擦性质的物理量，其值由实验得出。

二、动摩擦力与动摩擦定律

在图 6-1-3(b) 中，若继续增大拉力 F，只要略大于 $F_{f\max}$，则物体将开始向右滑动。如图 6-1-3(c) 中，此时接触面之间仍有摩擦阻力，称为动摩擦力，以 F'_f 表示。实验表明，动摩擦力的大小与接触面间的法向反力 F_N 成正比，而与接触面的大小无关，即：

$$F'_f = f'F_N$$

这就是动摩擦定律。f' 称为动摩擦因数，它与接触物体间的材料和表面情况有关，一般情况下，$f' < f$。

实际上，动摩擦因数还与接触物体间相对滑动速度的大小有关。对于不同材料的物体，动摩擦因数随相对滑动的速度变化规律也有不同。多数情况下，动摩擦因数随相对滑动的速度的增大而减小。但当相对滑动速度不大时，动摩擦因数可近似地认为是个常数。

静摩擦因数和动摩擦因数可从工程手册中查出。常用材料的摩擦因数见表 6-1-1。

表 6-1-1　几种常用材料的滑动摩擦因数

材料名称	静滑动摩擦因数（f）		动滑动摩擦因数（f'）	
	无润滑	有润滑	无润滑	有润滑
钢—钢	0.15	0.1～0.12	0.15	0.05～0.10
钢—铸铁	0.3		0.18	0.05～0.15
钢—青铜	0.15	0.1～0.15	0.15	0.1～0.15
铸铁—皮革	0.3～0.5	0.15	0.6	0.15
铸铁—橡胶			0.8	0.5
木材—木材	0.4～0.6	0.1	0.2～0.5	0.07～0.15

三、摩擦角

当有摩擦时，支承面对平衡物体的约束力有法向约束力和切向约束力（即静摩擦力）。法向反力 F_N 和摩擦力 F_f 可合成为一合力 F_R，称为全反力。如图 6-1-4(a) 所示，全反力 F_R 与法向反力 F_N 的夹角为 φ。当静摩擦力 F_f 随主动力 F 增大而增大时，φ 角也相应增大。临界状态时，静摩擦力达到最大值 $F_{f\max}$，此时夹角 φ 也达到最大值 φ_m，如图 6-1-4(b) 所示。全反力与法

线夹角的最大值 φ_m 称为临界摩擦角,简称摩擦角。

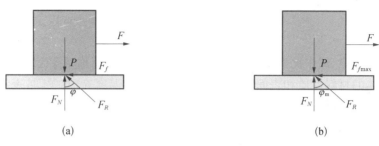

图 6-1-4 全反力与摩擦角

由图 6-1-4 可得:

$$\tan\varphi = \frac{F_f}{F_N} \quad \tan\varphi_m = \frac{F_{fmax}}{F_N}$$

即摩擦角的正切等于静摩擦因数。

四、自锁

如图 6-1-5 所示,在斜面上的物体,当 θ 角小于某一值时,无论物体的重量 G 有多大,物体都不会沿斜面滑下。工程上,凡依靠摩擦维持平衡的物体,若在满足一定的几何条件下,不论主动力的大小如何,都能保持平衡而不滑动,这种现象称为自锁。

由二力平衡条件可知:物体所受的主动力 G 必与全反力 F_R(图中未画出)等值反向,因此 $\theta = \varphi$。

由此可以推出:斜面自锁的条件是斜面倾角小于或等于摩擦角,即 $\theta \leqslant \varphi_m$。

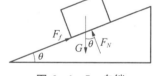

图 6-1-5 自锁

工程中常利用自锁原理设计一些机构或夹具,如三角螺纹连接不会自行松开等都是利用了自锁的原理;但在一些机构中,运动构件一旦自锁就无法工作,如变速箱中滑移齿轮的拨动、凸轮机构的从动杆等,必须避免自锁。

实践活动

观察发动机活塞环与气缸壁、曲轴与主轴承、连杆与连杆轴,以及凸轮、摇臂与挺杆、气阀与气阀座等。

1. 它们在工作中会产生摩擦吗?
2. 这些摩擦是有利还是有害?若有害,在实际中应如何尽量克服?
3. 你能说出汽车哪些地方存在摩擦吗?

活动二 汽车车轮滚动摩擦分析

活动背景

我们知道,如果没有车轮与地面的摩擦,汽车是无法行驶的。设想不同的情景,理解汽车车轮的滚动摩擦。

活
动
分
析

1. 仔细分析,什么是驱动轮,什么是非驱动轮?
2. 汽车在行驶、制动时,车轮分别处于怎样的摩擦状态?
3. 什么是滚动摩擦?

操
作活动

一、了解驱动轮和非驱动轮

把普通汽车支起,启动发动机,加油门,如果后车轮向前转动而前车轮不转,则转动的后车轮为驱动轮,它驱动车子前进,不转动的前车轮为非驱动轮。

二、利用玩具汽车来分析前后车轮所受的摩擦

1. 汽车(后轮驱动)在平直公路上向前行驶,分析前轮和后轮所受的摩擦

如图6-2-1所示,若后车轮是驱动轮,它受到发动机传递过来的转矩而向前转动,给地面以向后的推力,根据作用力与反作用力公理,地面给后轮以向前的推力,推动汽车向前运动,此推力是静摩擦力,所以我们说摩擦力 F_{f1} 是驱动力。前车轮是非动轮,在驱动力的作用下随车体一起向前运动,受到地面给它的静摩擦力 F_{f2} 的作用而向前转动。在行驶过程中,前后车轮都处于滚动状态,故都存在滚动摩擦。

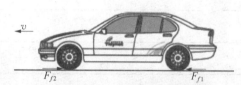

图6-2-1 后轮驱动行驶的汽车

点拨

雪地里、沙滩上、泥坑里,打滑时汽车不能前进。

2. 斜坡上的汽车关闭油门时,分析前后车轮受到的摩擦

如图6-2-2所示,假设斜坡有一定的坡度,且汽车未制动时,关闭油门后,汽车会向前滑行。此时地面将阻碍汽车向前运动,所以前后轮都受到静摩擦力 F_f 的作用而向前滚动,都是滚动摩擦。

3. 汽车制动时的前后轮摩擦力方向分析

汽车制动时,车轮因制动力过大往往会抱死,导致轮胎在地面上滑行,路面上留下一道黑色橡胶磨痕。

(1) 只使用前轮制动、汽车仍在向前滑行时

前轮因制动抱死而向前滑动,所受的摩擦力为

图6-2-2 斜坡上行驶的汽车

滑动摩擦力,其方向向后;因汽车仍向前滑行,地面给后轮的静摩擦力促使后轮向前转动。所以前轮受到的是滑动摩擦,而后轮受到的是滚动摩擦。由于惯性,汽车可能向前或向两侧翻转。

(2) 只使用后轮制动、汽车仍在向前滑行时

与(1)的情况刚好相反,后轮因制动抱死而向前滑动,所受的摩擦力为滑动摩擦力,其方向向后;因汽车仍向前滑行,地面给前轮的静摩擦力促使前轮向前转动。所以前轮受到的是滚动摩

擦,而后轮受到的是滑动摩擦。

(3) 前后轮同时制动、汽车仍向前滑行时

前后车轮制动抱死,汽车仍向前滑动,故前后车轮均受到滑动摩擦力的作用,方向向后。

 汽车制动时车轮抱死,不仅造成轮胎严重磨损,更主要的是在这种情况下汽车完全失去操作方向的能力,这是引起车辆碰撞事故的一个主要原因。制动防抱死系统(ABS)防止车轮抱死打滑,使车轮保持既制动又滚动的状态。

三、轮胎气足与气不足

将车轮移到另一个地方,可采用拖动和滚动两种方法。请用"省力"、"不省力"、"比较省力"填写下表。

	拖 动	滚 动
轮胎气足		
轮胎气不足		

一、滚动摩擦

当物体间相对滚动或有相对滚动趋势时引起的摩擦,称为滚动摩擦。现在来简单探讨一下有关滚动摩擦的问题。

如图 6-2-3(a)所示,一放在水平面上的轮胎,它的重量为 P,半径为 r,在车轮中心处作用着一水平力 F。由实践可知,当作用力 F 不太大时,轮胎仍能保持静止状态。这时在轮胎上除了受到水平力 F 和重力 P 以外,还受到水平面的法向反力 F_N 和静摩擦力 F_f 的作用。我们知道:轮胎在力 F 的作用下,一方面有沿力 F 方向滑动的趋势,同时也有绕接触点 A 滚动的趋势。静摩擦力 F_f 阻止了轮胎的滑动,但它不能阻止轮胎的滚动。那么,究竟是什么阻止了轮胎的滚动呢?因为轮胎压紧在水平面上,接触面处会发生一定的变形,当受到力 F 作用时,局部发生的变形使力 F_N 的作用线向力 F 的方向移动了一段距离 δ,如图 6-2-3(b)所示,力 F 和 F_f 组成一力偶,它要使轮胎滚动,而重力 P 和 F_N 组成的另一力偶,力图阻止轮胎的滚动,这就是滚动摩擦力偶,其大小为 $M_f = \delta F_N$。

当力 F 在一定范围内逐渐增大时,力 F_N 移动的距离也随之相应增大,轮胎还能保持静止状态。当力 F 增大到某一临界值时,轮胎处于将要滚动而尚未滚动的临界状态,距离 δ 增大到最大值。这时使轮胎发生滚动的力偶,它的力偶矩达到最大值,即

$$M_{max} = \delta F_N$$

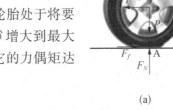

(a)   (b)

图 6-2-3 滚动摩擦

式中 δ 为法向反力 F_N 移动的最大距离,它具有长度的量纲,称为滚动摩擦系数。

滚动摩擦定律:滚动摩擦力偶矩的大小与接触面的法线反力成正比,方向与滚子的转动方向相反。

滚动摩擦系数的大小与接触物体的材料和接触面的情况有关,而与滚子半径的大小无关,材料硬,接触面变形就小,δ 值也小,便可减少滚动摩擦阻力。例如在坚硬的路面上拉车比在松软的路面上拉车省力,车胎充气足时比充气不足时的行驶省力。表6-2-1列出了几种常用材料的滚动摩擦系数值。

表6-2-1 几种常用材料的滚动摩擦系数　　　　（单位:mm）

材 料 名 称	δ	材 料 名 称	δ
软钢—软钢	0.05	钢质车轮—钢轨	0.05
铸铁—铸铁	0.05	木材—木材	0.5~0.8
淬火钢—淬火钢	0.01	轮胎—地面	2~10

由于滚动摩擦系数 δ 较小,因此在大多数情况下滚动摩擦可忽略不计。

实践活动

1. 观察滚动轴承和滑动轴承的组成,想一想为什么滚动轴承适用于轻载高速,而滑动轴承适用于重载低速?

2. 观察轮胎与路面包含的两大摩擦问题:一是轮胎与路面的摩擦;二是轮胎的磨损。想一想如何使车辆在行驶中的滚动摩擦阻力减小?

二、消除有害摩擦和强化有用摩擦的常用措施

摩擦有有利的一面,如皮带传动靠摩擦传递运动和动力,制动器靠摩擦刹车,没有地面的摩擦汽车无法行驶,螺旋千斤顶、连接螺栓等需要靠摩擦自锁保持平衡等;同时摩擦也有不利的一面,如摩擦会使机件磨损甚至损坏、降低效率、消耗能量等。我们研究摩擦,就是要充分利用其有利的一面,而减少其不利的一面,具体的措施如下:

1. 减小摩擦的措施

① 在允许的情况下,改滑动摩擦为滚动摩擦;

② 改善表面的接触情况,如使表面光滑、添加润滑油等;

③ 使用减摩材料,以减少因摩擦而产生的磨损。

图6-2-4 制动器利用摩擦力制动

友情提醒

在汽车的使用过程中,合理使用润滑材料,不仅可以降低润滑材料所消耗的费用,还可以提高润滑效果,减少摩擦和磨损,从而降低功率损耗和燃料消耗,延长汽车使用寿命。汽车所使用的润滑材料可分为机油、齿轮油和润滑油3类。

2. 强化有用摩擦的措施

① 设计时满足自锁条件；

② 增大接触表面的摩擦系数；

③ 增大接触面的压力。

1. 观察发动机各运动件之间用了哪些方法减小摩擦阻力？
2. 赛车轮胎有什么特点？

学生姓名		日期		自评	互评	师评
1. 你知道摩擦的种类了吗？						
2. 活塞与缸套是滑动摩擦副对吗？						
3. 任何摩擦都是有害的对吗？						
4. 你会分析汽车行驶过程中前后轮的摩擦力方向吗？						
5. 实际中应用了哪些强化或消除摩擦的方法？						
6. 活动中环保意识及团队协作做得好吗？						
学习体会： 1. 活动中感觉哪方面最有兴趣？为什么？ 2. 你有更好的活动来说明相关主题吗？如果有，请写出操作过程。(请同学们大胆创新，共同研讨) 3. 你还有哪些要求与设想？						
总体评价				教师签名		

一、填空题

1. 两个相互接触的物体，当它们接触面之间有_____或_____时，在接触面之间产生的阻碍彼此相对滑动的切向阻力称为_____。
2. 滑动摩擦力的方向总是和接触面间_____的方向相反，它的大小与接触物体间_____成正比。
3. 在考虑摩擦的情况下，接触面对物体的约束反力由_____和_____两部分组成，它们的合力称为接触面的_____。
4. 全反力和接触面法线之间的夹角最大值称为_____。
5. 斜面自锁的几何条件是_____小于或等于_____。

6. 滚动摩擦产生的原因不同于滑动摩擦,它主要由_____的变形引起的。
7. 滚动摩擦系数是一个具有_____单位的系数,一般_____滑动摩擦系数。

二、计算题

1. 如下图所示,自卸翻斗车的车厢靠油缸推举可绕 A 轴转动。若砂土与车厢的摩擦系数 $f=0.7$,试问在卸车时要保证车厢内的砂土卸干净,车厢倾角 α 至少多大?

2. 如下图所示,物体放在水平面上,物体重 $G=500$ N,物体与平面间摩擦因数 $f=0.3$。当物体所受水平力 F 的值分别为 0、50 N、100 N、150 N、200 N 时,物体是否平衡?摩擦力各有多大?

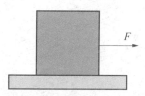

3. 如下图所示,要使物体沿水平向右滑动,(a)、(b)、(c)三种情况中,哪种方法最省力?

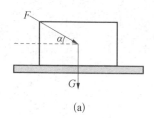 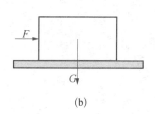 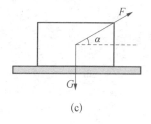

(a)　　　　　　　　　(b)　　　　　　　　　(c)

项目七
车轮与飞轮转速、线速度、角速度和转矩的测定

活 动　飞轮转速、线速度、角速度和转矩的测定

项目七　车轮与飞轮转速、线速度、角速度和转矩的测定

情景描述

汽车车轮的转动促使汽车向前行驶,那么车轮的转动速度与汽车的行驶速度有什么关系呢?汽车在爬坡时,你是否感觉到速度有所减慢呢?这是为什么呢?

知识与技能要求:

1. 了解刚体绕定轴转动的概念。
2. 理解刚体绕定轴转动时的转速、线速度、角速度、转矩的概念。
3. 了解转速、线速度、角速度、转矩之间的关系。

活　动　飞轮转速、线速度、角速度和转矩的测定

活动背景

通过观察图7-1所示的皮带轮的转动,理解转速、线速度、角速度和转矩的关系。

活动分析

1. 用什么参数来衡量物体转动的快慢?
2. 线速度、角速度、转速分别与半径有什么关系?
3. 线速度、角速度、转速三者有什么关系?

(a) 转动前　　　　　　　　　　　(b) 转动后

图7-1　皮带轮的转动

观察汽车发动机上曲轴皮带轮

① 观察汽车发动机上曲轴皮带轮、电动机皮带轮、发电机皮带轮,并作标记;

② 用扳手将曲轴皮带轮转动一定角度,并计时;

③ 量取 AA' 的长度,B、C、D 点转过的角度,并填表 7-1。

表 7-1　汽车发动机曲轴皮带轮的观察记录 1　　　时间 t:_____(s)

	$A \to A'$	$B \to B'$	$C \to C'$	$D \to D'$
长度(mm)				
转过的弧度(rad)				
长度/时间(mm/s)				
弧度/时间(rad/s)				

④ 转动曲轴皮带轮,计时并记录各带轮转过的转数,填写表 7-2。

表 7-2　汽车发动机曲轴皮带轮的观察记录 2　　　时间 t:_____(min)

	曲轴皮带轮	电动机皮带轮	发电机皮带轮
转数(r)			
转数/时间(r/min)			

⑤ 分析皮带轮转动的快慢与转过的弧度及时间之间的关系。

刚体的定轴转动是刚体的一种最基本的运动。在汽车中常见到皮带轮、齿轮以及发电机转子等零部件的运动都具有一个特点,即在运动过程中,体内有一直线始终保持不动,其余各点都绕此直线做圆周运动,这种特点的运动,称为刚体绕定轴转动,简称转动。保持不动的直线,通常称为转动轴。

一、角速度和线速度

1. 角速度

我们常用角速度来表示物体转动的快慢程度。什么是角速度呢?如图 7-2 所示一个转动的物体,物体上的点 a 在时间 t 内绕轴 O 转动到 a' 点,转过的角度为 ϕ。转动的角度 ϕ 与所用时间 t 的比值称为角速度,即单位时间内物体转过的角度,常用字母 ω 表示。

$$\omega = \frac{\phi}{t} \qquad (7-1)$$

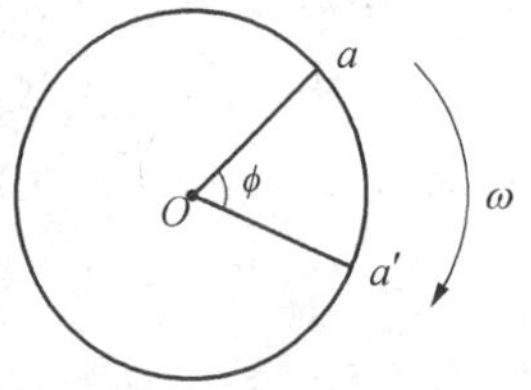

角速度的单位是 rad/s(弧度/秒)。1 rad 等于弧长与半径相等的圆弧

图 7-2　角速度

所对的圆心角,1 rad＝57.3°,π(rad)＝180°。

在生产中常以每分钟的转数来表示物体转动的快慢程度,称为转速,用字母 n 表示,单位为 r/min(转/分钟)。钟表上的指针以恒定的转速在回转,秒针 1 min 转一圈,时针 12 h 转一圈,而汽车的传动轴可以用变速器选择各种转速进行回转。

因为每一圈等于 2π 弧度,所以角速度 ω 与转速 n 之间的关系为

$$\omega = 2\pi n (\text{rad/min}) = \frac{2\pi n}{60} = \frac{\pi n}{30}(\text{rad/s}) \tag{7-2}$$

2. 线速度

如图 7-3 所示的传输带,带轮的转速为 ω,传输速度 v 为多少呢?

这里的传输速度 v 称为线速度,它是指单位时间内物体所走过的位移。

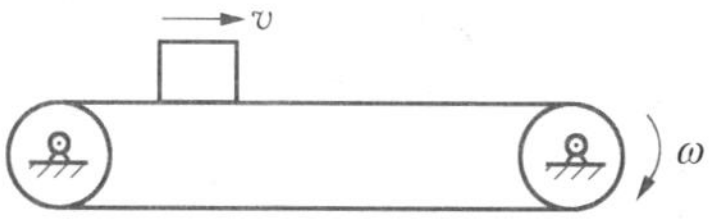

$$v = \frac{s}{t} \tag{7-3}$$

图 7-3 线速度

式中,s 为位移,单位是 m(米);v 为线速度,单位是 m/s(米/秒);t 为时间,单位是 s(秒)。

如果转动物体上某点的转动半径是 r,在时间 t 内转过弧度为 ϕ,则通过路程 $s=\phi r$。

$$v = \frac{s}{t} = \frac{\phi r}{t} = \omega r \tag{7-4}$$

由式(7-4)可知:绕定轴转动刚体上任一点的线速度,等于角速度与该点到转轴距离的乘积,其方向沿圆周的切线并与刚体的转向一致。

① 刚体上各点的线速度与转速成正比,转速越大,线速度越大;
② 刚体上各点的线速度与转动半径成正比,点离转轴距离越远,则其线速度越大。

① 1 rad＝57.3°,π(rad)＝180°;
② 表 7-1 中的"长度/时间"为平均线速度,"弧度/时间"为平均角速度,表 7-2 中的"转数/时间"为平均转速。

二、功率、转矩和转速三者的关系

图 7-4 表示轮子在 A 点受到与半径 r 垂直的力 F 以后,以转速 n 绕轴心 O 转动,A 点的线速度为 v。在这种情况下的功率 P 可按 $P=Fv$ 公式来计算。由式(7-4)、式(7-2)可得:

$$P = F r \frac{\pi n}{30} \tag{7-5}$$

式中,Fr 为力 F 对 O 点的力矩,称为转矩,以 M_O 表示,因此式(7-5)可

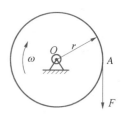

图 7-4 功率

写成

$$P = M_O \frac{\pi n}{30} \tag{7-6}$$

工程上常常使用的功率单位是 kW,经换算有

$$M_O = \frac{30P \times 1\,000}{\pi n} \approx 9\,550 \frac{P}{n} \tag{7-7}$$

式中,M_O 为转矩,单位是 N·m(牛顿·米);P 为功率,单位是 kW(千瓦);n 为转速,单位是 r/min(转/分)。

物体在转动时,转矩 M_O 与功率 P 成正比,而与转速 n 成反比。

所以汽车爬坡时,需要降低车轮的转速来增大转矩,以适应爬坡的能力。

1. 图 7-5 是常见的几种传动方式,齿轮、链轮、带轮在工作中有什么共同的运动方式吗?

2. 图 7-6 所示的曲轴飞轮组中有没有具有上述运动方式的构件?你能根据曲轴的转速计算出飞轮的角速度、线速度吗?

  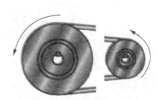

(a) 齿轮传动　　　　(b) 链轮传动　　　　(c) 带轮传动

图 7-5　常见的几种传动方式

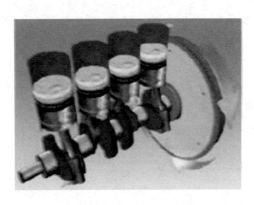

图 7-6　曲轴飞轮组

学生姓名		日期		自评	互评	师评
1. 你能说出汽车上作定轴转动的构件吗?						
2. 对转速、线速度、角速度的物理意义,你都能理解吗?						
3. 你能说出转速、线速度、角速度相互之间的关系吗?						
4. 你能说出转速、线速度、角速度与半径间的关系吗?						
5. 已知发动机的功率和转速,你能计算出它的输出功率吗?						
6. 活动中环保意识及团队协作做得好吗?						
学习体会: 1. 举例说明日常生活中存在作定轴转动的物体。 2. 你有更好的活动来说明相关主题吗? 如果有,请写出操作过程。 3. 你还有哪些要求与设想?						
总体评价				教师签名		

一、填空题

1. 角速度的单位是_____,线速度的单位是_____,它们的换算关系是_____。
2. 转动的刚体上某点的线速度与角速度成_____,与该点到转轴的距离成_____。
3. 转动刚体上任一点线速度的方向与转动半径_____,即沿圆周的_____方向。
4. 物体在转动时,转矩 M_O 与功率 P 成_____,而与转速 n 成_____。
5. 飞轮匀速转动,若半径增大一倍,则轮缘上点的角速度_____,线速度_____;若是转速增大一倍,则轮缘上点的角速度_____,线速度_____。

二、计算题

1. 汽车发动机的额定功率 $P=100$ kW,试求当传动轴转速 $n=1\,200$ r/min 时所输出的转矩。当驾驶员换档以后,传动轴的转速降为 $n_1=600$ r/min,试求这时的传动轴输出的转矩。
2. 功率 $P=5.5$ kW 的电动机带皮带轮转动,转速 $n=1\,500$ r/min。皮带轮直径 $D=180$ mm,试求皮带轮上圆周力的大小。

项目八
汽车常用机构拆装

活动一　怎样拆装刮水器

活动二　拆卸内燃机的活塞连杆机构

活动三　利用盘形凸轮观摩从动件运动规律

项目八　汽车常用机构拆装

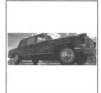

情景描述　人类为了适应生产中的需要，创造和发展了各种各样的机器，其中汽车的发展速度非常快，它将燃料燃烧产生的动力转变为机械能，驱动汽车行驶，曲柄连杆机构、配气机构、转向传动机构、刮水器等机构在汽车行驶中起到非常关键的作用。在本项目中，我们结合一些汽车常用的机构来认识机器、机构、运动副、平面连杆机构等一些机械概念。

知识与技能要求：
1. 理解机械、机器、机构和运动副的基本概念。
2. 理解平面连杆、凸轮等汽车常用机构的分类、特点和作用。

活动一　怎样拆装刮水器

活动背景　刮水器是汽车必不可少的一件辅助装置，刮水器出现卡死、不能正常工作时，我们要对刮水器进行拆装和调整。汽车中常用的电动刮水器是将电动机输出的转矩通过曲柄摇杆机构带动刮臂作摆动，从而使刮臂上的刮水片刷去玻璃上的雨水、雪或灰尘。为了了解刮臂如何做摆动，我们尝试进行刮水器的拆装。

活动分析
1. 仔细观察完整的刮水器装置，它由哪些构件组成？
2. 观察电动机的转矩是通过何种方式传到刮臂的？
3. 观察刮水器上的各构件是怎样连接的？
4. 观察刮水器由哪几个铰链四杆机构组成？

方法与步骤

一、电动刮水器的组成
一般的电动刮水器由电机总成、底板、拉杆、摆杆、刷架、刮臂和刮水片等组成。如图8-1-1所示。

二、电动刮水器的拆装
1. 所需器材

螺丝刀、棘轮扳手、丁字扳手。

2. 操作步骤

① 打开汽车的引擎盖，并取下引擎盖。如图8-1-2所示。

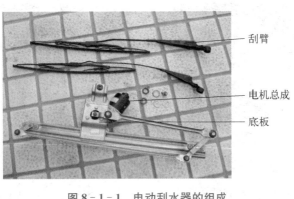

图 8-1-1　电动刮水器的组成

图 8-1-2　取下引擎盖

图 8-1-3　撬下前罩板

② 拔下前罩板上的 3 个卡夹,撬下挡风玻璃边缘的前罩板。如图 8-1-3 所示。

③ 取下刮水片,用螺丝刀撬下刮臂上的 2 个盖帽,松开六角螺母,取下刮水器臂。如图 8-1-4 和图 8-1-5 所示。

图 8-1-4　取下刮水片

图 8-1-5　取下刮水器臂

④ 拔下电机总成的接线插件。如图 8-1-6 所示。

⑤ 松开刮水器总成底板的紧固螺钉,取下总成。如图 8-1-7 所示。

⑥ 按拆卸的反顺序装复好刮水器。

图8-1-6 拔下电机总成的接线插件

图8-1-7 取下刮水器总成

一、机器和机构

人类为了适应生产中的需要,创造和发展了各种各样的机器。我们经常见到的汽车、内燃机、起重机、机床以及缝纫机、洗衣机等都是机器。机器的种类很多,构造、用途和功能也各不相同,但它们都有一些共同的特征。如发电机主要由转子和定子组成,当转子回转时,发电机就把机械能转换为电能;单缸内燃机由气缸体、活塞、进气门、排气门、连杆、曲轴、凸轮、顶杆和齿轮等组成,当燃气推动活塞运动时,进排气门有规律地开闭,把燃气的热能转换为曲轴转动的机械能;汽车由发动机经离合器、变速器、传动轴和驱动桥等带动车轮滚动进行工作的。从上述可以看出,机器具有下列3个特征:

特征一　它们都是人为的实物组合;

特征二　它们的各部分之间具有确定的相对运动;

特征三　它们能代替或减轻人类的劳动,以完成有用的机械功或转换能量。

机构仅有机器的前两个特征,即机构也是人为的实物组合,并且各实物之间具有确定的相对运动。在电动风窗刮水器中,蜗轮、拉杆、摆杆等组成曲柄摇杆机构,将蜗轮的转动转变为摆杆的摆动。由此可见,机器是由机构组成的。

若不讨论做功和能量转换方面的问题,仅从结构和运动的角度来看,机器和机构并无区别,所以习惯上把机器和机构统称为机械。

二、零件和构件

从制造的角度来看,机器是由若干个零件组成的。零件是机器组成中不可再拆的最小单元,是机器的制造单元。按使用特点,零件可分为通用零件和专用零件两大类。

从运动角度来看,机器是由若干个构件组成的。各构件之间具有确定的相对运动,其运动形状和尺寸主要取决于运动性质。所以,构件是机器的运动单元。构件可能是一个零件,也可能是若干个零件的刚性组合体。如内燃机中的连杆就是由连杆体、连杆盖、螺栓和螺母等刚性地连接在一起的,在机构的运动过程中,这一刚性连接体就是一个构件。

三、运动副及其分类

机构是由两个以上的构件,以一定的方式连接而成的,这种连接既不同于螺栓连接,也不同于铆接、焊接之类的刚性连接,而是在连接处保持一定的相对运动。这种由两构件直接接触并产生一定相对运动的连接,称为运动副。如风窗刮水器中蜗轮和拉杆、拉杆和摆杆、刮片架和拉杆之间的连接等都构成运动副。

由于运动副中两构件间的接触形式不同,运动副又分为低副和高副。

1. 低副

两构件通过面接触所构成的运动副称为低副。根据它们之间的相对运动是转动或移动,又可分为转动副和移动副。

(1) 转动副

若组成运动副的两构件之间只能绕同一轴线作相对转动,则该运动副称为转动副,也称铰链。

(2) 移动副

若组成运动副的两构件之间只能沿某一轴线方向做相对移动,则该运动副称为移动副。如内燃机中气缸体与活塞之间连接构成移动副。

2. 高副

两构件之间以点或线相接触所组成的运动副称为高副。组成高副的两构件间的相对运动为转动兼移动。如两齿轮啮合的连接、配气机构中凸轮和顶杆的连接都是高副。

四、平面连杆机构

平面机构是指机构内各构件的相对运动都在同一平面或互相平行的平面内。平面连杆机构是指由若干构件用低副(转动副和移动副)连接组成的机构,各构件间的相对运动都在同一平面或平行平面内。

平面连杆机构的类型很多,最简单的是由 4 个构件组成的铰链四杆机构。常见的平面机构有曲柄摇杆机构、双曲柄机构和双摇杆机构。

1. 曲柄摇杆机构

曲柄摇杆机构的 4 个构件之间都是用转动副连接而成的,其中固定不动的杆称为机架,与机架相连的杆称为连架杆,连接两连架杆的杆称为连杆。当连架杆能绕与机架相连的固定铰链整周回转时,则称该连架杆为曲柄,不能整周回转的连架杆称为摇杆。如图 8-1-8 所示。

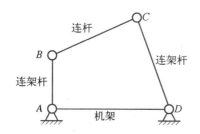

图 8-1-8 曲柄摇杆机构

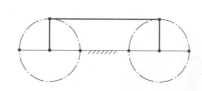

图 8-1-9 公共汽车车门的启闭机构

若铰链四杆机构两连架杆之一为曲柄,另一连架杆为摇杆,则称该四杆机构为曲柄摇杆机构。

曲柄摇杆机构能将曲柄作整周转动转换为摇杆的往复摆动,或者将摇杆的往复摆动转换为曲柄的整周转动。

曲柄摇杆机构中曲柄存在的条件有两个：一是连架杆和机架中必有一杆为最短杆，二是最短杆和最长杆之和小于或等于其他两杆之和。

2. 双曲柄机构

若铰链四杆机构的两连架杆均为曲柄，则称为双曲柄机构。当两曲柄长度相等，连杆与机架的长度也相等时，称为平行双曲柄机构。常见的机车车轮联动机构，就是平行双曲柄机构的具体应用。此外，还有反平行四边形机构，如公共汽车车门的启闭机构。如图8-1-9所示。

3. 双摇杆机构

若铰链机构的两连架杆都是摇杆，则称为双摇杆机构。

实践活动 请在汽车中找出另外一些常用的铰链四杆机构，并指出哪些是低副、哪些是高副，看它们是如何工作的。

活动二　拆卸内燃机的活塞连杆机构

活动背景　曲柄连杆机构是内燃机完成能量转换的主要机构，它把燃料燃烧产生的热能通过活塞的往复运动转变成曲轴的旋转运动，对外输出动力。为了了解活塞的往复运动如何转变为曲轴的旋转运动，我们通过拆卸内燃机的活塞连杆机构可以直观地了解它的工作原理，它是铰链四杆机构的一种演化应用。

活动分析
1. 仔细观察曲柄连杆机构的组成部分。
2. 分析连杆由哪些零件组成？
3. 观察活塞是如何完成向上运动的？

方法与步骤

一、内燃机的活塞连杆机构的组成

内燃机的活塞连杆机构由活塞、活塞环、活塞销、连杆等组成。

二、内燃机活塞连杆机构的拆卸

1. 所需器材

发动机拆装翻转架、发动机、丁字套筒、棘轮扳手、橡胶锤、扭力扳手。

2. 操作步骤

将气缸体放在发动机拆装翻转架上，然后按如下步骤拆活塞连杆机构。

① 将气缸体的气缸底翻到上面，并拆卸气缸底盖。如图8-2-1和图8-2-2所示。

② 取出气缸底盖。如图8-2-3所示。

图 8-2-1 翻转气缸底

图 8-2-2 拆卸气缸底盖

图 8-2-3 取出气缸底盖

③ 将气缸体翻转 90°。如图 8-2-4 和图 8-2-5 所示。

图 8-2-4 翻转气缸体 90°

图 8-2-5 转动活塞到下止点

④ 将活塞作标记,标明从皮带盘端算起的气缸号码,转动曲轴将准备拆卸的连杆对应的活塞转到下止点。如图 8-2-5 所示。

⑤ 用扭力扳手拆下连杆螺栓。如图 8-2-6 所示。

⑥ 用橡胶锤敲下连杆盖和连杆轴瓦。如图 8-2-7 所示。

⑦ 用橡胶锤或手锤木柄推出活塞连杆组(应事先刮去气缸上的台阶,以免损坏活塞环),注意不要硬撬、硬敲,以免损伤气缸。如图 8-2-8 和图 8-2-9 所示。

图8-2-6 拆下连杆螺栓

图8-2-7 敲下连杆盖和连杆轴瓦

图8-2-8 推出活塞连杆组

图8-2-9 完成内燃机活塞连杆机构的拆卸

一、铰链四杆机构的演化及应用

在曲柄摇杆机构、双曲柄机构、双摇杆机构中，改变某些构件的形状、相对长度或选择不同构件作为机架等，可以演变成其他形式的四杆机构，如曲柄滑块机构、导杆机构等。如在铰链四杆机构中将一个转动副转化为移动副，如图8-2-10所示。

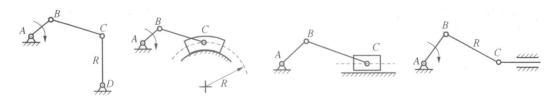

图8-2-10 铰链四杆机构中转动副转化为移动副

移动副可以认为是转动副的一种特殊情况，即转动中心位于垂直于移动副导路的无限远处的一个转动副。常见的铰链四杆机构应用就是曲柄滑块机构，将曲柄摇杆机构的摇杆长度取无穷大时，曲柄摇杆机构中的摇杆将转化为沿直线运动的滑块，成为曲柄滑块机构。曲柄滑块机构广泛用于回转运动与往复移动之间的转换。在内燃机的活塞连杆机构中，以活塞作为主动件，作往复直线运动时,连杆带动曲柄连续作圆周运动,如图8-2-10所示。

由于曲柄滑块机构结构简单,受力情况好,故在实际生产中得到广泛应用。但有时可以将曲柄做成偏心轮机构,其偏心圆盘的偏心距就是曲柄的长度,这种结构减少了曲柄的驱动力,增大了转动副的尺寸,提高了曲柄的强度和刚度,广泛应用于冲压机床、破碎机等承受较大冲击载荷的机械中。

二、铰链四杆机构的死点位置

在曲柄摇杆机构中,当摇杆为原动件,曲柄为从动件,当摇杆摆到与曲柄共线时,摇杆作用在曲柄的力一定是通过曲柄的回转中心,不会产生力矩,不能使曲柄转动,这时机构出现"卡死"的现象。机构处在连杆与从动件曲柄重合为一直线的极限位置时,称为死点位置。如图8-2-11所示。

死点的存在对机构运动是不利的,应尽量避免出现死点。当无法避免出现死点时,一般可以采用加大从动件惯性的方法,靠惯性帮助通过死点。例如在内燃机上的曲柄连杆机构,在曲柄上安装飞轮,就是利用飞轮的惯性,使连杆和曲轴重合时能越过死点位置,使曲轴连续地转动。

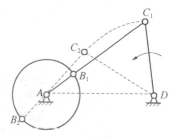

图8-2-11 铰链四杆机构的死点位置

实践活动

通过本活动,对曲柄连杆机构的组成有一定的认识,活塞是一个演化的摇杆,曲轴是演化的曲柄,感兴趣的学生可以拆卸曲柄飞轮组,看看曲柄连杆机构是如何克服死点位置的。

活动三 利用盘形凸轮观摩从动件运动规律

活动背景

在机械行业中,常常利用凸轮的曲线与推杆接触得到预定的运动规律。汽车中常见的是凸轮机构,利用它来控制发动机的进气门、排气门的关闭,气门的打开和关闭不仅要求准时,还要求气门打开的时间要尽量短,保持打开的时间尽量长,关闭要快。我们通过盘形凸轮来看从动件的运动规律,了解凸轮机构是如何来控制气门的关闭。

活动分析

1. 仔细观察曲轴上的凸轮形状、大小是否一致。
2. 观察凸轮的形状有何特点。
3. 仔细观察凸轮旋转一周,分析从动件的运动规律。

方法与步骤

一、盘形凸轮机构的组成

汽车中盘形凸轮机构由凸轮轴、气门等组成。如图 8-3-1 所示。

二、观察凸轮轴旋转一周气门移动的情况

1. 所需器材

发动机拆装翻转架、发动机、百分表、扭力扳手、棘轮扳手、丁字扳手、磁性架。

2. 观察步骤

将气缸体放在发动机拆装翻转架上，然后按以下步骤观察凸轮机构：

① 将气缸体放在翻转架上，拆卸气缸盖。如图 8-3-2 所示。

图 8-3-1　盘形凸轮机构的组成　　　　图 8-3-2　拆卸气缸盖

② 取出压条和衬垫。如图 8-3-3 所示。

(a)　　　　　　　　　　　　　　(b)

(c)

图 8-3-3　取出压条和衬垫

③ 用扭力扳手旋转凸轮轴。如图 8-3-4 所示。

图 8-3-4 旋转凸轮轴

图 8-3-5 放好磁性架和调好百分表

④ 放好磁性架，调好百分表。如图 8-3-5 所示。

⑤ 观察旋转凸轮轴一周时，气门的上升和下降情况，如图 8-3-6 所示，分别示意凸轮不同位置改变气门的情况。

(a)　　　　　　　　　　(b)

图 8-3-6 凸轮轴旋转一周时气门的上升和下降

⑥ 为了便于测量气门的移动距离，借助于百分表移动来近似测量移动距离，将百分表的指针靠近凸轮的轮廓表面，旋转凸轮轴，读出百分表的数据，并记录凸轮轴旋转不同角度时百分表的不同数据。

实践活动

1. 从本活动中正确认识主动件和从动件的概念，只能把凸轮作为主动件转动，才能带动从动件气门的移动。
2. 观察气门是通过何种方式保持气门头部和凸轮接触的。
3. 观察凸轮轴上所有凸轮转动一周，相对应的气门是如何完成进气和出气的。

一、凸轮机构的组成和应用

凸轮机构是利用凸轮的曲线或凹槽轮廓与推杆接触而得到预定运动规律的一种机构。

凸轮机构由凸轮、从动件和机架3个部分组成,凸轮为主动件,作定轴等速转动,从动件随凸轮轮廓的变化得到不同运动规律,作往复运动或摆动。如图8-3-7所示。

其工作特点为:只要适当地设计出凸轮的轮廓曲线,就可以使推杆得到各种预期的运动规律,且机构简单紧凑;凸轮廓线与推杆之间为点、线接触,易磨损,所以凸轮机构多用在传力不大的场合。

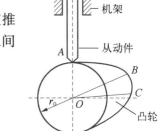

图8-3-7 凸轮机构的组成

二、凸轮机构的分类和应用

凸轮机构的类型很多,一般按凸轮形状和从动件的形式分类。

1. 按凸轮形状分

按凸轮形状分,有盘形、圆柱、移动式等。如图8-3-8所示。

(a) 盘形凸轮

(b) 移动凸轮

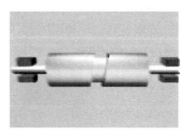

(a) 圆柱凸轮

图8-3-8 按凸轮形状分类的凸轮机构类型

① 盘形凸轮结构简单,使用于推杆行程较短的传动中,应用较广;
② 移动凸轮的凸轮作往复直线运动,推杆在同一平面作往复运动;
③ 圆柱凸轮可用在推杆行程较长的场合。

2. 按从动件形式分

按从动件形式分,有尖顶式、滚子式和平底式等。如图8-3-9所示。

(a) 尖顶式

(b) 滚子式

(c) 平底式

图8-3-9 按从动件形式分类的凸轮机构类型

① 尖顶式从动件构造简单,但易于磨损,只使用于作用不大、低速的场合;

② 滚子式从动件由于滚子与凸轮轮廓之间为滚动摩擦,所以磨损小,常用于传递较大动力的场合,应用较广;

③ 平底式从动件由于凸轮对推杆的作用力始终垂直于推杆的底面,所以受力平稳,而且凸轮与平底接触间容易形成油膜,润滑较好,常用于高速传动。

三、凸轮机构从动件的运动规律

1. 凸轮机构的有关参数

（1）凸轮的基圆

在如图 8-3-10 所示的凸轮机构中,以凸轮的转动中心 O 为圆心,以凸轮的最小半径 r_0 所作的圆称为基圆,r_0 称为凸轮的基圆半径。

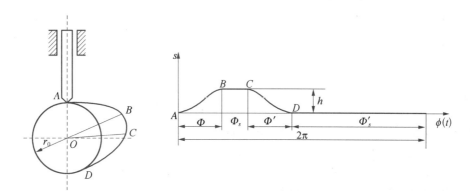

图 8-3-10 凸轮机构的有关参数

（2）凸轮机构从动件的行程

当凸轮以等角速度 ω 逆时针转动时,从动件在凸轮廓线的推动下,将由最低位置被推到最高位置,从动件运动的最大升距称为行程,用 h 表示,凸轮转过的角度称为转角,用 ϕ 表示。

（3）凸轮机构的转角位移曲线

将凸轮转角 ϕ 与从动件位移 s 的关系用曲线来表示,此曲线称为从动件的位移曲线,从动件的位移 s 是随凸轮转角 ϕ 和时间 t 变化的。因此当凸轮以等角速度 ω 转动时,从动件的位移 s、速度 v 和加速度 a 的变化规律,都是凸轮的轮廓决定的。

2. 从动件常用的运动规律

（1）等速运动规律

当凸轮以等角速 ω 转动时,从动件在上升或下降时的运动速度为一常数,这种运动规律为等速运动规律。如图 8-3-11 所示。

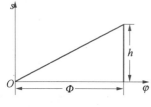

图 8-3-11 等速运动规律

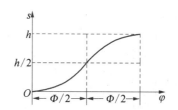

图 8-3-12 等加速等减速运动规律

这种运动在上升和下降时会产生刚性冲击,只用于低速轻载的凸轮机构中。

(2) 等加速等减速运动规律

当凸轮以等角速ω转动时,从动件在整个行程中分为两段,前半行程作等加速运动,后半个行程作等减速运动,这种运动规律为等加速等减速运动。如图8-3-12所示。

这种运动在上升和下降时会产生柔性冲击,只用于中低速的凸轮机构中。

实践活动

通过本活动,我们可以了解到凸轮机构的作用,感兴趣的同学可以进一步拆卸气门等结构,观察气门是如何完成与凸轮接触的,并完成装复。

评一评

学生姓名		日期		自评	互评	师评
1. 你理解了机构、机器、机械三者之间的区别和联系吗?						
2. 你是否掌握平面四杆机构的基本类型和特点?						
3. 汽车发动机活塞连杆机构是由何演化而来的?						
4. 你对凸轮机构的分类、特点、作用搞清了吗?						
5. 你能在老师的帮助下进行操作吗?						
6. 请对平面四杆机构基础知识进行梳理。						
7. 在活动中注意卫生和安全了吗?						
8. 在学习活动中有团结协作吗?						
学习体会: 1. 活动中感觉哪个技能最有兴趣? 为什么? 2. 汽车中还有哪些平面四杆机构? 3. 请仔细观察如手摇修鞋机等机构,分析其工作原理。 4. 你还有哪些要求与设想?						
总体评价				教师签名		

课后练习

一、填空题

1. 机器和机构的各部分之间都具有_____的相对运动。
2. 机器和机构统称为_____。
3. 机构能_____或_____人的劳动,完成有用的_____或实现_____。

4. 零件是机构的_____单元,构件是机器的_____单元。
5. 在铰链四杆机构中,能绕机架上铰链作_____的_____杆叫做曲柄。
6. 在铰链四杆机构中,只能来回_____的_____杆叫做摇杆。
7. 铰链四杆机构有3种基本形式:_____机构、_____机构和_____机构。
8. 当曲柄摇杆机构的_____为主动件,_____为从动件,并且摇杆与曲柄_____时,机构将处于"死点"位置。
9. 凸轮机构主要由_____、_____和_____3个基本构件组成。
10. 按凸轮的形状一般可分为_____凸轮、_____凸轮和_____凸轮。

二、名词解释

1. 运动副
2. 曲柄连杆机构
3. 死点
4. 凸轮的基圆

三、选择题

1. 平面连杆机构的急回特性系数 K （　　）。
   A. >1　　　　　B. <1　　　　　C. =1　　　　　D. =0
2. 铰链四杆机构中,不与机架相连的构件称为 （　　）。
   A. 曲柄　　　　B. 连杆　　　　C. 连架杆　　　D. 摇杆
3. 曲柄摇杆机构 （　　）。
   A. 不能用于连续工作的摆动装置　　　B. 连杆作整周回转,摇杆做往复摆动
   C. 只能将连续转动变成往复摆动　　　D. 可将往复摆动变成连续转动
4. 下列机构中具有急回特性的是 （　　）。
   A. 曲柄摇杆机构　　B. 双曲柄机构　　C. 双摇杆机构　　D. 对心曲柄滑块机构
5. 曲柄摇杆机构中曲柄的长度 （　　）。
   A. 最长　　　　　　　　　　　　　B. 最短
   C. 大于摇杆的长度　　　　　　　　D. 大于连杆的长
6. 传动要求速度不高、承载能力较大的场合常应用的从动件形式为 （　　）。
   A. 尖顶式　　　　B. 滚子式　　　　C. 平底式　　　　D. 曲面式

四、简答题

1. 高副和低副各有何特点?
2. 铰链四杆机构的"死点"位置有何利弊?
3. 怎样来区分铰链四杆机构的基本类型?
4. 等速运动的凸轮机构从动杆位移曲线是什么形状的? 其运动规律有何缺点?

项目九
齿轮副的安装

活动一　从齿轮机构中,认识渐开线齿轮的啮合传动

活动二　打开变速器,观察齿轮传动机械

活动三　装复汽车正时齿轮

项目九　齿轮副的安装

情景描述

齿轮传动在生活中到处可见,尤其是在汽车中,齿轮传动运用非常广泛,典型的如汽车变速器、正时齿轮传动等。在本项目中,我们通过汽车变速器的拆装来了解和掌握齿轮传动的相关知识。

知识与技能要求:

1. 理解齿轮传动的基本概念。
2. 了解机械制图中齿轮的画法。
3. 了解渐开线齿轮的结构特点、主要参数及啮合特性。
4. 会进行齿轮几何尺寸和传动比的计算。
5. 知道齿轮传动在汽车和汽车维修设备中的应用。

活动一　从齿轮机构中,认识渐开线齿轮的啮合传动

活动背景

汽车在路上行驶,通过变速器的换档杆换档达到汽车前进或后退,也可得到不同的车速,这一切是如何实现的呢?

为了了解变速器的变速原理,我们尝试对汽车变速器进行拆装。

活动分析

1. 仔细观察汽车变速器,它有哪些不同的齿轮?
2. 仔细观察汽车变速器的内部结构,了解它是如何进行运动或动力传输的。

方法与步骤

一、汽车变速器的组成

这里我们以东风EQ1092型汽车变速器为例,该变速器有5个前进档、一个倒档和一个空档,其中五档为直接档。在二、三档和四、五档之间有锁销式惯性同步器。变速器由外壳、齿轮传动机构和操纵机构组成。变速器如图9-1-1所示。

图9-1-1　东风EQ1092型汽车变速器

二、汽车变速器的拆卸

1. 所需器材

东风EQ1092型汽车变速器、扳手、常用工具、铜棒、轴承拉具。

2. 操作步骤

① 齿轮机构解体。解体前先对外部进行清洁工作，用钢丝刷子刷净各处的污垢，拧下放油螺塞，有润滑油应放掉润滑油。

② 拆下驻车制动器总成。

③ 在空档位置拆下变速器盖总成，取下衬垫，放于合适位置。变速器内部结构如图9-1-2所示。

图9-1-2 变速器内部结构

图9-1-3 变速器第一轴

④ 拆下第一轴。拆除第一轴轴承盖紧固螺栓锁线及螺栓，取下轴承盖及垫片，用拉具或铜棒由内向外轻轻敲击第一轴，可将第一轴连同轴承一起，从前端取出，视情况进行分解。如图9-1-3所示。

⑤ 拆下第二轴总成。卸下第二轴后端锁紧螺母，取下后端凸缘、后端轴承盖、隔套、车速表蜗轮，如图9-1-4所示。

并用手托住第二轴前端在平行位置上下晃动，用铜棒从前端向后敲击第二轴，使第二轴后轴承突出变速器壳体，并用拉器拉出第二轴后轴承，然后将第二轴总成从壳体内全部拿出，并进行分解。如图9-1-5所示。

图9-1-4 拆下后端轴承盖

图9-1-5 取出第二轴

⑥ 分解第二轴。从第二轴取出四、五档同步器总成，记好正反油孔，拆下四五档固定齿座锁环，取下止推环，然后分别取下五、四、三档各齿轮以及轴承、同步器，拆时记好油孔位置，从第二轴后端取下一、倒档齿轮，用一把起子把止推环锁销紧紧压住，转动止推环取下止推环，取下二档齿轮。注意：退出止推环时，防止止推环锁销弹簧弹出。如图9-1-6和图9-1-7所示。

图9-1-6　分解第二轴

图9-1-7　取下二档齿轮

通过对东风EQ1092型汽车变速器的拆卸，思考齿轮传动的特点和分类，并仔细观察齿轮的机构和齿轮形状特点。

① 组装时要使各档位处于空档位置；
② 注意同步器油孔位置，不要装反。

一、齿轮传动的特点、分类

齿轮是任意一个有齿的机械元件。齿轮副是由两个相互啮合的齿轮组成的基本机构。齿轮传动是利用齿轮副来传递运动和动力的一种机械传动。

1. 齿轮传动的应用特点

① 能保证瞬时传动比的恒定，传动平稳性好，传递运动准确可靠；

② 传递功率和速度范围大；

③ 传动效率高；

④ 结构紧凑，工作可靠，寿命长；

⑤ 制造和安装精度要求高，工作时有噪声；

⑥ 不能实现无级变速；

⑦ 不适宜中心距较大的场合。

2. 齿轮传动的基本要求

① 传动要平衡；

② 承载能力要大。

3. 齿轮传动的常用类型

(1) 按齿轮副两传动轴的相对位置不同分

① 平行轴齿轮传动（平面传动）；

② 相交轴齿轮传动（平面传动）；

③ 交错轴齿轮传动（空间传动）。

(2) 按齿轮分度曲面不同分

① 圆柱齿轮传动；

② 锥齿轮传动。

(3) 按齿线形状不同分

① 直齿齿轮传动；

② 斜齿齿轮传动；

③ 曲线齿齿轮传动。

(4) 按齿廓曲线不同

① 渐开线齿轮传动；

② 摆线齿轮传动；

③ 圆弧齿轮传动。

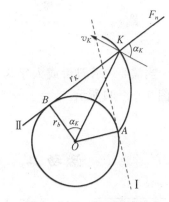

图 9-1-8　渐开线的形成

二、渐开线的形成

当一根直线 BK 在一圆周上作纯滚动时，如图 9-1-8 和图 9-1-9 所示。此直线上任意一点 K 的轨迹 AK 称为该圆的渐开线。该圆称为渐开线的基圆，而直线 BK 称为发生线。

三、齿轮在机械制图中的表达

齿轮在机械制图中的表达分别如图 9-1-10 和图 9-1-11 所示。

单个圆柱齿轮一般用两个视图表达，规定齿顶圆和齿顶线用粗实线绘制，分度圆和分度线用点画线绘制，齿根圆和齿根线用细实线绘制（也可省略不画）。如图 9-1-10 所示。

在剖视图中，当剖切平面通过齿轮的轴线时，轮齿部分一律按不剖处理，此时齿根线则要用粗实线来绘制，齿轮的其他部分仍按照实际形状投影绘制。

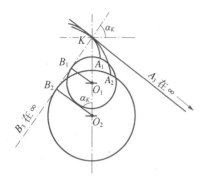

图 9‐1‐9　不同基圆的渐开线

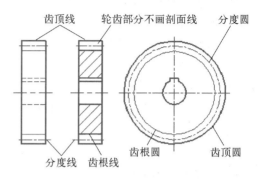

图 9‐1‐10　单个齿轮的画法

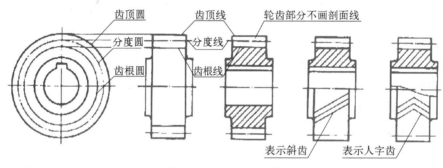

(a) 直齿 (外形视图)　　(b) 直齿 (全剖视图)　(c) 斜齿 (半剖视图)　(d) 人字齿 (局部剖视图)

图 9‐1‐11　齿轮的剖视图画法

当需要表示斜齿或人字齿的齿线时,可用 3 条与齿线方向一致的细实线表示其形状。如图 9‐1‐11 所示。

活动二　打开变速器,观察齿轮传动机械

 活动背景

通过对变速器的拆装,我们已经对齿轮传动有了一定的了解,变速器通过换档达到变速、变矩和变向,这一切都是通过不同齿轮的啮合来达到目的的。

 活动分析

1. 仔细观察汽车变速器的内部结构,了解它是如何进行换档的。
2. 明确直齿圆柱齿轮几何要素的名称的代号,能够进行尺寸计算。

方法与步骤

1. 所需器材

东风EQ1092型汽车变速器、扳手、常用工具、铜棒、轴承拉具。

2. 操作步骤

在空档位置拆下变速器盖总成，取下衬垫，放于合适位置。变速器内部结构如图9-2-1所示情况为空档位置。

对比东风EQ1092型汽车变速器传动示意图(见图9-2-2)，认识各档齿轮。

根据东风EQ1092型汽车变速器传动示意图，用手拨动齿轮和同步器进行换档，观察各档位工作情况。如图9-2-3所示。

图9-2-1 空档位置

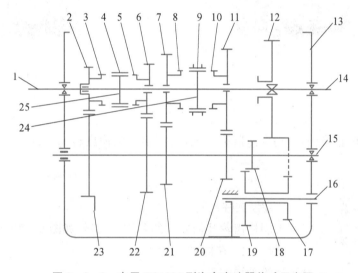

图9-2-2 东风EQ1092型汽车变速器传动示意图

1. 第一轴 2. 第一轴常啮合齿轮 3. 第一轴齿轮接合齿圈 4,9. 接合套 5. 四档齿轮接合齿圈 6. 第二轴四档齿轮 7. 第二轴三档齿轮 8. 三档齿轮接合齿圈 10. 二档齿轮接合齿圈 11. 第二轴二档齿轮 12. 第二轴一、倒档滑动齿轮 13. 变速器壳体 14. 第二轴 15. 中间轴 16. 倒档轴 17,19. 倒档中间齿轮 18. 中间轴一、倒档齿轮 20. 中间轴二档齿轮 21. 中间轴三档齿轮 22. 中间轴四档齿轮 23. 中间轴常啮合齿轮 24,25. 花键毂

(a) 倒档

(b) 一档

图9-2-3

(c) 二档

(d) 三档

(e) 四档

(f) 五档

图 9-2-3 换档时各档位工作情况

用手拨动各齿轮换档,转动变速器第一轴,观察第二轴输出转速。进一步观察轮齿特点,分析啮合机理。

一、直齿圆柱齿轮几何要素的名称的代号

直齿圆柱齿轮几何要素的名称的代号,如图 9-2-4 所示。

① 端平面:在圆柱齿轮上,垂直于齿轮轴线的表面。

② 齿顶圆:在圆柱齿轮上,通过齿顶部的圆。其直径用 d_a 表示。

③ 齿根圆:在圆柱齿轮上,通过齿根部的圆。其直径用 d_f 表示。

④ 分度圆:在圆柱齿轮上,在齿顶圆和齿根圆之间,使齿厚 s 和槽宽 e 的弧长相等的圆。其直径用 d 表示。

其余名称和参数分别为:齿宽 b、齿距 p、齿厚 s、槽宽 e、齿顶高 h_a、齿根高 h_f、全齿高 h 等,如图 9-2-4 所示。

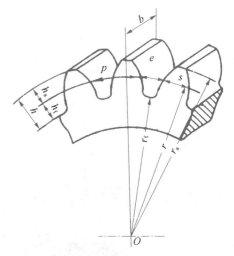

图 9-2-4 直齿圆柱齿轮的组成部分

二、直齿圆柱齿轮的基本参数

直齿圆柱齿轮的基本参数包括齿数、模数和齿形角。

① 齿数 z：一个齿轮的轮齿总数叫做齿数。

② 模数 m：齿距除以圆周率 π 所得到的商称为模数，单位为 mm。

模数是齿轮几何尺寸计算中最基本的一个参数。模数的大小反映了齿距的大小，也就是反映了轮齿的大小。不同模数的轮齿大小比较如图 9-2-5 所示。

③ 齿形角：对于渐开线齿轮，通常所说的齿形角是指分度圆上的齿形角。

图 9-2-5 不同模数轮齿大小比较

三、齿轮各部分尺寸的计算

当确定了齿轮模数 m 和齿数 z 后，就可以计算出齿轮各部分的尺寸。

① 齿顶高：$h_a = m$

② 齿根高：$h_f = 1.25m$

③ 全齿高：$h = 2.25m$

④ 分度圆直径：$d = mz$

⑤ 齿顶圆直径：$d_a = m(z+2)$

⑥ 齿根圆直径：$d_f = m(z-2.5)$

活动三　装复汽车正时齿轮

活动背景

变速箱里面除了常见的直齿圆柱齿轮外，还有斜齿圆柱齿轮。在汽车中，汽车正时齿轮就是斜齿圆柱齿轮，下面我们就通过对汽车正时齿轮的拆装来了解斜齿圆柱齿轮。

活动分析

1. 仔细观察汽车正时齿轮，它们是如何啮合传动的？
2. 仔细观察汽车正时齿轮，它们上面有什么记号？

方法与步骤

一、汽车正时齿轮拆装

汽车正时齿轮通常有曲轴正时齿轮和凸轮轴正时齿轮，它们分别安装在曲轴和凸轮轴的轴端，结构如图 9-3-1 所示。

其中上方大齿轮为凸轮轴正时齿轮，下方小齿轮为曲轴正时齿轮，从图 9-3-1 中可以看到两个齿轮均为斜齿圆柱齿轮。两齿轮的啮合情况如图 9-3-2 所示。

图9-3-1 汽车正时齿轮

图9-3-2 正时齿轮的啮合情况

二、凸轮轴正时齿轮的拆卸

拆卸之前先查看两者的正时标记,如图9-3-3所示。

图9-3-3 正时标记

图9-3-4 敲平前

图9-3-5 敲平后

操作步骤如下:

① 先将固定螺母的止动垫片敲平。如图9-3-4和图9-3-5所示。

② 用扳手拆下固定螺母,取出凸轮轴正时齿轮。如图9-3-6和图9-3-7所示。

图9-3-6 拆下固定螺母

图9-3-7 取出凸轮轴正时齿轮

该齿轮用键和凸轮轴连接,如图9-3-8和图9-3-9所示。

图9-3-8 凸轮轴正时齿轮上的键槽

图9-3-9 凸轮轴端的键

友情提醒

装复时要对正正时标记。

实践活动

1. 请装复凸轮轴正时齿轮。
2. 转动曲轴,观察斜齿圆柱齿轮的啮合过程,观察凸轮轴正时齿轮转过一圈时曲轴正时齿轮转过多少圈?
3. 比较直齿和斜齿圆柱齿轮的齿形和啮合特点。

学习支持

一、斜齿圆柱齿轮传动

斜齿圆柱齿轮传动的特点和应用

斜齿圆柱齿轮传动与直齿圆柱齿轮传动相同,仅限于传递两平行轴之间的运动。直齿圆柱齿轮传动过程中,齿面总是沿平行于齿轮轴线的直线接触,这样,齿轮的啮合就是沿整个齿宽同时接触,同时分离。斜齿圆柱齿轮齿面接触线是由齿轮一端齿顶开始,逐渐由短而长,再由长而短,至另一端齿根为止,载荷的分配也是由小而大,由大而小,同时啮合的齿数多。因此斜齿轮传动有如下特点:

① 传动平稳,冲击、噪声和振动小,所以适于高速传动;
② 承载能力强,适于重载情况下工作;
③ 使用寿命长;
④ 不能作变速滑移齿轮使用;
⑤ 传动时产生轴向力。

二、齿轮的失效形式及维护

齿轮失效是指齿轮在传动过程中,由于载荷的作用使轮齿发生折断、齿面损坏等现象,而使齿轮过早地失去正常工作能力的情况。由于齿轮传动的工作条件和应用范围各不相同,影响失效的原因很多。就其装置的形式来说,有开式、半开式和闭式之分。就使用情况来说,又有低速、高速及轻载、重载之别。再加上齿轮材料的性能及热处理工艺的不同,齿轮自身的尺寸、齿廓形状、加工精度等级的差别,齿轮传动出现了不同的失效形式,主要现象是齿根折断、齿面磨损、点蚀、胶合及塑性变形等。开式齿轮失效常因为沙尘落入齿面,加快了轮齿磨损;闭式齿轮失效多是由于轮齿强度、韧性不足,或是齿面硬度、接触强度欠佳所造成。为此除了要在设计时应予以充分注意外,材料选择是否恰当也十分重要。

1. 轮齿折断

轮齿折断一般发生在齿根部位。造成折断的原因有两种：一是因多次重复的弯曲应力和应力集中造成的疲劳折断；另一是因短时过载或冲击载荷而造成的过载折断。两种折断均发生在轮齿受拉应力的一侧。

2. 齿面点蚀

由于齿面的接触应力是交变的，应力经多次重复后，在节线附近靠近齿根部分的表面上，会出现若干小裂纹，封闭在裂纹中的润滑油，在压力作用下，产生楔挤作用而使裂纹扩大，最后导致表层小片状剥落而形成麻点状凹坑，称为齿面疲劳点蚀。点蚀出现的结果，往往产生强烈的振动和噪声，导致齿轮失效。

提高齿面硬度和润滑油的黏度，采用正变位传动等，均可减缓或防止点蚀产生。

3. 齿面磨损

当外界的硬屑落入啮合的齿面间，就可能产生磨料磨损。另外当表面粗糙的硬齿与较软的轮齿相啮合时，由于相对滑动，较软的齿表面易被划伤也可能产生齿面磨料磨损。磨损后，正确的齿形遭到破坏，齿厚减薄，最后导致轮齿因强度不足而折断。

改善润滑、密封条件，在润滑油中加入减摩添加剂，保持润滑油的清洁，提高齿面硬度等，均能提高齿面的抗磨料磨损。

4. 齿面胶合

胶合是比较严重的黏着磨损。在高速重载传动时，因滑动速度高而产生的瞬时高温会使油膜破裂，造成齿面间的黏焊现象，黏焊处被撕脱后，轮齿表面沿滑动方向形成沟痕，这种胶合称为热胶合。在低速重载传动中，不易形成油膜，摩擦热虽不大，但也可能因重载而出现冷焊黏着，这种胶合称为冷胶合。热胶合是高速、重载齿轮传动的主要失效形式。

减小模数、降低齿高、采用角度变位齿轮以减小滑动系数，提高齿面硬度，采用抗胶合能力强的润滑油（极压油）等，均可减缓或防止齿面胶合。

5. 齿面塑性变形

当齿轮材料较软而载荷及摩擦力又很大时，在啮合过程中，齿面表层材料就会沿着摩擦力的方向产生塑性变形从而破坏正确齿形。由于在主动轮齿面节线的两侧，齿顶和齿根的摩擦力方向相背，因此在节线附近形成凹槽，从动轮则相反，由于摩擦力方向相对，因此在节线附近形成凸脊。这种失效常在低速重载、频繁启动和过载传动中出现。

适当提高齿面硬度，采用黏度较大的润滑油，可以减轻或防止齿面塑性流动。

三、渐开线齿轮的啮合特性及正确啮合的条件

1. 渐开线齿轮的啮合特性

① 渐开线齿廓能保证瞬时传动比恒定；

② 渐开线齿轮的啮合线和啮合角恒定不变；

③ 中心距的变化不影响传动比的稳定性。

2. 渐开线齿轮正确啮合的条件

① 两齿轮的模数必须相等；

② 两齿轮分度圆上齿形角必须相等。

评一评

学生姓名		日期		自评	互评	师评
1. 是否能看懂齿轮的零件图?						
2. 是否明确齿轮的主要参数及几何尺寸的计算?						
3. 是否能正确使用工具并进行安全规范操作?						
4. 能否发现齿轮失效的实际例子?						
5. 能否独立完成汽车正时齿轮的拆装?						
6. 能否进行小组合作完成汽车正时齿轮的装复任务?						
学习体会： 1. 齿轮作为最重要的传动零件,你认识了多少? 2. 活动中如何进行合作学习的? 3. 活动中哪个技能操作可以改进以使操作更方便实用?请写出操作过程。(请同学们大胆创新,共同研讨,不断提高操作能力) 4. 你还有哪些要求与设想?						
总体评价				教师签名		

 课后练习

一、填空题

1. 齿轮传动之所以应用广泛,其中一个重要原因就是传动_____。
2. 渐开线的形状取决于_____。
3. 按齿线形状不同分,齿轮传动有_____、_____、_____。
4. 按齿廓曲线不同,齿轮传动有_____、_____、_____。
5. 一对渐开线直齿轮的正确啮合条件为_____。
6. 直齿圆柱齿轮轮齿的大小取决于_____的大小。
7. 渐开线直齿圆柱齿轮有 5 个基本参数,即_____。

二、名词解释

1. 节点
2. 节圆
3. 分度圆

三、判断题

1. 渐开线上各点的压力角不同,基圆上的压力角最大。( )
2. 基圆直径越大,渐开线越平直。( )

3. 渐开线是由发生线从基圆开始向外形成的，故基圆内没有渐开线。（　　）
4. 规定模数是为了减少加工时间、提高生产率。（　　）

四、简答题

1. 渐开线有哪些几何性质？
2. 标准直齿圆柱齿轮的主要参数有哪些？
3. 斜齿圆柱齿轮传动有何特点和应用？
4. 齿轮的失效形式有哪些？

项目十
发动机维修翻转架的使用

活动 KF—14 CF 拆装翻转架的认识

项目十　发动机维修翻转架的使用

情景描述

发动机翻转架是发动机翻转拆装用的一种专门装置,如图10-1所示。在发动机维修中,利用翻转架可将发动机在360°范围内任意进行翻转拆装,并能以任意工作角度安全锁止,操作灵活方便。

知识与技能要求:

1. 蜗杆传动的组成、特点是什么?

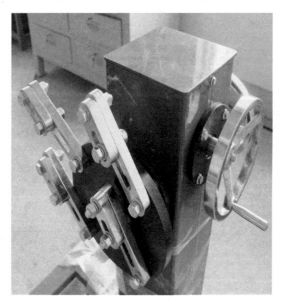

图10-1　KF—14　CF　拆装翻转架

2. 蜗杆传动的类型有哪些?
3. 蜗杆传动的传动比是如何计算的?
4. 蜗杆传动的旋转方向是如何判定的?

活动　KF—14　CF　拆装翻转架的认识

活动背景

要熟练使用发动机维修翻转架,首先应该知道它为什么能使装在其上面的发动机能自由翻转360°?通过本次蜗轮、蜗杆箱的拆装,我们可发现它是通过蜗杆传动的方式来完成工作任务的。

1. 你以前接触或了解蜗杆传动吗？
2. 通过拆装，看看蜗杆传动由哪些部分组成？
3. 想一想蜗杆传动适用于哪些场合？

一、蜗轮、蜗杆箱的组成

蜗轮、蜗杆箱主要由箱体、蜗轮、蜗杆以及用来支撑蜗轮轴和蜗杆的轴承组成。如图10-2所示。

二、蜗轮、蜗杆箱的拆卸与安装

1. 所需拆卸工具

如图10-2所示，有轴用直口卡簧钳、榔头、敲击铜棒（两个）、开口梅花扳手(12～14 mm)、梅花扳手(10～12 mm)、内六角扳手(8 mm)。

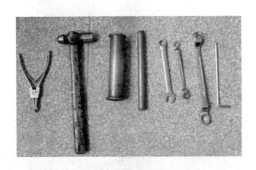

图10-2　蜗轮和蜗杆箱

图10-3　取下端盖

2. 操作步骤

① 用梅花扳手拧下翻转架上面端盖旁的螺栓，取下端盖，可看见里面的蜗杆传动机构。如图10-3所示。

② 取下蜗杆摇臂手轮，分别拆下箱体上支撑蜗杆两端轴承外圈的衬套，取出蜗杆。如图10-4所示。

图10-4　取出蜗杆

③ 用卡簧钳拆下蜗轮轴安装卡盘一端卡簧，拆下发动机安装卡盘，如图10-5所示，拆下翻转架自锁装置（摩擦片离合器）如图10-6所示，剩下装置如图10-7所示。

④ 分别拆下箱体上支撑蜗轮两端轴承外圈的衬套，如图10-8所示。取出蜗轮，如

图 10-9 所示。

图 10-5 拆下安装卡盘

图 10-6 拆下自锁装置

图 10-7 蜗轮轴剩下的装置

图 10-8 拆下支撑蜗轮两端轴承外圈的衬套

图 10-9 取出蜗轮

图 10-10 蜗杆和蜗轮啮合

⑤ 分别取出蜗杆和蜗轮,使它们互相啮合,左右转动蜗杆,观察蜗轮的转动方向。如图 10-10 所示。

⑥ 仔细观察蜗杆和蜗轮的结构形状和啮合情况。

一、蜗杆传动的特点与类型

如图 10-11 所示,蜗杆传动用于传递空间交错轴之间的运动和动力,通常两轴垂直交错,轴交角 $\Sigma=90°$。蜗杆传动实际上是非平行轴斜齿轮传动的特例,其中,小齿轮即蜗杆的齿数(通常称为头数,常用 $z_1=1\sim4$)特别少,螺旋角 β_1(常用 β_1 的余角 γ,称为导程角)很大;大齿轮即蜗轮的齿数(常用 $z_2=29\sim83$)很多,螺旋角 β_2 很小,且为改善齿廓接触情况,将蜗轮齿顶制成圆弧面。

蜗杆传动的主要优点是:传动比大,在动力传动中一般 $i=8\sim100$,在分度机构中传动比可达 1 000;传动平稳,噪声小;结构紧凑。主要缺点是:蜗杆传动效率低;蜗轮常需要用较贵的青铜制造,成本高。

在蜗杆传动中,是用蜗杆带动蜗轮传递运动和动力的。

按照蜗杆形状的不同,蜗杆传动有以下 3 种类型:圆柱蜗杆传动、环面蜗杆传动、圆锥蜗杆传动。

其中,圆柱蜗杆传动在工程中应用最广。普通圆柱蜗杆轴向截面的齿形为直线(或近似直线),见图 10-12(a),而圆弧齿圆柱蜗杆轴向截面上的齿形为内凹圆弧线,见图 10-12(b)。由于圆弧齿圆柱蜗杆传动承载能力大、传动效率高、尺寸小,因此用于动力传动的蜗杆减速器均采用圆弧齿圆柱蜗杆传动。

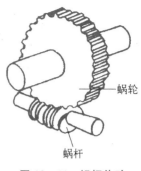

图 10-11 蜗杆传动

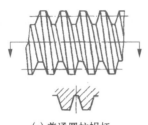
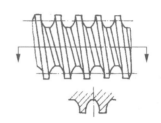

(a) 普通圆柱蜗杆　　　　　　(b) 圆弧齿圆柱蜗杆

图 10-12 普通圆柱蜗杆和圆弧齿圆柱蜗杆的标准

二、蜗杆传动的传动比及方向判断

1. 传动比计算

蜗杆头数 z_1 通常为 1、2、4、6,蜗杆头数越多,加工越不容易,但传动效率高。当 $z_1=1$ 时,传动比最大,但此时效率也最低,一般分度机构中多用 $z_1=1$。当要求蜗杆具有较高效率时,取 $z_1=2、4、6$。当传递功率较大时,为提高效率,可取 $z_1=4$。

蜗杆的传动比由下式确定:

$$i = \frac{n_1}{n_2} = \frac{z_2}{z_1}$$

式中,i 为蜗杆传动比,n_1 和 n_2 分别为蜗杆和蜗轮的转速,z_1 为蜗杆的头数,z_2 为蜗轮的齿数。

2. 蜗杆传动旋转方向的判定

蜗轮的旋转方向,不仅与蜗杆的旋转方向有关,而且还与蜗杆的螺旋方向有关。蜗轮旋转方向的判定方法如下:当蜗杆是右旋(或左旋)时,伸出右手(或左手)半握拳,用四指顺着蜗杆的旋转方向,这时与大拇指指向相反,就是蜗轮的旋转方向,如图 10-13 所示。

 实践活动

通过本次活动,掌握拆装蜗轮、蜗杆箱的基本技能,也学到蜗杆传动的一些知识。感兴趣的同学利用学到的新知识,可以尝试去拆卸汽车中的蜗杆指销式转向器,也可以去研究汽车风窗刮水器中的蜗轮减速器。看看它们里面的蜗杆传动机构是怎么工作的。

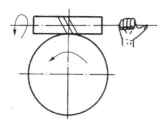
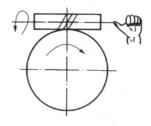

(a) 右旋蜗杆传动　　　　　　　(b) 左旋蜗杆传动

图 10-13　蜗轮旋转方向的判定

学生姓名		日期		自评	互评	师评
1. 是否能看懂蜗杆传动的装配图？						
2. 是否明确蜗杆传动由哪些部分组成的？						
3. 是否能正确使用工具并进行安全规范操作？						
4. 能否正确判断蜗杆传动的旋转方向？						
学习体会： 1. 蜗杆传动为何能实现自锁？ 2. 操作中是如何进行合作学习的？ 3. 活动中哪个技能操作可以改进以使操作更方便实用？请写出操作过程。 4. 你还有哪些要求与设想？						
总体评价				教师签名		

一、填空题

1. 蜗杆传动常见的失效形式有_____、_____和_____。
2. 蜗杆与蜗轮正确啮合时，其轴交角为_____。
3. 蜗杆的传动比大，一般为_____。
4. 蜗杆传动的种类一般有_____、_____、_____。
5. 在蜗杆传动中，当其他条件相同时，增加蜗杆头数，则传动效率 η _____。
6. 蜗杆传动的优点为_____。

二、选择题

1. 蜗杆传动的特点　　　　　　　　　　　　　　　　　　　　　（　　）。

　　A. 传动比小　　　　　　　　　　B. 传动平稳，无噪音

　　C. 蜗杆升角越大，自锁性越好　　D. 效率低

2. 蜗杆蜗轮传动的正确啮合条件是 ( )。
   A. $a_1 = a_2$　　　　　　　　　　　　B. $m_1 = m_2$
   C. 蜗杆与蜗轮的螺旋角的方向相同　　D. 蜗杆与蜗轮的螺旋角的方向相反
3. 蜗杆直径系数 q 的值越小,则 ( )。
   A. 传动效率高且刚性好　　　　　　　B. 传动效率高且刚性差
   C. 传动效率低且刚性好　　　　　　　D. 传动效率低且刚性差
4. 蜗杆传动的失效对开式传动主要为(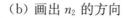),闭式传动为 ( )。
   A. 点蚀　　　　B. 胶合　　　　C. 磨损　　　　D. 折断
5. 蜗杆传动能自锁时,其螺旋升角小于 ( )。
   A. 30°　　　　B. 15°　　　　C. 10°　　　　D. 5°

三、作图题

试确定图中各蜗杆或蜗轮的转动方向或螺旋方向,并完成下列不同的要求:

(a) 画出蜗杆的旋向

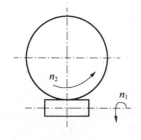

(b) 画出 n_2 的方向

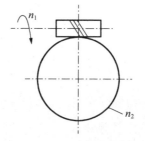

(c) 画出 n_1 的转向

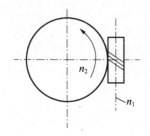

(d) 画出 n_2 的转向

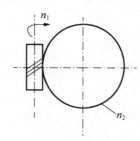

项目十一
齿轮系统的分解和装合

活动一　汽车机械式变速器的拆装

活动二　汽车主减速器的拆装

项目十一　齿轮系统的分解和装合

情景描述　变速器、主减速器和差速器是汽车传动系中最主要的部件之一。

由于汽车行驶条件不同,要求汽车行驶速度和驱动扭矩能在很大范围内变化,如要求汽车能倒退行驶、要求在发动机不熄火时松开离合器踏板或司机离开驾驶员位置等。又如在高速公路上车速应能达到 100 km/h,而在市区内车速常在 50 km/h 左右。空车在平直的公路上行驶时,行驶阻力很小,当满载上坡时,行驶阻力便很大。而汽车发动机的特性是转速变化范围较小,而转矩变化范围更不能满足实际路况需要。此时,变速器就能发挥作用,可在较大范围内改变汽车行驶速度的大小和汽车驱动轮上扭矩的大小;变速箱中设置倒档来实现汽车倒车行驶,以及设置空档实现离合器接合,变速器不输出动力。

汽车正常行驶时,发动机的转速通常在 2 000~3 000 r/min 左右,如果将这么高的转速只靠变速箱来降低,那么变速箱内齿轮副的传动比则需很大,而齿轮副的传动比越大,两齿轮的半径比也越大,换句话说,也就是变速箱的尺寸会越大。另外,转速下降,而扭矩必然增加,也就加大了变速箱与变速箱后一级传动机构的传动负荷。所以,在动力向左右驱动轮分流的差速器之前设置一个主减速器,可使主减速器前面的传动部件(如变速箱、分动器、万向传动装置等)传递的扭矩减小,也可使变速箱的尺寸和质量减小,操纵更加省力。

当汽车在拐弯时车轮的轨迹是圆弧,如果汽车向左转弯,圆弧的中心点在左侧,在相同的时间里,右侧轮子走的弧线比左侧轮子长,为了平衡这个差异,就要使左边轮子慢一点,右边轮子快一点,用不同的转速来弥补距离的差异。如果后轮轴做成一个整体,就无法做到两侧轮子的转速差异,也就是做不到自动调整,而差速器能够解决这个问题。

在本项目中,我们通过拆装变速器来介绍轮系的分类和应用,以及定轴轮系传动比的计算,通过拆装主减速器和差速器来介绍行星轮系和差动轮系的应用。

活动一　汽车机械式变速器的拆装

活动背景　实现变速变扭的方法很多,通过齿轮副组成的轮系方式来变速变扭是目前应用较为广泛的一种方法。在变速器、主减速器和差速器中都有齿轮副的应用,通过拆装机械式变速器能够了解定轴轮系的应用,理解传动比的含义并能计算。

活动分析
1. 明确变速器的功用和类型。
2. 通过拆装变速器,明确轮系的含义及种类。
3. 能对定轴轮系传动比进行计算。

 **方法与步骤**

手动变速器拆装

一、所需器材

工具：常用工具1套，木棒，拉具，撬棒。

设备：工作台，台虎钳。

教具：奥迪100五档变速器，如图11-1-1所示，有关变速器的挂图。

图11-1-1 奥迪100五档变速器

二、方法与步骤

1. 拆卸

第一步：拆卸5档齿轮罩盖，将5档齿轮拨叉，拉出5档齿轮及同步器衬套。如图11-1-2所示。

图11-1-2 5档齿轮

图11-1-3 变速器

第二步：将倒档轴固定螺栓拆下两个法兰轴，拆下换档轴，将变速器壳体紧固螺栓按对角线交叉法旋松并卸下，把变速器壳体小心向上撬起，取下变速器壳体。如图11-1-3所示。

第三步：取出差速器。如图11-1-4所示。

第四步：取下主减速齿轮及倒档齿轮。如图11-1-5所示。

第五步：拆下拨叉。如图11-1-6所示。

图 11-1-4 差速器

图 11-1-5 主减速及倒档齿轮

图 11-1-6 拨叉

第六步：取下输入轴和输出轴。如图 11-1-7 所示。

图 11-1-7　输入轴和输出轴

2. 观察

观察变速器内齿轮啮合情况。如图 11-1-8 所示。

图 11-1-8　变速器内齿轮

图 11-1-9　变速器输入轴、输出轴、倒档轴

仔细观察变速器输入轴、输出轴、倒档轴、拨叉、同步器的结构特点，熟悉各零部件的名称和相互连接关系及作用。如图 11-1-9、图 11-1-10、图 11-1-11 所示。

图 11-1-10　拨叉

图 11-1-11　同步器

3. 装配

装配顺序与拆卸顺序相反。

一、汽车变速器

通过改变传动比,从而改变汽车驱动轮输出转矩,适应在起步、加速、行驶以及克服各种道路阻碍等不同行驶条件下对驱动车轮牵引力及车速不同要求的需要的一种装置。

1. 汽车变速器功用

① 改变传动比,扩大驱动轮转矩和转速的变化范围,以适应经常变化的行驶条件,同时使发动机在有利(功率较高而油耗较低)的工况下工作。

② 在发动机旋转方向不变的情况下,使汽车能倒退行驶。

③ 利用空档,中断动力传递,使发动机能够启动、怠速,并便于变速器换档或进行动力输出。

2. 汽车变速器的分类

按传动比变化方式来分,有级式变速器、无级式变速器、综合式变速器;

按操纵方式来分,有强制操纵式变速器、自动操纵式变速器、半自动操纵式变速器。

机械式变速箱主要应用了齿轮传动的降速原理。简单地说,变速箱内有多组传动比不同的齿轮副,而汽车行驶时的换档行为,也就是通过操纵机构使变速箱内不同的齿轮副工作。如在低速时,让传动比大的齿轮副工作;而在高速时,让传动比小的齿轮副工作。

二、轮系

由一系列相互啮合的齿轮组成的传动系统。

按轮系传动时各齿轮的几何轴线在空间的相对位置是否都固定,轮系可分为定轴轮系和周转轮系两大类。

1. 定轴轮系

传动时轮系中各齿轮的几何轴线位置都是固定的轮系称为定轴轮系。定轴轮系又称普通轮系。

2. 周转轮系

传动时,轮系中至少有一个齿轮的几何轴线位置不固定,而是绕另一个齿轮的固定轴线回转,这种轮系称为周转轮系。

3. 定轴轮系传动比的计算

定轴轮系的传动比等于轮系中所有从动齿轮齿数的连乘积与所有主动齿轮齿数的连乘积之比。通过$(-1)^m$在计算中表示轮系首末两轮回转方向的异同,计算结果为正,首末两轮回转方向相同;结果为负,两轮回转方向相反(只适用于平行轴圆柱齿轮传动的轮系)。

① 拆装时,应注意安全。
② 正确使用工具,严格遵照拆装顺序。
③ 装配时,各轴应在空档位置。
④ 装配输入轴、输出轴、主减速齿轮轴及主减速器时,注意轴承预紧力。
⑤ 在装入变速器壳时,注意接触面密封情况。
⑥ 装配好变速器操纵机构后,操纵应轻便灵活,锁止机构能起作用。
⑦ 当定轴轮系中有锥齿轮副、蜗杆副时,各级传动轴不一定平行,这时不能使用$(-1)^m$来确定末轮的回转方向,而只能使用标注箭头的方法。

活动二 汽车主减速器的拆装

通过拆装机械式变速器，可以清楚定轴轮系的应用。主减速器具有降低转速、增加扭矩且改变扭矩的传递方向以适应汽车行驶方向的功能。通过主减速器的拆装可以清楚行星轮系和差动轮系的应用。

1. 主减速器有哪些种类？
2. 什么是行星轮系？
3. 行星轮系传动比应如何计算？
4. 拆装主减速器应该注意些什么？

主减速器拆装

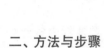

一、所需器材

工具：常用工具1套，铜棒，拉具，撬棒。
设备：主减速器和后桥拆装架。
教具：EQ1090 后桥总成，CA1091 后桥总成，以及后桥和主减速器挂图。

二、方法与步骤

以 EQ1090 后桥主减速器主动锥齿轮轴总成为例，如图 11-2-1 所示。

图 11-2-1　EQ1090 后桥总成　　　　　图 11-2-2　半轴

1. 拆卸

第一步：用对角线交叉法分次旋下半轴螺栓，抽出半轴。如图 11-2-2 所示。

第二步：用对角线交叉法分次旋下主减速器壳和后桥壳螺丝，卸下主减速器总成。如图 11-2-3 所示。

第三步：拆下主动双曲线齿轮连接凸缘及油封座、锥齿轮轴承座，拆下主动双曲线齿轮。如图 11-2-4 所示。

图11-2-3 主减速器总成

图11-2-4 主动双曲线齿轮

第四步：拆下从动双曲线齿轮轴承盖，卸下从动双曲线齿轮总成。如图11-2-5所示。

图11-2-5 从动双曲线齿轮

图11-2-6 差速器分解

第五步：拆下从动双曲线齿轮轴承盖，卸下从动双曲线齿轮总成，旋下差速器壳螺丝分解差速器。如图11-2-6所示。

2. 观察

仔细观察各零部件的结构特点，熟悉各零部件的名称和作用。

（1）行星轮系

若轮系中，至少有一个齿轮的几何轴线不固定，而绕其他齿轮的固定几何轴线回转，则称为行星轮系。

（2）传动比计算

若 n_G 和 n_K 为行星轮系中任意两个齿轮 G 和 K 的转速，则

$$i_{GK}^H = \frac{n_G - n_H}{n_K - n_H} = (-1)^m \frac{\text{从齿轮}G\text{到}K\text{之间所有从动齿轮的齿数积}}{\text{从齿轮}G\text{到}K\text{之间所有主动齿轮的齿数积}}$$

在使用上式时应特别注意：

① 公式只适用于圆柱齿轮组成的行星轮系。对于由圆锥齿轮组成的行星轮系，当两太阳轮和行星架的轴线互相平行时，仍可用转化轮系法来建立转速关系式，但正、负号应按画箭头的方法来确定，并且不能应用转化机构法列出包括行星轮在内的转速关系。

② 将已知转速代入公式时，注意"＋"、"－"号。其中一方向为正，另一方向为负。求得的转速为正，说明与正方向一致，否则反之。

① 将后桥固定在拆装架上操作,注意操作安全。
② 严格按照操作程序拆装。
③ 注意主减速器、差速器的调整垫片位置和片数。
④ 注意观察主减速器啮合间隙和啮合印痕的调整方法。

学生姓名		日期		自评	互评	师评
1. 是否能看懂有关齿轮的装配图?						
2. 是否明确齿轮系传动比的计算?						
3. 是否能正确使用工具并进行安全规范操作?						
4. 能否发现齿轮失效的实际例子?						
5. 能否独立完成汽车主减速器的拆装?						
学习体会: 1. 齿轮作为最重要的传动零件,你认识了它的作用吗? 2. 活动中如何进行合作学习的? 3. 活动中哪个技能操作可以改进以使操作更方便实用?请写出操作过程。 4. 你还有哪些要求与设想?						
总体评价				教师签名		

一、填空题

1. 按传动比变化方式来分,汽车变速器可分为_____、_____、_____。
2. 按操纵方式来分,汽车变速器可分为_____、_____、_____。
3. 轮系可分为_____和_____两大类。
4. 定轴轮系的传动比等于轮系中所有_____的连乘积与所有主动齿轮齿数的连_____之比。
5. 定轴轮系的公式是_____。
6. $(-1)^m$ 中 m 表示_____。
7. 行星轮系传动比计算的公式是_____。
8. "+"号表示_____。
9. $(-1)^m$ 在计算中结果为正,表示_____。
10. 若轮系中,至少有一个齿轮的几何轴线不固定,而绕其他齿轮的固定几何轴线回转,则称为_____。

二、问答题

1. 汽车变速器的功用是什么?
2. 轮系在传动中起何作用?

项目十二
V带和同步齿形带传动的选用和安装

活动一　怎样调换V带

活动二　同步齿形带的拆卸

项目十二 V带和同步齿形带传动的选用和安装

情景描述

一辆汽车能运转起来,离不开传动系统的作用。汽车里的传动系统除了有齿轮传动、凸轮传动、蜗轮蜗杆传动外,还有带传动系统等。当发动汽车时,首当其冲的就是带传动,把发电机的运动传递给曲轴,再点火启动。

知识与技能要求:

1. 了解V带和同步齿形带传动的类型、特点和应用场合。
2. 会进行传动比的计算。
3. 会正确选用和安装V带。

活动一 怎样调换V带

活动背景

对桑塔纳轿车来说,每行三四万公里就要进行皮带的保养和更换。因为传动带工作一段时间后,会产生永久变形而松弛,从而影响带传动的工作能力。为了了解带传动系统,我们尝试进行带传动系统的拆装。

活动分析

1. 打开发动机,观察V带的形状,用手感觉一下皮带安装的松紧度。
2. 观察带传动系统的组成。
3. 拆装发电机至曲轴的V带。

方法与步骤

一、带传动系统的组成

带传动由主动带轮、从动带轮和传动带组成,借助带与带轮之间的摩擦或啮合,将主动轮的运动传给从动轮。如图12-1-1所示。

二、V带传动系统的拆卸

1. 所需器材

扳手、螺丝刀、卡钳等。如图12-1-2所示。

2. 操作步骤

① 用扳手旋松螺母,如图12-1-3所示。

图12-1-1 带传动系统

图 12-1-2　V 带传动系统拆卸所需器材

图 12-1-3　旋松螺母

② 拿下 V 带,如图 12-1-4 所示。

图 12-1-4　拿下 V 带

图 12-1-5　拿下带轮

③ 用起子旋下螺钉,可拿下带轮,如图 12-1-5 所示。

仔细观察皮带、皮带轮,并思考为何不同的传动系统皮带和皮带轮的结构不同。

| 点 |
| 拨 |

3 个带轮必须处在一个平面上,皮带才能正常工作。

④ 根据拆卸的逆步骤,把皮带安装回去。注意调整皮带的松紧度。

一、带传动的类型

根据工作原理不同,带传动可分为摩擦带传动和啮合带传动两类。

1. 摩擦带传动

摩擦带传动是依靠带与带轮之间的摩擦力传递运动的。按带的横截面形状不同可分为 4 种类型,如图 12-1-6 所示。

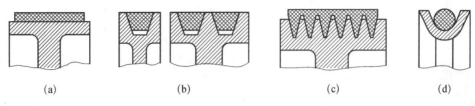

图 12-1-6 带传动的类型

(1) 平带传动

平带的横截面为扁平矩形(见图(a)),内表面与轮缘接触为工作面。常用的平带有普通平带(胶帆布带)、皮革平带和棉布带等,在高速传动中常使用麻织带和丝织带。其中以普通平带应用最广。平带可适用于平行轴交叉传动和交错轴的半交叉传动。

(2) V 带传动

V 带的横截面为梯形,两侧面为工作面(见图(b)),工作时 V 带与带轮槽两侧面接触,在同样压力 F_Q 的作用下,V 带传动的摩擦力约为平带传动的 3 倍,故能传递较大的载荷。

(3) 多楔带传动

多楔带是若干 V 带的组合(见图(c)),可避免多根 V 带长度不等、传力不均的缺点。

(4) 圆形带传动

横截面为圆形(见图(d)),常用皮革或棉绳制成,只用于小功率传动。

2. 啮合带传动

啮合带传动依靠带轮上的齿与带上的齿或孔啮合传递运动。啮合带传动有两种类型,如图 12-1-7 所示。

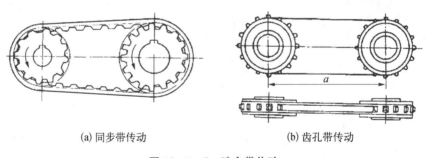

(a) 同步带传动　　　　(b) 齿孔带传动

图 12-1-7　啮合带传动

(1) 同步带传动

利用带的齿与带轮上的齿相啮合传递运动和动力,带与带轮间为啮合传动,没有相对滑动,可保持主、从动轮线速度同步(见图(a))。

(2) 齿孔带传动

带上的孔与轮上的齿相啮合,同样可避免带与带轮之间的相对滑动,使主、从动轮保持同步运动(见图(b))。

二、带传动的特点

摩擦带传动具有以下特点:

① 结构简单,适宜用于两轴中心距较大的场合。

② 胶带富有弹性，能缓冲吸振，传动平稳无噪声。

③ 过载时可产生打滑，能防止薄弱零件的损坏，起安全保护作用。但不能保持准确的传动比。

④ 传动带需张紧在带轮上，对轴和轴承的压力较大。

⑤ 外廓尺寸大，传动效率低(一般为 0.94～0.96)。

根据上述特点，带传动多用于以下 3 种情形：① 中、小功率传动(通常不大于 100 kW)；② 原动机输出轴的第一级传动(工作速度一般为 5～25 m/s)；③ 传动比要求不十分准确的机械。

三、V 带的结构和标准

标准 V 带都制成无接头的环形，其横截面由强力层、伸张层、压缩层和包布层构成，如图 12-1-8 所示。伸张层和压缩层均由胶料组成，包布层由胶帆布组成，强力层是承受载荷的主体，分为帘布结构(由胶帘布组成)和线绳结构(由胶线绳组成)两种。帘布结构抗拉强度高，一般用途的 V 带多采用这种结构。线绳结构比较柔软，弯曲疲劳强度较好，但拉伸强度低，常用于载荷不大、直径较小的带轮和转速较高的场合。V 带在规定张紧力下弯绕在带轮上时，外层受拉伸变长，内层受压缩变短，两层之间存在一长度不变的中性层，沿中性层形成的面称为节面，如图 12-1-9 所示。节面的宽度称为节宽 b_p。节面的周长为带的基准长度 L_d。

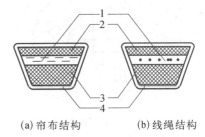

(a) 帘布结构   (b) 线绳结构

1. 强力层；2. 伸张层；
3. 压缩层；4. 包布层

图 12-1-8 V 带剖面结构

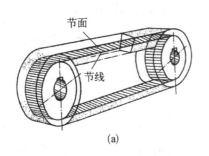

(a)

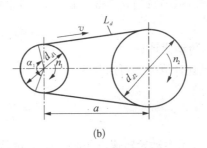

(b)

图 12-1-9 V 带的节面和节线

按 GB/T11544—1997 规定，普通 V 带分为 Y、Z、A、B、C、D、E 七种，V 带的型号和标准长度都压印在胶带的外表面上，以供识别和选用。例如 B2240　GB/T11544—1997，表示 B 型 V 带，带的基准长度为 2 240 mm。

四、V 带轮的材料和结构

制造 V 带轮的材料可采用灰铸铁、钢、铝合金或工程塑料，以灰铸铁应用最为广泛。当带速 v 不大于 25 m/s 时，采用 HT150，当 $v>25～30$ m/s 时，采用 HT200，速度更高的带轮可采用球墨铸铁或铸钢，也可采用钢板冲压后焊接带轮。小功率传动可采用铸铝或工程塑料。

带轮由轮缘、轮辐和轮毂三部分组成。

V 带轮按轮辐结构不同分为 4 种型式，如图 12-1-10 所示。

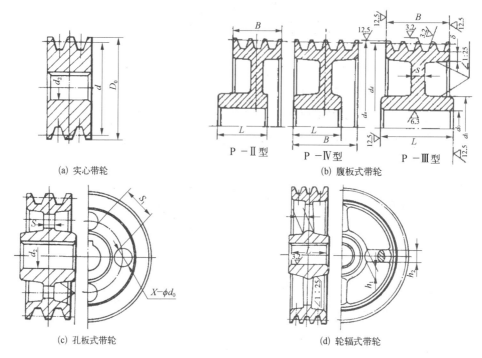

图 12-1-10　V带轮的4种型式

带轮基准直径 $d_d \leqslant (2.5\sim3)d_0$（$d_0$ 为带轮轴直径）时,可采用 S 型(实心带轮,见图(a));当 $d_d \leqslant 300$ mm 时,可采用 P 型(腹板式带轮,见图(b));当 $d_d - d_1 \geqslant 100$ mm 时,可采用 H 型(孔板式带轮,见图(c));当 $d_d > 300$ mm 时,可采用 E 型(轮辐式带轮,见图(d))。

五、传动比计算

传动比计算公式可简化为

$$i = \frac{n_1}{n_2} = \frac{d_{d2}}{d_{d1}} = z_2/z_1$$

式中,n_1 表示主动轮转速(r/min),n_2 表示从动轮转速(r/min);d_{d2} 表示从动轮直径,d_{d1} 表示主动轮直径;z_2 表示从动轮齿数,z_1 表示主动轮齿数。

六、带传动的张紧与调整

带传动的张紧程度对其传动能力、寿命和轴压力都有很大的影响。V 带传动初拉力的测定,可在带与带轮两切点中心加以垂直于带的载荷 G,使每 100 mm 跨距产生 1.6 mm 的挠度,此时传动带的初拉力 F_0 是合适的(即总挠度 $y = 1.6a/100$),如图 12-1-11 所示。

带传动工作一段时间后会由于塑性变形而松弛,使初拉力减小、传动能力下降,此时在规定载荷 G 作用下,总挠度 y 变大,需要重新张紧。常用张紧方法有以下几种:

1. 调整中心距法

(1) 定期张紧

如图 12-1-12 所示,将装有带轮的电动机装在滑道上,旋转调节螺钉以增大或减小中心距从而达到张紧或松开的目的。图 12-1-13 为把电机装在一摆动底座上,通过调节螺钉调节中心距达到张紧的目的。

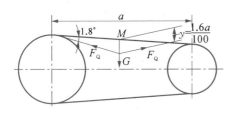

图 12-1-11 初拉力的测定

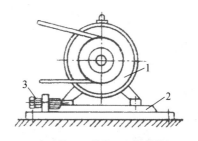

1. 电动机;2. 滑道;3. 调节螺钉

图 12-1-12 水平传动定期张紧装置

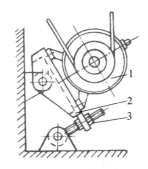

1. 电动机;2. 摆动底座;3. 调节螺钉

图 12-1-13 垂直传动定期张紧装置

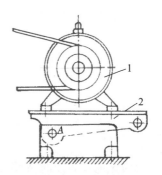

1. 电动机;2. 摇摆架

图 12-1-14 自动张紧装置

(2) 自动张紧

把电动机装在如图 12-1-14 所示的摇摆架上,利用电机的自重,使电动机轴心绕铰点 A 摆动,拉大中心距达到自动张紧的目的。

2. 张紧轮法

带传动的中心距不能调整时,可采用张紧轮法。图 12-1-15 中图(a)所示为定期张紧装置,定期调整张紧轮的位置可达到张紧的目的。图(b)所示为摆锤式自动张紧装置,依靠摆捶重

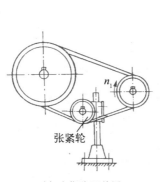

(a) 定期张紧装置

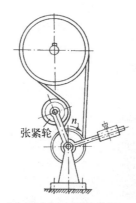

(b) 摆捶式自动张紧装置

图 12-1-15 张紧轮法

力可使张紧轮自动张紧。

V带和同步带张紧时,张紧轮一般放在带的松边内侧,并应尽量靠近大带轮一边,这样可使带只受单向弯曲,且小带轮的包角不致过分减小。

平带传动时,张紧轮一般应放在松边外侧,并要靠近小带轮处。这样小带轮包角可以增大,提高了平带的传动能力。

七、带传动的安装与维护

正确的安装和维护是保证带传动正常工作、延长胶带使用寿命的有效措施,一般应注意以下几点:

① 平行轴传动时,各带轮的轴线必须保持规定的平行度。V带传动主、从动轮轮槽必须调整在同一平面内,误差不得超过 $20'$,否则会引起V带的扭曲使两侧面过早磨损。如图 12-1-16 所示。

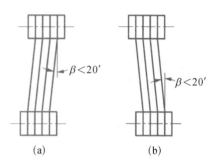

图 12-1-16 带轮的安装位置

② 套装带时不得强行撬入。应先将中心距缩小,将带套在带轮上,再逐渐调大中心距拉紧带,直至所加测试力 G 满足规定的挠度 $y = 1.6a/100$ 为止。

③ 多根V带传动时,为避免各根V带载荷分布不均,带的配组公差应在规定的范围内(请参阅有关手册)。

④ 对带传动应定期检查及时调整,发现损坏的V带应及时更换,新旧带、普通V带和窄V带、不同规格的V带均不能混合使用。

⑤ 带传动装置必须安装安全防护罩。这样既可防止绞伤人,又可以防止灰尘、油及其他杂物飞溅到带上影响传动。

活动二 同步齿形带的拆卸

1. 打开发动机,观察同步带的形状,用手感觉一下皮带安装的松紧度。

2. 观察同步齿形带传动系统的张紧装置。

3. 拆卸正时同步齿形带。

一、观察齿形带的形状,并与V带进行比较

二、正时同步齿形带的拆卸

1. 所需器材

扳手、螺丝刀、卡钳等。如图 12-2-1 所示。

2. 操作步骤

① 用扳手旋松螺母,如图 12-2-2 所示。

图 12-2-1　正时同步齿形带拆卸所需器材

图 12-2-2　旋松螺母

② 用卡钳旋松张紧轮,如图 12-2-3 所示。

图 12-2-3　旋松张紧轮

图 12-2-4　拆下齿形带

③ 先拆下曲轴和水泵轴的轮盘,即可拆下齿形带,如图 12-2-4 所示。

实践活动

请观察同步齿形带的结构特点,并分析与一般 V 带的区别。

1. 请继续拆卸同步齿形带带轮。
2. 分组讨论正时同步齿形带的安装步骤,列出操作计划。

安装同步带时一定要对正时,不能随便安装,否则会引起发动机故障。

一、同步带传动的特点和应用

同步带是以细钢丝绳或玻璃纤维为强力层,外覆以聚氨酯或氯丁橡胶的环形带。由于带的强力层承载后变形小,且内周制成齿状使其与齿形的带轮相啮合,故带与带轮间无相对滑动,构成同步传动。如图 12-2-5 所示。

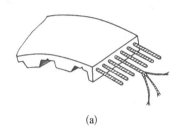
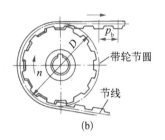

图 12-2-5　同步带结构与同步带传动

同步带传动具有传动比恒定、不打滑、效率高、初张力小、对轴及轴承的压力小、速度及功率范围广、不需润滑、耐油、耐磨损,以及允许采用较小的带轮直径、较短的轴间距、较大的速比使传动系统结构紧凑的特点。

二、同步带的类型和规格

同步带分为梯形齿和圆弧齿两大类,如图 12-2-6 所示。目前梯形齿同步带应用较广,圆弧齿同步带因其承载能力和疲劳寿命高于梯形齿而应用日趋广泛。同步带按结构可分为单面和双面同步带两种型式。双面同步带按齿的排列不同又分为对称齿双面同步带(DA 型)和交错齿双面同步带(DB 型)两种,如图 12-2-7 所示。

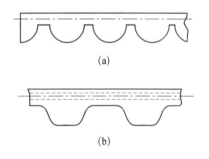

图 12-2-6　梯形齿和圆弧齿同步齿形　　图 12-2-7　对称双面齿和交错双面齿同步齿形带

标准同步带的标记包括型号、节线长度代号、宽度代号和国标号。对称齿双面同步带在型号前加"DA",交错齿双面同步带在型号前加"DB"。

评一评

学生姓名		日期		自评	互评	师评
1. 是否掌握了带传动的类型、特点和应用场合?						
2. 是否会进行带传动传动比的计算?						
3. 是否能正确使用工具并进行安全规范操作?						
4. 能否进行带传动的维护?						
5. 能否完成汽车正时皮带的装复?						
学习体会: 1. 带传动作为最普遍的传动,你认识了它的优点和作用了吗? 2. 活动中如何进行合作完成的? 3. 活动中哪个技能操作可以改进以使操作更方便实用?请写出操作过程。 4. 你还有哪些要求与设想?						
总体评价				教师签名		

课后练习

一、填空题

1. 在 V 带传动中,V 带共有 7 种型号,其中单根带传递功率最大的是_____型,最小的是_____型。
2. 三角带表面上印有"B2240",它表示三角带是_____,_____长度为 2 240 mm。
3. 当两带轮的中心距不能调整时,一般采用_____将传动带张紧。它一般装在_____。
4. 带传动的张紧装置通常采用_____和_____两种方法。
5. V 带的结构是由伸张层、_____层、_____层、_____层四部分组成。
6. 带传动的主要失效形式是_____、_____及带与带的磨损。
7. 在 V 带传动设计中,应根据_____和_____来确定 V 带型号。

二、选择题

1. 在相同条件下,平带的传动能力( )V 带的传动能力。
   A. 大于   B. 小于   C. 等于
2. 带传动张紧的目的是 ( )。
   A. 防止带滑掉   B. 提供初始拉力   C. 防止带轮打滑   D. 消除摩擦
3. 普通 V 带传动中 V 带的楔角 α 是 ( )。
   A. 34°   B. 36°   C. 38°   D. 40°
4. 开口带传动,两带轮的旋转方向是 ( )。

A. 相反   B. 相同   C. 向左   D. 向右

5. 中等中心距的三角带张紧程度是以拇指能按下（　　）左右为合适。
   A. 5 mm   B. 30 mm   C. 15 mm   D. 50 mm

6. 如两带轮轴线不平行，则三角带在工作时会产生（　　）后果。
   A. 两工作侧面有较大的磨损   B. 单侧面磨损
   C. 弯曲疲劳加剧   D. 容易产生打滑现象

7. 下列不能用做V带轮槽楔角的角度是（　　）。
   A. 38°   B. 36°   C. 34°   D. 40°

8. 下图中，V带在带轮槽的正确位置是（　　）。

     A.   B.   C.

9. 带传动主要是依靠（　　）来传递运动和功率的。
   A. 带和两轮之间的正压力   B. 带和两轮接触面之间的摩擦力
   C. 带的紧边拉力   D. 带的初拉力

10. 带传动工作时的弹性滑动是由于（　　）。
   A. 小带轮包角过小   B. 带与带轮间的摩擦系数偏低
   C. 带的初始拉力不足   D. 带的松边与紧边拉力不相等

三、综合题

如下图所示为带传动张紧装置，试分析：

A 图   B 图

1. A图为_____带张紧，张紧轮置于_____边的_____侧，且靠近_____处；
2. B图为_____带张紧，张紧轮置于_____边的_____侧，且靠近_____处；
3. A图中小带轮的包角较张紧前_____，B图中的包角较张紧前_____（大或小）；
4. 张紧前后，_____图中带的工作能力大大增大，_____图中带不会受双向弯曲作用。

项目十三 键与销的正确选用

活动一　认识和选用常用键

活动二　拆装活塞销和主销

项目十三 键与销的正确选用

情景描述　打开汽车变速箱,发现内部有很多的齿轮与转轴,当动力和运动由一根轴传入后,就会通过相邻两轴上齿轮的啮合,将动力和运动传入另一根轴。轴与装在轴上的齿轮怎样连接才能实现传动并完成工作呢?你想过如图13-1所示传动零件连接的奥秘吗?

(a)　　　　　　　　　　　　　　(b)

图 13-1　传动零件的连接

知识与技能要求:
1. 了解键与销的类型和应用特点。
2. 会正确选用键与销。

活动一　认识和选用常用键

活动背景　在汽车上有许多传动件采用键连接的形式。如当我们拆卸发电机皮带轮时,发现皮带轮与转子轴间采用了半圆键连接,在汽车上根据结构和功能的不同,还有许多键连接的形式,并且各有特点,如何认识、分析并合理选用键连接,就让我们一起操作、一起观察和学习吧。

活动分析
1. 键连接的常见类型和作用。
2. 思考各种键连接的应用场合。

拆卸发电机皮带轮

① 拆卸发电机皮带轮固定螺母。如图 13-1-1 所示。

② 拆卸发电机皮带轮。如图 13-1-2 所示。

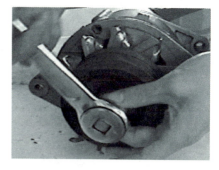

图 13-1-1 拆卸发电机皮带轮固定螺母

③ 从轴上取出半圆键。如图 13-1-3 所示。请仔细观察键与键槽的形状和结构。

图 13-1-2 拆卸发电机皮带轮

图 13-1-3 取出半圆键

一、键连接的种类及作用

键连接是一种应用很广泛的可拆连接。能把轴和轴上零件连接起来，实现轴上零件的周向固定，以传递运动或转矩，也可实现轴上零件的轴向固定或轴向滑动的导向。如图 13-1-4 所示。

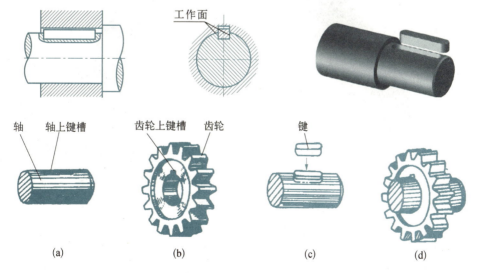

图 13-1-4 键连接

键连接的类型较多,根据键与键槽装配时的松紧程度,可分为紧键连接和松键连接两大类。键是标准件。

汽车上常用的键是松键连接,主要类型有普通平键、导向平键、滑键、花键等类型。

二、松键连接

常用的松键连接有:平键连接、半圆键连接、花键连接三大类型。

1. 平键连接

平键连接有普通平键、导向平键和滑键3种。

（1）普通平键

普通平键的结构:键两侧与键槽相配合(静连接为过渡配合,动连接为间隙配合),上端面与轮毂键槽底面有间隙。

普通平键的形状:分为A型、B型和C型3种。

A(圆头)型　立铣刀,键定位好,轴应力集中大。如图13-1-5所示。

图13-1-5　圆头平键(A型)

图13-1-6　平头平键(B型)

B(平头)型　盘铣刀,轴向键无定位,应力集中小。如图13-1-6所示。

C(单圆头)型　立铣刀加工,用于轴端。如图13-1-7所示。

图13-1-7　单圆头平键(C型)

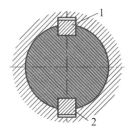
图13-1-8　普通平键的工作原理

普通平键的工作原理:两侧面是工作面,靠两侧面挤压传递转矩。如图13-1-8所示。

普通平键的特点:结构简单,拆装方便,对中性好承载能力大,应用广泛。

① 成对使用:承载能力不够时采用,按180°布置两个键。如图13-1-9所示。
② 失效形式:静连接　工作面挤溃,键剪断。
　　　　　　　动连接　工作面磨损。

导向平键

图 13-1-9 普通平键成对使用

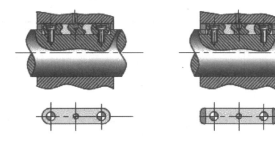

图 13-1-10 导向平键的结构

（2）导向平键

导向平键的结构：如图 13-1-10 所示。

导向平键的特点：除了具有普通平键的特点外，还有如下两个特点：

① 轴上零件可作轴向移动，键起导向作用，动连接。

② 键较普通平键长，键必须用螺钉固定在键槽中。

（3）滑键

滑键的结构：如图 13-1-11 所示。

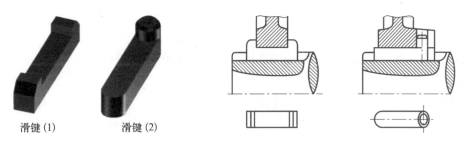

滑键(1)　　　滑键(2)

图 13-1-11 滑键的结构

当零件滑移距离较大时，宜采用滑键，滑键是将键固定在轮毂上，并与轮毂一起在轴上的键槽中滑动。

2. 半圆键连接

半圆键的结构：如图 13-1-12 所示，键呈半圆形。侧面为工作面，键能在轴上的键槽中摆动，以适应轮毂中键槽的斜度。常用于锥形轴端与轮毂的连接。

 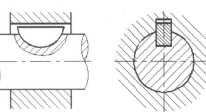

图 13-1-12 半圆键的结构　　　图 13-1-13 半圆键的工作原理

半圆键的工作原理：两侧面是工作面，侧面挤压传递转矩。如图 13-1-13 所示。

半圆键的失效形式：键剪断,工作面压溃。

优点：工艺性好,装配方便,适用于锥形轴与轮毂的连接。
缺点：轴槽对轴的强度削弱较大,只适宜轻载连接。

3. 花键连接

花键的结构：轴及轮毂孔周向均布的多个键齿互相配合,构成花键连接。如图 13-1-14 所示。

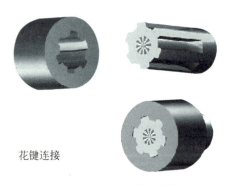

图 13-1-14 花键的结构

图 13-1-15 矩形齿花键

花键的工作原理：键侧是工作面,靠键侧面与键槽挤压传递转矩。

花键的特点：

① 齿较多、工作面积大、承载能力较强；

② 键均匀分布,各键齿受力较均匀；

③ 精度高；

④ 轴上零件对中性好；

⑤ 导向性较好；

⑥ 加工需专用设备、制造成本高。

花键的种类：花键类型按齿形可分为矩形花键、渐开线花键、三角形花键3种。

① 矩形齿花键：矩形花键连接按新标准为内径定心,定心精度高,定心稳定性好,配合面均要研磨,磨削消除热处理后变形,应用广泛。如图 13-1-15 所示。

② 渐开线花键：定心方式为齿形定心,当齿受载时,齿上的径向力能自动定心,有利于各齿均载,应用广泛,优先采用。如图 13-1-16 所示。

图 13-1-16 渐开线花键

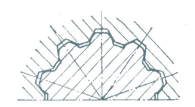

图 13-1-17 三角形花键

③ 三角形花键：齿数较多，齿较小，对轴强度削弱小。适于轻载、直径较小时，及轴与薄壁零件的连接应用较少。如图 13-1-17 所示。

 通过观察变速器、拆装减速器等设备，认识键的连接。如图 13-1-18 所示。

图 13-1-18 认识键的连接

活动二　拆装活塞销和主销

 活塞连杆组是汽车发动机的最重要零件，在拆卸汽车发动机的活塞组时，会发现一根非常光洁的活塞销，汽车中还有许多销连接形式，让我们通过拆卸活塞组，了解活塞销的作用和特点，从而掌握其他种类的销相关知识。

1. 销的类型和特点有哪些？
2. 如何正确选用销？

拆装活塞连杆组

① 从发动机中拆出活塞连杆组。如图 13-2-1 所示。
② 拆卸活塞销两头弹性档圈。如图 13-2-2 所示。
③ 拆卸活塞销。如图 13-2-3 所示。
④ 拆卸连杆组。如图 13-2-4 所示。

请仔细观察、分析活塞销的形状和结构特点。

图 13-2-1　拆出活塞连杆组　　　　　图 13-2-2　拆卸活塞销两头弹性挡圈

图 13-2-3　拆卸活塞销　　　　　　　图 13-2-4　拆卸连杆组

一、销的类型和特点

销连接主要用于确定零件之间的相互位置,并可传递不大的载荷,也可用于轴和轮毂或其他零件的连接。如图 13-2-5 所示。

按用途不同,一般分为定位销与传力销、起销钉作用的销、安全销 3 种。

按结构形式不同,分为圆柱销、圆锥销、槽销、销轴和开口销等。

1. 定位销与传力销

主要用于零件间位置定位和传递横向力及转矩的销,主要有圆柱销和圆锥销两大类。

图 13-2-5　销的连接

（1）圆柱销

主要用于定位,也可用于连接,但只能传递不大的横向力和转矩。圆柱销不适合多次拆装的场合。

圆柱销有 4 种销,分别为:普通圆柱销、螺纹圆柱销、内螺纹圆柱销、弹性圆柱销。

（2）圆锥销

圆锥销有 1∶50 的锥度,便于安装,其定位精度比圆柱销高,有可靠的自销性。多用于经常拆装的场合。

圆锥销有 4 种销,分别为:普通圆锥销、内螺纹圆锥销、螺尾圆锥销、开尾圆锥销。如图 13-2-6 所示。

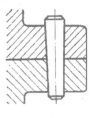  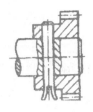

(a) 普通圆锥销　　　(b) 内螺纹圆锥销　　　(c) 螺尾圆锥销　　　(d) 开尾圆锥销

图 13-2-6　圆锥销

2. 起销钉作用的销

起销钉作用的销有两大类:销轴和带孔销。它们通常用于铰接处,并用开口销锁定,拆装十分方便。如汽车上的油门踏板、制动踏板等。

3. 安全销

用于限制连轴器所能传递的最大扭矩,当达到最大值时销因过载而剪断,使传动中断,对其他传动零件起到保护作用。如图 13-2-7 所示。

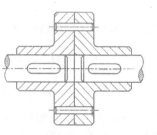

图 13-2-7　安全销

 销的材料为 35、45 钢(开口销为低碳钢)。

 开口销是不是销,它有什么作用?如图 13-2-8 所示。

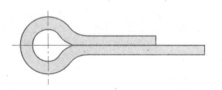

图 13-2-8　开口销　　　　图 13-2-9　拆装活塞组

 拆装活塞组或主销组,观察其组成,分析活塞销或主销的作用。如图 13-2-9 所示。

点拨 活塞销主要用来连接活塞和连杆,并将活塞承受的气体压力与惯性力传给连杆。活塞销要有足够的强度、刚度和耐磨性。

评一评

学生姓名		日期		自评	互评	师评
1. 你知道键的种类吗?						
2. 开口销是销吗?						
3. 活塞销要有足够的强度吗?						
4. 汽车转向节上的主销起销钉作用吗?						
5. 你理解花键的特点吗?						
6. 活动中环保意识及团队协作做得好吗?						
学习体会: 1. 活动中感觉轴上零件容易拆装吗? 2. 活动中用到多少工具?如何应用有点感觉了吗? 3. 活动中哪项技能操作可以改进以使操作更方便实用?请写出操作过程。(请同学们大胆创新,共同研讨,不断提高操作能力) 4. 你还有哪些要求与设想?						
总体评价				教师签名		

课后练习

一、填空题

1. 平键连接中,应用最广的是_____型平键,有效工作长度最大的是_____型平键。
2. 普通平键有_____、_____、_____3种。
3. 销材料采用_____等。

二、选择题

1. 下列哪一种普通平键用于轴端　　　　　　　　　　　　　　　(　　)。
   A. A型　　　　　　B. B型　　　　　　C. C型
2. 下列哪一种键的工作面是上、下两面　　　　　　　　　　　　(　　)。
   A. 普通平键　　　　B. 楔键　　　　　　C. 半圆键
3. 下列属于紧键连接的是　　　　　　　　　　　　　　　　　　(　　)。
   A. 平键　　　　B. 半圆键　　　　C. 楔键　　　　D. 花键

4. 键与轴承做成一体的是 （   ）。
   A. 普通平键　　　B. 导向平键　　　C. 半圆键　　　D. 花键

三、简答题

1. 试述平键连接的常用类型和应用特点。
2. 试述花键的类型及其应用特点。
3. 汽车上常用的销有哪些？

项目十四 螺纹连接件的正确选用

活动一　汽车构件的常用螺纹连接

活动二　汽车螺纹连接件的选用

项目十四　螺纹连接件的正确选用

情景描述　如图14-1所示,在拆装连杆组时,发现连杆与连杆盖采用连杆螺栓连接,在日常生活中也到处可以看到螺纹连接件,各种螺纹零件到底有何作用并如何选用呢?你想了解螺纹连接的奥妙吗?那么让我们动手吧!

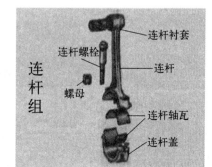

图14-1　拆装连杆组

知识与技能要求:
1. 了解螺纹连接的分类和应用特点。
2. 能看懂螺纹连接件的规定画法。
3. 会正确选用和更换螺纹连接件。

活动一　汽车构件的常用螺纹连接

活动背景　汽车发电机上采用螺纹连接比较多,要运用螺纹连接,首先要掌握螺纹的基本知识,了解螺纹的形成、分类和主要参数。

活动分析
1. 螺纹的形成和分类是怎样的?
2. 普通连接螺纹的主要参数是什么?
3. 学习机械制图中螺纹的画法及标记。

操作活动

拆卸发电机

① 拆卸前端盖与后端盖的锁紧螺栓,使前端盖与后端盖分离,如图14-1-1所示。并采用锁紧螺栓连接,如图14-1-2所示。

② 拆卸电枢接线柱螺母B+(采用螺栓连接)。如图14-1-3所示。

③ 拆卸元件板紧固螺钉(采用螺钉连接)。如图14-1-4所示。

请仔细观察各种螺纹连接件的形状和结构特点。

图 14-1-1　分离前端盖与后端盖

图 14-1-2　锁紧螺栓连接

图 14-1-3　拆卸电枢接线柱螺母 B+

图 14-1-4　拆卸元件板紧固螺钉

一、螺纹的形成和分类

1. 螺纹的形成

将一直角三角形绕到一圆柱上,并使三角形的底边与圆柱底面圆周重合,则三角形斜边在圆柱体表面上形成一条螺纹线。

螺纹可以由车床加工,也可以由钳工通过攻丝或套丝而成。

螺纹若用车刀沿螺旋线切出不同形状的沟槽,便可得到不同牙型的螺纹。如图 14-1-5 所示。

2. 螺纹的分类

① 按照螺纹的所在表面不同,可以分为外螺纹和内螺纹。如图 14-1-6 所示。

② 根据螺旋线数目的不同,可有单线和多线之分。如图 14-1-7 所示。

③ 螺纹有左旋和右旋之分。如图 14-1-8 所示。

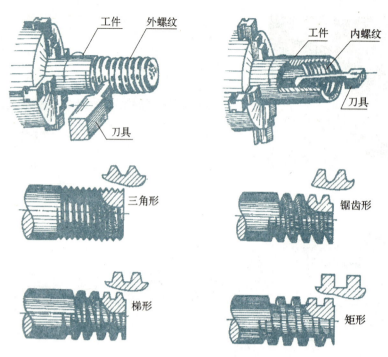

图 14-1-5 不同牙型的螺纹

图 14-1-6 外螺纹和内螺纹

图 14-1-7 单线螺纹和双线螺纹

图 14-1-8 左旋螺纹和右旋螺纹

④ 根据螺纹截面形状的不同,螺纹可分为三角形、梯形、锯齿形、矩形,以及其他特殊形状的螺纹。如图 14-1-9 所示。

⑤ 一般螺纹按照用途不同,可分为连接螺纹和传动螺纹两大类。

3. 连接螺纹

连接螺纹如图 14-1-10 所示,又可分为普通螺纹、圆柱管螺纹和圆锥管螺纹 3 种。

三角螺纹　　　　梯形螺纹　　　　锯齿螺纹　　　　矩形螺纹

图 14-1-9　不同截面形状的螺纹

普通螺纹　　非螺纹密封的管螺纹　　米制锥螺纹　　用螺纹密封的管螺纹

图 14-1-10　连接螺纹

(1) 普通螺纹

牙型为等边三角形,牙型角为 60°,螺纹牙的根部削弱较小,强度大;螺纹面间的摩擦力大,自锁性能好,适用作连接螺纹。同一公称直径,按螺距大小,可分为粗牙与细牙两类。

一般连接多用粗牙,细牙用于薄壁零件,也常用于受冲击、振动和微调机构。

(2) 圆柱管螺纹

牙型角为 55°,公称直径近似为管子内径。螺纹副本身不具有密封性。

多用于水、油、气的管路以及电器管路系统的连接中。

(3) 圆锥管螺纹

牙型角为 55°,螺纹分布在 1∶16 的圆锥管上,内外螺纹公称牙间没有间隙,依靠螺纹牙的变形就可以保证连接的紧密性。

适用于管子、管接头、旋塞、阀门和其他螺纹连接的附件,多用于高温、高压和润滑系统。

4. 传动螺纹

(1) 梯形螺纹

牙型为等腰梯形,牙型角为 30°,内径与外径处有相等间隙,效率较低,但加工工艺性好,强度高,螺旋副的对中性好。如图 14-1-11 所示。

(2) 锯齿形螺纹

工作面的牙型侧角为 3°,非工作面的牙型侧角为 30°,外螺纹的牙根处有圆角,减小应力集中,其牙根强度和传动效率都比梯形螺纹高。如图 14-1-12 所示。

广泛应用于单向受力的传动机构,如轧钢机、压力机和机车架修理台等。

(3) 矩形螺纹

牙型为正方形,牙型角为 0°,牙厚为螺距的一半,螺纹牙根部削弱大,强度小;螺旋副磨损后,间隙难以修复和补偿,使传动精度降低,已逐渐被梯形螺纹所代替。如图 14-1-13 所示。

多应用于传力或螺旋传动中,传动效率高,对中性精度低。

图 14-1-11 梯形螺纹

图 14-1-12 锯齿形螺纹

图 14-1-13 矩形螺纹

二、普通螺纹的主要参数

普通螺纹的主要参数如图 14-1-14 所示。

1. 大径(D, d)

大径是指与外螺纹牙顶（或内螺纹牙底）相重合的假想圆柱面的直径。内螺纹用 D 表示，外螺纹用 d 表示，标准中将螺纹大径的基本尺寸定为公称直径，是代表螺纹尺寸的直径。

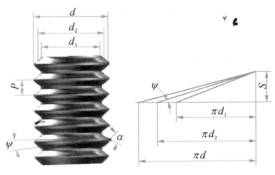
图 14-1-14 螺纹的主要参数

2. 小径(D_1, d_1)

小径是指与外螺纹牙底或内螺纹牙顶相重合的假想圆柱面的直径。内螺纹用 D_1 表示，外螺纹用 d_1 表示。

3. 中径(D_2, d_2)

中径是一个假想圆柱的直径。该圆柱的母线通过牙型上沟槽和凸起宽度相等的地方，假想圆柱称为中径圆柱。内螺纹用 D_2 表示，外螺纹用 d_2 表示。

4. 螺距(P)

螺距是相邻两牙在中径线上对应两点间的轴向距离。用 P 表示。

5. 线数(z)

线数是指一个螺纹零件的螺旋线数目。用 z 表示。

6. 导程(S)

导程是指同一条螺旋线上的相邻两牙在中径上对应两点间的轴向距离。

7. 牙型角和牙侧角(α, β)

牙型角是指在螺纹牙型上相邻两牙侧间的夹角。用 α 表示，普通螺纹 $\alpha=60°$。
牙侧角是指在螺纹牙型上牙侧与螺纹轴线的垂线间夹角，用 β 表示。

8. 螺纹升角(ψ)

螺纹升角是指在中径圆柱面上，螺旋线的切线与垂直于螺纹轴线的平面的夹角。

9. 螺纹旋合长度

螺纹旋合长度是指两个相互配合的螺纹，沿螺纹轴线方向相互旋合部分的长度。

三、机械制图中螺纹的画法及标记

1. 螺纹的规定画法

(1) 外螺纹的画法

大径(牙顶)用粗实线,小径(牙底)用细实线,圆为 3/4 圈,终止线(完整螺纹部分)用粗实线,小径取 $0.85d(D)$。如图 14-1-15 所示。

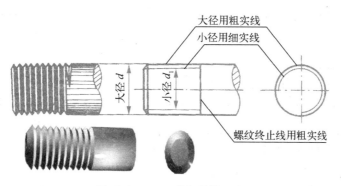

图 14-1-15 外螺纹的画法

(2) 内螺纹的画法

当内螺纹画成剖视图时,大径用细实线表示,小径和螺纹终止线用粗实线表示,剖面线画到粗实线处。如图 14-1-16 所示。

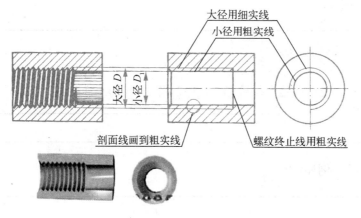

图 14-1-16 内螺纹的画法

2. 螺纹的标记

(1) 普通螺纹的标注

  牙型符号 公称直径×螺距 旋向—中 顶径公差带代号—旋合长度 (单线)

或

  牙型符号 公称直径 导程(线数) 旋向—中顶径公差带代号—旋合长度

其中:

① 螺距:粗牙不注,细牙必须标注。

② 旋向:右旋不注,左旋必须标注。

③ 中顶径公差带代号：由表示公差等级的数字和表示公差带位置的字母组成，大写指内螺纹，小写指外螺纹，中径前，顶径后。

有配合关系的内外螺纹用分数表示，分子为内螺纹，分母为外螺纹。

④ 旋合长度：有 S(短旋合)、N(中等旋合)、L(长旋合)3 种，N 可以省略，也可以直接写长度值。

M24×1.5LH

M24 为普通螺纹代号，公称直径为 20 mm；1.5 螺纹，螺距为 1.5 mm(粗牙不标)；LH 表示左旋(右旋不标)。

例如：M20×2LH—5g6g—s

M10—6H/6g

(2) 管螺纹的标注

螺纹密封的管螺纹的标记由螺纹特征代号和尺寸代号组成。

管螺纹的特征代号为：R_C 表示圆锥内螺纹；R_P 表示圆柱内螺纹；R 表示圆锥外螺纹。尺寸代号的数字单位为英寸。

例如：$Rc1\frac{1}{8}$

表示圆锥内螺纹，公称直径(管子内径)为 $1\frac{1}{8}$ 英寸。

例如：$R1\frac{1}{2}$

(3) 梯形螺纹的标注

梯形螺纹标记与普通螺纹相类似，由规格代号、公差带代号和旋合长度 3 部分组成。

例如：Tr 40×14—6H—L

Tr 为梯形螺纹代号；40 为公称直径(mm)；14 为导程(mm)；6H 为内螺纹中径公差带代号；L 为长旋合长度。

例如：Tr 40×(P7) LH—7H

活动二 汽车螺纹连接件的选用

活动背景

汽车活塞连杆组中采用螺栓连接,汽车发电机上采用螺钉连接,为什么作用相似而选用类型不同呢?如何选用螺纹连接件才能更合理呢?让我们从认识它们的类型与特点开始吧。

活动分析

1. 学习螺纹连接的类型和应用场合。
2. 了解螺纹连接件的防松装置。

操作活动

拆卸活塞连杆组

① 用工具拆卸自锁螺母,观察自锁螺母的结构。如图14-2-1所示。
② 取下连杆盖。如图14-2-2所示。
③ 取出螺栓。如图14-2-3所示。
请仔细观察螺纹连接件的结构特点。

图14-2-1 拆卸自锁螺母

图14-2-2 取下连杆盖

图14-2-3 取出螺栓

一、螺纹连接的类型和应用场合

1. 螺纹连接的类型

螺纹连接的主要类型有4种。

(1) 螺栓连接

结构：如图14-2-4所示。

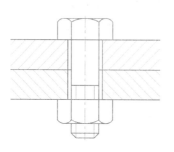

图14-2-4　螺栓连接的结构

特点和应用：螺栓穿过被连接件的通孔，与螺母组合使用，结构简单、装拆方便。适用于被连接件厚度不大且能够从两面进行装配的场合。

(2) 双头螺柱连接

结构：如图14-2-5所示。

特点和应用：将螺柱上螺纹较短的一端旋入，并紧定在被连接件之一的螺纹孔中，不再拆下。适用于被连接件之一较厚不宜制作通孔及需经常拆卸，连接紧固或紧密程度要求较高的场合。

(3) 螺钉连接

结构：如图14-2-6所示。

特点和应用：螺钉穿过较薄被连接件的通孔，直接旋入较厚被连接件的螺纹孔中，不用螺母，结构紧凑。适用于被连接之一较厚，受力不大，且不经常装拆，连接紧固或紧密程度要求不太高的场合。

图14-2-5　双头螺柱连接的结构　　图14-2-6　螺钉连接的结构

(4) 紧定螺钉连接

结构：如图14-2-7所示。

特点和应用：利用螺钉的末端顶住另一被连接件的凹坑中，以固定两零件的相对位置，可传递不大的横向力或转矩。

图 14-2-7 紧定螺钉连接的结构

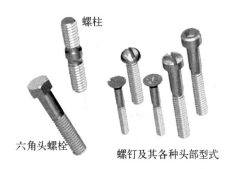

图 14-2-8 螺栓、螺柱、螺钉连接件

2. 标准螺纹连接件

① 螺栓、螺柱、螺钉连接件,如图 14-2-8 所示。

② 紧定螺钉、螺母,如图 14-2-9 所示。

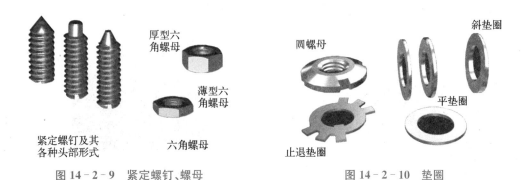

图 14-2-9 紧定螺钉、螺母　　图 14-2-10 垫圈

③ 垫圈,如图 14-2-10 所示。

二、螺纹连接件的防松装置

1. 螺纹连接的预紧

绝大多数螺纹连接,装配时都需要把螺母拧紧,使螺栓和被连接件受到预紧力的作用,这种连接叫做紧螺纹连接。也有少数情况,螺纹连接在装配时不拧紧,这种连接叫做松螺纹连接。

汽车上的螺纹连接一般为紧预紧螺纹连接,预紧的目的是增强连接的刚性,提高紧密性和防松能力,确保连接安全工作。一般螺母的拧紧靠经验控制。重要的紧螺纹连接,在装配时常用测力矩扳手和定力矩扳手控制预紧力的大小。

2. 螺纹连接的防松方法

螺纹连接件常为单线螺纹,满足自锁条件。在受静载荷和工作温度变化不大时,不会自行脱落。但在受冲击、振动和变载荷作用下,以及工作温度变化很大时,这种连接有可能自松,影响工作,甚至发生事故。为了保证螺纹连接安全可靠,必须采取有效的防松措施。

常用的防松措施有摩擦力防松、机械防松、冲边防松、黏结防松等。

(1) 摩擦力防松

① 弹簧垫圈:弹簧垫圈材料为弹簧钢,装配后垫圈被压平,其反弹力使螺纹间保持压紧力和

摩擦力。结构简单、工作可靠、应用较广泛。如图 14-2-11 所示。

图 14-2-11 弹簧垫圈防松

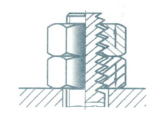

图 14-2-12 对顶螺母防松

② 对顶螺母：利用主、副螺母的对顶作用使螺栓始终受到附加的拉力和附加的摩擦力。结构简单，用于低速重载场合，外廓尺寸大，应用不如弹簧垫圈普遍。如图 14-2-12 所示。

（2）机械防松

① 槽形螺母和开口销：在旋紧槽形螺母后，螺栓被钻孔。销钉在螺母槽内插入孔中，使螺母和螺栓不能产生相对转动。安全可靠，应用较广。如图 14-2-13 所示。

图 14-2-13 槽形螺母和开口销防松

图 14-2-14 圆螺母和止动垫圈防松

② 圆螺母和止动垫圈：将垫圈内翅插入键槽内，而外翅翻入圆螺母的沟槽中，使螺母和螺杆没有相对运动。常用于滚动轴承的固定。如图 14-2-14 所示。

③ 止动垫片：在旋紧螺母后，止动垫圈一侧被折转；垫圈另一侧折于固定处，可固定螺母与被连接件的相对位置；要求有固定垫片的结构。如图 14-2-15 所示。

图 14-2-15 止动垫片防松

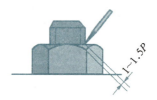

冲点法 用冲头冲 2～3 点，起永久防松作用

图 14-2-16 冲边防松

（3）冲边防松

用冲头冲 2～3 点，如图 14-2-16 所示。

（4）黏结防松

用黏合剂涂于螺纹旋合表面，拧紧螺母后黏合剂能自行固化，防松效果良好。如图 14-2-17 所示。

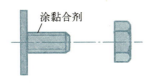

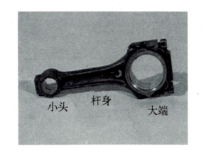

图 14-2-17　黏结防松　　　　图 14-2-18　汽车连杆组

拆装汽车连杆组

连杆组包括连杆、连杆盖、连杆轴承、连杆小头衬套、连杆螺栓等，如图 14-2-18 所示。

学生姓名		日期		自评	互评	师评
1. 你能认识汽车零部件中螺纹连接的类型吗？						
2. 你看到过自销螺母拧紧的方式，并思考过原因吗？						
3. 你能画出螺纹吗？						
4. 你能认识螺纹的标记吗？						
5. 你和同学一起拆过连杆吗？						
6. 活动过程中你注意过环境卫生吗？						
学习体会： 1. 活动中对哪项技能操作要领最感兴趣？为什么？ 2. 活动中哪个技能动作方法最讲究？为什么？ 3. 活动中哪个技能操作方法可以改进以使操作更方便实用？请写出操作过程。（请同学们大胆创新，共同研讨，不断提高操作能力） 4. 你还有哪些要求与设想？还有哪些方面不能理解？						
总体评价				教师签名		

一、填空题

1. 螺纹连接的基本类型有＿＿＿＿、＿＿＿＿、＿＿＿＿、＿＿＿＿。
2. 螺纹按照其用途不同，一般可分为＿＿＿＿和＿＿＿＿两大类。
3. 螺纹代号 Tr40×21(P7) 表示公称直径为＿＿＿＿，螺距为＿＿＿＿的

_____线_____螺纹。
4. 普通三角螺纹的牙型角为_____度。
5. 常用连接螺纹的旋向为_____旋。
6. 普通螺栓的公称直径为螺纹_____径。

二、选择题
1. 下列哪一种螺纹用于传动   (   )。
   A. 梯形螺纹   B. 管螺纹   C. 普通螺纹
2. 下列哪种螺纹常用于连接螺纹使用   (   )。
   A. 三角形螺纹   B. 梯形螺纹   C. 锯齿形螺纹   D. 矩形螺纹
3. 内燃机气缸盖较薄,气缸体很厚,两者连接需经常拆装,故应选用   (   )。
   A. 螺栓连接   B. 双头螺柱   C. 螺钉连接   D. 键连接
4. 螺纹在圆柱外表面的叫   (   )。
   A. 外螺纹   B. 内螺纹
5. 普通螺纹的公称直径是   (   )。
   A. 螺纹的中径   B. 螺纹的小径   C. 螺纹的大径

三、简答题
1. 螺杆螺纹的牙型有哪几种?各有什么特点?
2. 为什么大多数螺纹连接必须防松?防松措施有哪些?
3. 常用的螺纹连接的基本类型有哪几种?

项目十五 轴与轴承类型的识别和更换

活动一　汽车转轴的拆装

活动二　发动机曲轴或连杆轴瓦的选配

活动三　滚动轴承的选用

活动四　认识弹簧

项目十五　轴与轴承类型的识别和更换

情景描述

汽车变速器是汽车传动系统中最重要的部件之一。打开五档变速器,如图15-1所示,看到其中有很多的轴、轴承、齿轮等零件,并且形状不一、结构复杂,轴与轴承是变速器中的重要零件,发挥着各自独特的作用。

知识与技能要求:
1. 了解轴与轴承的分类、结构特点和应用场合。
2. 了解滚动轴承代号的构成方法。

图15-1　五档变速器

活动一　汽车转轴的拆装

活动背景

桑塔纳变速器中轴为重要零件,且形状不一、结构复杂,一般与轴承相连接。变速器中的轴一般为转轴,通过拆卸变速器,请观察轴的结构,分析作用和原理。

活动分析

1. 轴的分类和应用。
2. 常用轴的结构。

拆卸桑塔纳变速器,观察轴和轴承的结构。

① 拆卸三、四档的拨叉和拨叉轴。如图15-1-1所示。

图15-1-1 拆卸三、四档的拨叉和拨叉轴

② 拆卸输入轴的弹性挡圈,并抽出输入轴。如图15-1-2所示。

图15-1-2 抽出输入轴

③ 拆卸倒档轴。如图15-1-3所示。

图15-1-3 拆卸倒档轴

请仔细观察每根轴的形状和结构。

汽车上除了转轴外还有传动轴、曲轴等,在汽车每一个部件中发挥着重要的作用。

一、轴的分类和应用

1. 轴的分类

轴的主要功用是支承回转零件,并传递运动和动力。

按照轴线形状的不同,轴可分为曲轴和直轴两大类。

(1) 曲轴

曲轴可以通过连杆机构将旋转运动变为往复直线运动,或作相反的运动转换。它是活塞式机械中的专用零件。如图 15-1-4 所示。

图 15-1-4 曲轴

(2) 直轴

直轴根据外形的不同,可分为光轴和阶梯轴两种。

① 光轴:用来作传动轴,如图 15-1-5 所示。

图 15-1-5 光轴

图 15-1-6 阶梯轴

② 阶梯轴:用来作转轴,如图 15-1-6 所示。

按照承受载荷的不同,轴可分为心轴、传动轴、转轴 3 种。

(1) 心轴

只受弯矩作用而不受转矩作用的轴称为心轴。在工作过程中,若心轴不转动,则称为固定心轴;若心轴转动,则称为转动心轴。如图 15-1-7 所示。

(2) 传动轴

在工作过程中仅传递转矩,或主要传递转矩及承受很小弯矩的轴称为传动轴。如图 15-1-8 所示。

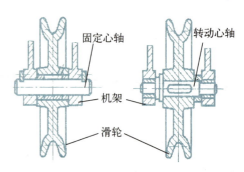

图 15-1-7 固定心轴和转动心轴

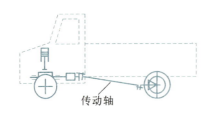

图 15-1-8 传动轴

(3) 转轴

在工作过程中既受弯矩,又受转矩作用的轴称为转轴,如图 15-1-9 所示。为便于加工和装配,并使轴具有等强度的特点,常将转轴设计成阶梯轴。

图 15-1-9 转轴

2. 轴的材料

主要是碳钢与合金钢。

(1) 碳钢的特点

价格低廉,对应力集中的敏感性较低,常用的有中碳钢,其中以 45 钢使用最广。

(2) 合金钢的特点

合金钢比碳钢机械强度高,热处理性能好。但对应力集中敏感性高,价格也较高。适用的场合为:对于要求强度较高、尺寸较小或有其他特殊要求的轴。

(3) 球墨铸铁或高强度铸铁的特点

铸造加工,易于得到所需形状,而且具有较好的吸振性能和好的耐磨性。

3. 轴的结构

轴上支持传动零件的部位为轴头,安装轴承的部位为轴颈,连接轴头和轴颈的中间部位为轴身。如图 15-1-10 所示。

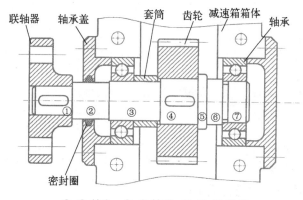

①、④ 轴头 ③、⑦ 轴颈 ②、⑤、⑥ 轴身

图 15-1-10 轴的结构

(1) 轴径向尺寸的确定

为了便于轴上零件的装拆,常将轴做成阶梯形,它的直径从轴端逐渐向中间增大。如图 15-1-10 所示,齿轮、套筒、左端滚动轴承、轴承端盖和联轴器可按顺序从左端装拆,右端轴承从右端装拆。因而,为了便于装拆齿轮,轴段④的直径应比轴段③略大一些;为了便于左端滚动轴承的装拆,轴段③的直径应比轴段②略大一些。其中轴段①、②、③、⑦的径向尺寸必须符合轴承、联轴器和密封圈内径的标准系列和技术要求(相应标准请查《机械设计手册》)。

(2) 轴的轴向尺寸的确定

齿轮用轴环⑤和套筒作轴向固定,用平键作圆周方向的固定。为使套筒能顶住齿轮,应使轴段④的长度小于齿轮轮毂宽度。装在轴段③上的滚动轴承,用套筒和轴承盖固定其轴向位置。装在轴段⑦上的滚动轴承用轴肩和轴承盖固定其轴向位置。轴承内圈在圆周方向上的固定是靠内圈与轴之间的配合实现的。

4. 轴的要求

便于拆卸、便于安装、便于制造,做成阶梯轴,应有倒角,有越程槽,键应靠近端部。

二、轴上零件的轴向定位

定位:使轴上零件处于正确的工作位置;

固定:使轴上零件牢固地保持这一位置。

轴向定位和固定的目的是防止轴上零件工作时发生轴向蹿动从而影响工作。

1. 轴向定位方法

(1) 轴肩与轴环定位

如图 15-1-11 所示。

① 定位轴肩:$h=(0.07\sim0.1)d$,$h>R$ 或 $C1$;

② 非定位轴肩:$h=1\sim2$ mm,作用是便于轴上零件的装拆;

③ 为保证定位准确,R 或 $C1>r$;

④ 轴环宽度:一般取 $b=1.4h$。

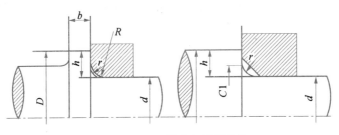

图 15-1-11 轴肩与轴环定位

(2) 套筒定位

如图 15-1-12 所示。

① 高速情况下不宜使用;

② 轴上零件间距离较小的场合适用;

③ 结构简单,定位可靠,灵活设计;

④ 对轴上零件起固定作用。

图 15-1-12 套筒定位

(3) 轴端挡圈

如图 15-1-13 所示。

① 工作可靠,能够承受较大的轴向力;

② 只用于轴端零件轴向定位,需要采用止动垫片等防松措施。

(4) 圆锥面定位

如图 15-1-14 所示。

① 装拆方便,兼作周向定位。适用于高速、冲击以及对中性要求较高的场合。

② 注意要点:只用于轴端零件轴向定位。常与轴端挡圈联合使用,实现零件的双向定位。

(5) 圆螺母定位

如图 15-1-15 所示。

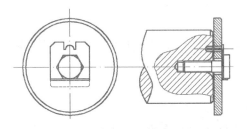
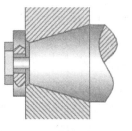

图 15-1-13 轴端档圈　　　　图 15-1-14 圆锥面定位

① 固定可靠,可以承受较大的轴向力;
② 能实现轴上零件的间隙调整;
③ 用于轴上两零件距离较远时或轴端;
④ 需切制螺纹,削弱了轴的强度。

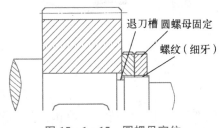
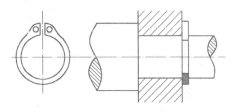

图 15-1-15 圆螺母定位　　　　图 15-1-16 弹性档圈定位

(6) 弹性档圈定位

如图 15-1-16 所示。

结构紧凑、简单,装拆方便,但受力较小,且轴上切槽会引起应力集中,常用于轴承的定位。

(7) 其他定位

如图 15-1-17 所示。

紧定螺钉、弹簧档圈、锁紧档圈等定位。多用于轴向力不大的场合,且不适宜高速场合。

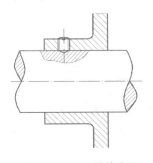

图 15-1-17 其他定位　　　　图 15-1-18 键连接

2. 零件在轴上的周向固定

为了满足机器传递运动和扭矩的要求,轴上零件还必须作可靠的周向固定,常用的周向固定方法有键连接、花键连接、成型连接、销连接、过盈连接 5 种。

(1) 键连接

如图 15-1-18 所示。

制造简单、装拆方便。用于传递转矩较大、对中性要求一般的场合,应用最为广泛。

(2) 花键连接

如图 15-1-19 所示。

承载能力高,定心好,导向性好,制造困难,成本较高。

适用于传递转矩较大、对中性要求较高或零件在轴上移动时要求导向性良好的场合。

图 15-1-19 花键连接　　　　图 15-1-20 成型连接

(3) 成型连接

由光滑非圆剖面的轴与相应的毂孔构成的连接,如图 15-1-20 所示。轴和毂孔可作成柱形或锥形。主要用于静连接。

其优点是:装拆方便,能保证良好的对中性;型接面上没有应力集中源造成的影响;能比平键连接传递更大的转矩。

缺点是:加工复杂。所以实际中应用较少。

(4) 销连接

如图 15-1-21 所示。

用于固定不太重要、受力不大,但同时需要周向或轴向固定的零件。

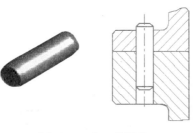
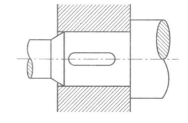

图 15-1-21 销连接　　　　图 15-1-22 过盈连接

(5) 过盈连接

如图 15-1-22 所示。

结构简单、定心好、承载能力高和在振动下能可靠的工作。但装配困难,且对配合尺寸的精度要求较高。

常与平键联合使用,可以承受大的交变、振动和冲击载荷。

活动二 发动机曲轴或连杆轴瓦的选配

活动背景

发动机的曲柄连杆机构中,连杆组与曲轴的连接采用滑动轴承,你能分析出这是为什么?

活动分析

1. 滑动轴承的类型与结构;
2. 轴瓦与轴承衬。

操作活动

拆卸曲柄连杆机构

① 用扭力扳手拆卸曲轴连杆轴颈上的螺母。如图15-2-1所示。
② 取下连杆盖。如图15-2-2所示。
③ 取出轴瓦。如图15-2-3所示。
观察分析轴瓦的形状和结构特点。

图15-2-1 拆卸曲轴连杆轴颈上的螺母

图15-2-2 取下连杆盖

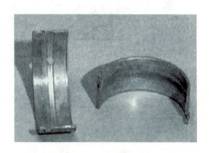

图15-2-3 取出轴瓦

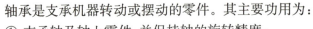

轴承是支承机器转动或摆动的零件。其主要功用为：
① 支承轴及轴上零件，并保持轴的旋转精度；
② 减少转轴与支承之间的摩擦和磨损。
根据轴承工作的摩擦性质不同，轴承可分为滑动轴承和滚动轴承。

滑动轴承的类型与结构

1. 滑动轴承的类型及特点

滑动轴承主要承受轴与轴承之间的摩擦。

特点：结构简单，成本低廉，但轴套磨损后轴承间隙过大无法调整，不便装拆粗重的轴。

应用：用于高速、重载、有冲击的场合。

按承受载荷的方向不同，可分为径向滑动轴承（承受径向载荷）和推力滑动轴承（承受轴向载荷），汽车上常用径向滑动轴承。

径向滑动轴承按结构形式分有两种，即整体式滑动轴承和对开式滑动轴承。

① 整体式滑动轴承：汽车发动机中的连杆小头，用来安装活塞销以连接活塞。如图 15-2-5 所示。

图 15-2-4 滑动轴承　　　　　　　　　图 15-2-5 整体式滑动轴承

特点：结构简单，成本低廉，但轴套磨损后轴承间隙过大无法调整，不便装拆粗重的轴。

应用：用于低速、轻载或间歇性工作的机械中。

② 对开式滑动轴承：汽车发动机中的连杆轴承，用来连接曲轴。如图 15-2-6 所示。

特点：轴承装拆方便，轴瓦磨损后便于调整轴承间隙。

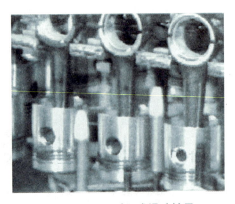 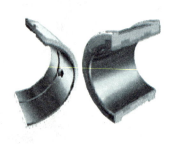

图 15-2-6 对开式滑动轴承　　　　　图 15-2-7 轴瓦

2. 轴瓦与轴承衬

(1) 轴瓦

① 轴瓦的结构：

定义：形似瓦片，俗称轴瓦，由两个半圆形的瓦片组成。

结构形式：有上下两片，轴瓦非承载区内表面开有进油口和油沟，以利于润滑油均匀分布在整个轴径上。如图15-2-7所示。

应用：轴瓦主要用于承托发动机的曲轴和连杆。

② 轴瓦的分类：轴瓦有薄壁和厚壁两种，又有单金属片和双金属片之分。

(2) 轴承衬

为了提高承载能力，可采用在轴瓦上浇注轴承衬的结构，轴承衬的厚度一般为5~6 mm。如图15-2-8所示。

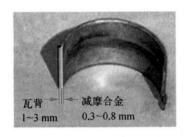
图15-2-8 轴承衬

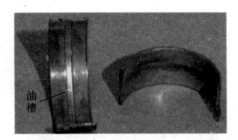
图15-2-9 轴瓦的油孔和油槽

 点拨 轴瓦的油孔和油槽的作用是用以贮油，保证润滑。如图15-2-9所示。

活动三　滚动轴承的选用

 活动背景　桑塔纳轿车四档变速器采用滚动轴承作为支承传动轴工作的零件，通过拆卸，请你认识并分析滚动轴承的结构和特点。

 活动分析
1. 滚动轴承的结构。
2. 滚动轴承的分类和特点。
3. 滚动轴承的代号。
4. 滚动轴承失效、类型选用的考虑因素。

操作活动

拆卸桑塔纳变速器

① 拆卸三、四档的拨叉和拨叉轴。如图15-3-1所示。

图15-3-1 拆卸三、四档的拨叉和拨叉轴

② 拆卸输入轴的挡圈、轴承,取出输入轴。如图15-3-2所示。

图15-3-2 取出输入轴

③ 拆卸倒档轴、倒档齿、倒档拨叉。

④ 拆卸输出轴的螺母、轴承,取出输出轴。如图15-3-3所示。

图15-3-3 取出输出轴

分析滚动轴承的结构和工作原理。

关联知识

一、滚动轴承的结构

1. 滚动轴承的结构

滚动轴承严格说来是一个组合标准件,其基本结构如图15-3-4所示。它主要由内圈、外圈、滚动体和保持架等4个部分所组成。

2. 各零件的作用

内圈:支撑轴,一般随轴一起旋转;

外圈:支撑轴承座等零件,一般固定;

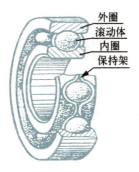

图 15-3-4 滚动轴承的结构

滚动体：在滚道中作自转或公转运动，承受主要的磨损；
保持架：将滚动体等距分布，减少摩擦和磨损。

3. 滚动轴承的形状

滚动轴承有球、圆锥滚子、圆柱滚子、鼓形滚子和滚针等几种形状。如图 15-3-5 所示。

图 15-3-5 滚动轴承的形状

二、滚动轴承的分类和特点

1. 滚动轴承的特点

优点：摩擦阻力小，启动灵敏，效率高，润滑简便和易于互换等。
缺点：抗冲击能力差，高速时出现噪音。

2. 滚动轴承的分类

滚动轴承按承受载荷的方向可分为向心轴承、推力轴承、向心角接触轴承和推力角接触轴承 4 类。

（1）向心轴承

主要承受径向载荷，如深沟球轴承。如图 15-3-6 所示。

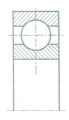

(a)   (b)

图 15-3-6 向心轴承

（2）推力轴承

仅能承受轴向载荷，如推力球轴承。如图 15-3-7 所示。

   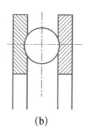

(a)　　　　　　　　　　　　　　　(b)

图 15－3－7　推力轴承

（3）向心角接触轴承

能同时承受径向载荷和轴向载荷，如圆锥滚子轴承。如图 15－3－8 所示。

  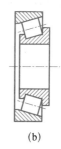

(a)　　　　　　　　　　　　(b)

图 15－3－8　向心角接触轴承

（4）推力角接触轴承

能承受轴向载荷，也可以承受较小的径向载荷。如推力调心滚子轴承、推力圆锥小滚子轴承等。

三、滚动轴承的代号

由于滚动轴承的类型和尺寸繁多，为了便于生产和选用，国家标准规定了轴承的代号，并打印在轴承的端面上。

代号由一个汉语拼音字母及 7 位数组成，各个位置所代表的意义如下：

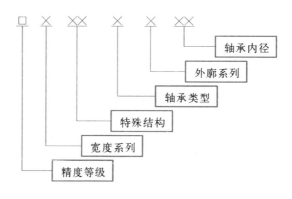

其中，轴承类型代号、外廓尺寸系列代号、内径代号组成轴承基本代号。基本代号最左边的一位数字（或字母）类型代号，如表 15－3－1 所示。接着是尺寸系列代号，它由宽度和直径系列代号组成，可从 GB/T272 中查取。最后是内径代号，当内径≥20 mm 时，代号数字乘 5 之积即为内径尺寸，当内径≤20 mm 时，内径代号则另有规定。

表 15-3-1 滚动轴承的代号

代号	0	1	2	3	4	5	6	7	8	N	U	QJ
轴承类型	双列角接触球轴承	调心球轴承	调心滚子轴承和	推力调心滚子轴承	圆锥滚子轴承	双列深沟球轴承	推力球轴承	深沟球轴承	角接触球轴承	推力圆柱滚子轴承	圆柱滚子轴承	外球面球轴承	4点接触球轴承

滚动轴承代号标注举例：
如 6210，
6——轴承类型代号，深沟球轴承；
2——尺寸系列为0.2，宽度系列为0(省略)，直径系列为2；
10——内径尺寸 $d=10\times5=50(mm)$。

轴承内径表示：

代号	内径(mm)
00	10
01	12
02	15
03	17
04~99	数字×5

外廓系列(直径系列)表示：
100——特轻系列；
200——轻窄系列；
300——中窄系列；
400——重窄系列；
500——轻宽系列；
600——中宽系列。

请根据下列滚动轴承的代号，说明标注的含义。① 7311；② N2206。

四、滚动轴承类型选用的考虑因素

1. 考虑承受载荷的大小、方向和性质

① 载荷小而平稳时，可选用球轴承；载荷在大而有冲击时，宜选用滚子轴承。

② 轴承仅承受径向载荷时，可选用向心球轴承或向心短圆柱滚子轴承；当仅受轴向载荷时，可选用推力轴承。

③ 轴承同时承受径向和轴向时，应根据径向载荷 R 和轴向载荷 A 的相对值来考虑：
当 A 比 R 小得很多时，选用向心球轴承；

当 $A<R$ 时,可选用向心推力球轴承或圆锥滚子轴承;

当 $A>R$ 时,可选用接触角 β 大的向心推力球轴承和推角 α 大的圆锥滚子轴承;

当 A 比 R 大得很多时,则可将推力轴承和向心轴承组合使用,分别承受轴向和径向载荷。

2. 考虑轴承的转速

① 当轴承的尺寸和精度相同时,球轴承的极限转速比滚子轴承高,所以球轴承宜用于转速高的轴上。

② 受轴向载荷 A 较大的高速,最好选用向心推力球轴承。

五、滚动轴承的失效形式

1. 疲劳点蚀

在径向载荷作用下,轴承的内圈、外圈下部与滚动体接触处产生应力和弹性变形,其大小随着接触点的位置不同而变化,当接触应力循环次数达到一定数值时,内外圈滚道或滚动体表面就会发生疲劳点蚀,使滚动轴承产生振动和噪音,旋转精度随之降低,从而失去工作能力。

2. 塑性变形

滚动轴承在很大静载荷或冲击载荷作用下,内外圈滚道或滚动体表面上的局部应力超过材料的屈服极限,出现凹坑,即塑性变形,此时滚动轴承的摩擦力矩、振动和噪音都将增大,旋转精度也随之降低,轴承即失效。

3. 磨损

使用时密封润滑不良,维护保养不当,也会导致轴承严重磨损而失效。

活动四 认识弹簧

活动背景

小吴请教沈师傅:汽车在制动过程中会产生制动拖滞现象,这是什么原因呢?师傅说可能是制动控制阀的排气阀弹簧疲劳折断或弹力太小引起的。小吴试着拆下制动阀检查排气弹簧,那么我们跟着小吴一起来操作、一起来寻找原因吧。

活动分析

1. 掌握弹簧的作用及分类。
2. 了解各种弹簧的特点。

操作活动

拆卸双腔并列膜片式制动控制阀

如图 15-4-1 所示,对双腔并列膜片式制动控制阀进行拆卸。

① 拆下制动阀两下体的阀门座,取出阀门及回位弹簧,再从阀门座内取出 O 密封圈。如图 15-4-2 所示。

② 拆下制动阀上体与下体的连接螺栓,分别取下两下体的壳体,再取

出膜片回位弹簧、膜片总成与膜片压紧圈。如图 15-4-3 所示。

图 15-4-1 双腔并列膜片式制动控制阀

图 15-4-2 取出 O 密封圈

图 15-4-3 取出膜片回位弹簧、膜片总成与膜片压紧圈

图 15-4-4 取下钢垫、橡胶密封垫、平衡臂、钢球、推杆与钢球

③ 取下钢垫、橡胶密封垫、平衡臂、钢球、推杆与钢球。如图 15-4-4 所示。

④ 拆下拉臂与上体的连接销锁片,卸下拉臂轴、平衡弹簧上座、防尘罩、平衡弹簧、平衡弹簧下座与拉臂上的调整螺钉。如图 15-4-5 所示。

检查后发现,排气阀弹簧疲劳损坏,影响了弹簧的正常工作。小小的弹簧却左右着汽车的安全行驶,不可小视。

图 15-4-5 卸下拉臂轴、平衡弹簧上座、防尘罩、平衡弹簧、调整螺钉

关联知识

弹簧是机械中广泛使用的一种弹性元件。在外载荷作用下,弹簧产生较大的变形,并能吸收一定的能量;当外载卸除后,弹簧放出所储的能量,并很快恢复原状。

一、弹簧的功用

弹簧主要应用在以下几个方面:

① 测量力的大小,如弹簧秤是利用弹簧受力后变形量的大小来测量重量的;

② 控制运动,如内燃机中的阀门控制弹簧,它是利用弹簧受力变形产生的弹力推动气阀推杆,从而使阀门得到开启或关闭;

③ 缓冲和减振,如汽车减振弹簧是利用其在弹性变形过程中能吸收冲击能量的特性,来达到缓冲和减振的目的;

④ 储能或释能,如钟表发条(弹簧)用来储存与输出能量,以带动钟表的转动。

弹簧的功用
① 控制机构的位置和运动:如凸轮机构、离合器、阀门等;
② 缓冲及吸振:如车辆弹簧和各种缓冲器中的弹簧;
③ 储存能量:如钟表仪器中的弹簧;
④ 测量力和力矩:如弹簧秤中的弹簧。

二、弹簧的类型

目前机械中常用的有螺旋弹簧、碟形弹簧、环形弹簧、板弹簧及盘簧等。

1. 接受载荷分类

按照弹簧受载荷分类,螺旋弹簧可分为拉伸弹簧、压缩弹簧、扭转弹簧等。

（1）拉伸弹簧

拉伸弹簧如图 15-4-6 所示。

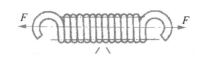

圆柱螺旋拉伸弹簧

图 15-4-6　拉伸弹簧

承载形式:拉伸。
特性和用途:结构简单,制造方便,应用广泛。

（2）压缩弹簧

压缩弹簧如图 15-4-7 所示。

圆柱螺旋压缩弹簧

图 15-4-7　压缩弹簧

承载形式：压缩。

特性和用途：结构简单，制造方便，应用广泛。

（3）扭转弹簧

扭转弹簧如图 15-4-8 所示。

圆柱螺旋扭转弹簧

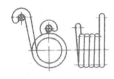 

图 15-4-8　扭转弹簧

承载形式：扭转。

特性和用途：承受转矩，主要用于各种装置中的压紧和蓄能。

2. 按外形分类

按照弹簧外形分类，弹簧可分为螺旋弹簧、环形弹簧、碟形弹簧、盘簧和板簧等。

（1）螺旋弹簧（圆锥形）

螺旋弹簧如图 15-4-9 所示。

圆锥螺旋压缩弹簧

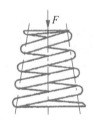

图 15-4-9　螺旋弹簧

承载形式：压缩。

特性和用途：承受压力，结构紧凑，稳定性好，防振能力较强，多用于承受大载荷和减振的场合。

（2）环形弹簧

环形弹簧如图 15-4-10 所示。

  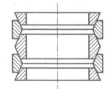

图 15-4-10　环形弹簧

承载形式:压缩。

特性和用途:承受压力,缓冲及减振能力强,常用于缓冲和减振装置。

(3) 碟形弹簧

碟形弹簧如图15-4-11所示。

  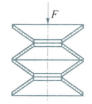

图15-4-11 碟形弹簧

承载形式:压缩。

特性和用途:承受压力,是目前最强的压缩弹簧,用于要求缓能力强的场合。

(4) 盘簧

盘簧如图15-4-12所示。

图15-4-12 盘簧

承载形式:扭转。

特性和用途:承受转矩,能储存较大的能量,常用于仪器中。

(5) 板簧

板簧如图15-4-13所示。

 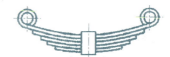

板簧

图15-4-13 板簧

> 承载形式：弯曲。
> 特性和用途：承受弯曲，变形大，吸振能力强，主要用于汽车的悬挂装置。

三、圆柱螺旋压缩弹簧各部分的名称及尺寸计算

图 15-4-14 给出了圆柱螺旋压缩弹簧各部分的名称及尺寸计算。

① 线径 d：制造弹簧的钢丝直径。

② 弹簧直径：

弹簧外径 D_2：弹簧外圈直径。

弹簧内径 D_1：弹簧内圈直径，$D_1=D_2-2d$。

弹簧中径 D：弹簧的平均直径，$D=(D_2+D_1)/2=D_2-d=D_1+d$。

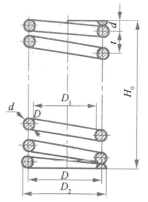

图 15-4-14 圆柱螺旋压缩弹簧各部分的名称及尺寸计算

③ 节距 t：相邻两有效圈对应两点的轴向距离。

④ 有效圈数 n、支承圈数 n_z 和总圈数 n_1：

为了使压缩弹簧工作时受力均匀不致弯曲，在制造时两端节距要逐渐缩小，并将端面磨平，这部分只起支承作用，叫支承圈，两端磨平长度一般为 3/4 圈。支承圈的圈数（n_z）通常取 1.5、2 和 2.5。

压缩弹簧除支承圈外，其余部分起弹张作用，保证相等的节距，这些圈数称有效圈数 n。支承圈数和有效圈数之和称总圈数 n_1，$n_1=n+n_z$。

⑤ 自由高度（长度）H_0：弹簧无负荷时的高度（长度），$H_0=nt+(n_z-0.5)d$。

⑥ 展开长度 L：制造时弹簧丝的长度，$L\approx\pi Dn_1$。

⑦ 旋向：弹簧绕线方向，分左右旋两种，没有专门规定时制成右旋。

四、圆柱螺旋压缩弹簧的规定画法

圆柱螺旋压缩弹簧可画成视图、剖视图或示意图，分别如图 15-4-15 所示。

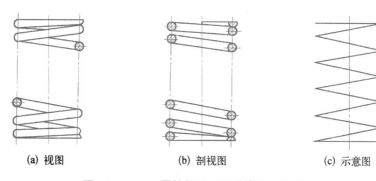

(a) 视图　　　　(b) 剖视图　　　　(c) 示意图

图 15-4-15 圆柱螺旋压缩弹簧的 3 种画法

画图时应注意以下几点：

① 圆柱螺旋弹簧在平行于轴线的投影面上的视图中，各圈的轮廓形状应画成直线。

② 螺旋弹簧均可画成右旋，对于左旋螺旋弹簧，不论画成左旋还是右旋，一律要注出旋向

"LH"字。

③ 螺旋压缩弹簧如要求两端并紧且磨平时，无论支承圈的圈数多少和末端贴紧情况如何，均按图15-4-16所示绘制，必要时也可按支承圈的实际情况绘制。

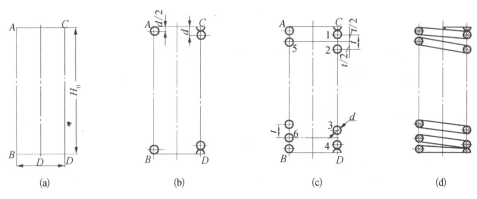

图15-4-16 圆柱螺旋压缩弹簧的具体绘制

④ 有效圈数在4圈以上的螺旋弹簧，其中间部分可省略不画。省略后，允许适当缩短图形的长度。

五、弹簧的材料

按其材料可分为金属弹簧和非金属弹簧。

① 弹簧材料的要求：应具有较高的弹性极限、疲劳极限，具有一定的冲击韧性、塑性和良好的热处理性能。

② 常用的弹簧材料有碳素弹簧钢、合金弹簧钢、不锈弹簧钢以及铜合金等。

③ 弹簧材料的选择：应考虑弹簧的工作条件、功用、重要性和经济性等因素。如碳素弹簧钢价格较低，常用于制造尺寸较小的一般用途的弹簧；合金弹簧钢主要用于制造承受较大变载荷或冲击载荷的弹簧；在潮湿或酸碱等化学腐蚀介质中工作的弹簧应选用不锈弹簧钢或铜合金材料。

弹簧的失效
① 强度不足产生疲劳断裂；
② 刚度不合适，达不到规定的变形要求；
③ 弹簧的长径比不合适，受较大载荷后，失去稳定性。

 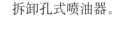

拆卸孔式喷油器。

评一评

学生姓名		日期		自评	互评	师评
1. 你知道轴、轴承、弹簧的种类了吗？						
2. 你知道滚动轴承的组成与各部分的作用吗？						
3. 转轴要有足够的强度吗？能说出原因吗？						
4. 连杆轴承是滑动轴承，上面为什么有油孔和油槽？						
5. 双列角接触球轴承代号为0吗？						
6. 活动中环保意识及团队协作做得好吗？						
学习体会 1. 拆装变速器时零件有序安放重要吗？为什么？ 2. 活动中哪项技能最难操作？为什么？ 3. 活动中哪项技能操作可以改进以使操作更方便实用？请写出操作过程。（请同学们大胆创新，共同研讨，不断提高操作能力） 4. 你还有哪些要求与设想？请你再去看看自动变速器的结构，有何感觉？ 5. 如何理解"小小的弹簧却左右着汽车的安全行驶，不可小视"这句话？						
总体评价				教师签名		

课后练习

一、填空题

1. 轴的主要功用有：(1)_____，(2)_____。
2. 滚动轴承主要由_____、_____、_____和保持架等组成。
3. 推力滚动轴承主要承受_____载荷。
4. 曲轴是内燃机、曲柄压力机等机器中用于_____和_____相互转换的专用零件，它兼有转轴和曲柄的双重功用。

二、选择题

1. 自行车的前轮轴是 （ ）。
   A. 心轴　　　　　　B. 转轴　　　　　　C. 传动轴
2. 可将往复运动转变为旋转运动的轴是 （ ）。
   A. 曲轴　　　　　　B. 软轴　　　　　　C. 转轴
3. 既支承回转零件又传递动力的轴称为 （ ）。
   A. 心轴　　　B. 传动轴　　　C. 转轴　　　D. 阶台轴
4. 下列方法中不能对轴上零件进行周向固定的是 （ ）。
   A. 圆螺母固定　　B. 过盈配合固定　　C. 紧定螺钉固定　　D. 销钉连接固定

5. 代号为 71924 AC/P4/DB 的轴承类型是 （   ）。
   A. 调心球轴承　　B. 推力球轴承　　C. 深沟球轴承　　D. 角接触球轴承
6. 轴上支承回转零件的部（分）位称为 （   ）。
   A. 轴头　　　　　B. 轴颈　　　　　C. 轴身　　　　　D. 轴环

三、简答题

1. 简述心轴、传动轴和转轴的应用特点。
2. 简述滚动轴承的类型。
3. 解释轴承代号：6207、2230、N3308。
4. 举例说明弹簧的作用和应用场合。

项目十六
液压传动与液压控制

活动一　拆装液压制动装置

活动二　分析液压传动系统的工作原理

活动三　认识液压元件和它的职能符号

活动四　认识液压基本回路

活动五　电喷发动机燃油系统燃油压力的控制

项目十六　液压传动与液压控制

情景描述

在汽车修理厂，液压举升器能轻松地将汽车举起至足够的高度，便于汽车修理工进行维修作业。液压举升器就是一种液压传动装置。

知识与技能要求：
1. 理解液压传动的基本概念。
2. 了解液压元件的作用、分类，以及汽车常用液压元件的结构和工作原理。
3. 了解液压装置的基本回路，以及简单液压系统的组成和工作原理。

活动一　拆装液压制动装置

活动背景

一位驾驶员将汽车驶进修理厂，反映汽车的制动效果差，师傅经过仔细检查，最终发现是液压制动总泵出了问题，需要更换。作为一名实习生，应如何来检修汽车的液压制动装置呢？

液压制动装置是通过液压传动实现强制汽车减速或停车，为了解液压传动我们尝试进行汽车液压制动装置的拆装。

活动分析

1. 仔细观察一辆汽车的液压制动装置，它包括哪些部件？
2. 仔细观察液压制动装置中起液压传动作用的部件是哪些？
3. 分解液压制动总泵与分泵，里面都有些什么？

1. 认识汽车液压制动装置

该装置主要有制动踏板、真空助力器、液压总泵、液压轮缸、贮液室、出油阀、回油阀、液压油管、制动器等，如图 16‑1‑1 所示。其中液压总泵、液压轮缸、贮液室、出油阀、回油阀、液压油管属于液压传动设备。

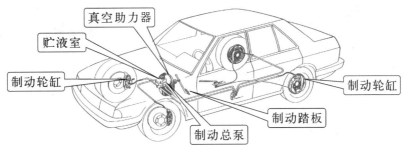

图 16‑1‑1　汽车制动系统

2. 汽车液压制动装置中液压传动设备的拆卸

（1）所需器材

扳手、卡簧钳、油盘。

（2）操作步骤

① 抽出制动液，用扳手拧下液压总泵上的出油管接头。如图 16‑1‑2 所示。

图 16‑1‑2　拧下出油管接头

图 16‑1‑3　拆除贮液室

② 拆除液压总泵上面的贮液室。如图 16‑1‑3 所示。

③ 用扳手拧下液压总泵的固定螺母，如图 16‑1‑4 所示。拆下液压总泵，如图 16‑1‑5 所示。

④ 拆下车轮与制动轮毂。如图 16‑1‑6 所示。

⑤ 用扳手拧下制动轮缸上的进油管接头。如图 16‑1‑7 所示。

⑥ 用扳手拧下液压制动轮缸的固定螺母，如图 16‑1‑8 所示。拆下液压制动轮缸，如图 16‑1‑9 所示。

⑦ 分解液压总泵。

用卡簧钳取下卡簧,如图 16-1-10 所示。取下推杆及密封件,取出柱塞和回位弹簧,如图 16-1-11 所示。

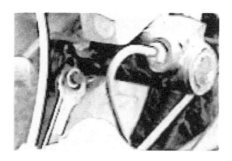
图 16-1-4 拧下液压总泵的固定螺母

图 16-1-5 拆下液压总泵

图 16-1-6 拆下车轮与制动轮毂

前钳盘式

后轮毂式

图 16-1-7 拧下进油管接头

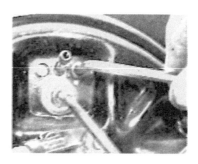
图 16-1-8 拧下液压制动汽缸的固定螺母

图 16-1-9 拆下液压制动汽缸

图 16-1-10 取下卡簧

图 16-1-11 取出柱塞和回位弹簧

 只有出油节流孔和回油节流孔替代了出油阀和回油阀。

⑧ 分解液压轮缸。如图 16-1-12 所示。

图 16-1-12 分解液压汽缸

 1. 通过液压制动装置中液压传动设备的拆卸,请继续拆卸液压制动装置其余的部件。
2. 分组讨论液压制动装置的组装步骤,列出操作计划。
3. 研究构建一个液压传动装置需要由哪些部件组成?

 一、液压传动的发展史
  液压传动的应用始于 18 世纪末,从 1795 年英国制成第一台水压机起至今已有 200 多年的历史。第二次世界大战期间,液压技术主要应用在军事装置(飞机、坦克、军舰和大炮)上。特别是自 20 世纪 60 年代以来,随着原子能、空间技术、电子技术的发展,液压技术已向更广泛的领域发展。

二、液压传动系统的组成
液体传动是以液体为工作介质进行能量的传递。

液体传动可分为液压传动(以液体的压力能传递动力)和液力传动(以液体的动能传递动力)。

任何一个液压系统总是由以下4个部分组成:

① 动力元件——液压泵。它将原动机的机械能转换为油液的压力能,作为系统的能源。

② 执行元件——液压缸和液压马达。它们将油液的压力能转换为机械能;液压缸带动负荷作往复运动,液压马达带动负荷作回转运动。

③ 控制元件——各种液压阀。它们用来控制油液的流动方向、流量和压力,以满足系统的工作要求。

④ 辅助元件——油箱、滤油器、管类和密封件等。它们用以贮存、输送、净化和密封工作液体,并有散热作用。

实践活动

通过本活动,掌握拆装汽车液压制动装置的基本技能与液压传动系统的基本知识,感兴趣的学生可以尝试去探究汽车动力转向系统的组成以及其中液压传动部分的工作机理。

活动二 分析液压传动系统的工作原理

活动背景

液压制动装置装复完成后,还不能进行正常工作。为了使液压制动装置工作起来,首先要保证液压传动系统中有足够的液压制动液,在贮液室内加入液压制动液,为液压制动装置正常工作做好准备。

活动分析

1. 液压制动装置装复完成后,需要在贮液室内加入什么?
2. 仔细观察踩下制动踏板后,液压制动装置中哪些部件在运动?
3. 通过液压制动装置工作,了解液压传动的工作原理。

操作活动

如图16-2-1所示,结合实物,在液压制动装置的工作示意图中指认液压制动主缸、液压制动分泵、液压油管和贮液室。

(1) _____ ;
(2) _____ ;
(3) _____ ;
(4) _____ 。

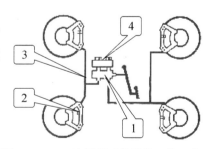

图16-2-1 液压制动装置的工作示意图

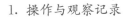

1. 操作与观察记录

① 拆下车轮和轮毂。如图 16-2-2 所示。

② 踩下制动踏板,并观察液压制动分泵的柱塞运动。如图 16-2-3 所示。

③ 观察前后车轮制动分泵柱塞的运动情况。

记录:前轮制动分泵柱塞_____;

后轮制动分泵柱塞_____。

图 16-2-2 拆下车轮和轮毂

 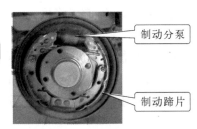

图 16-2-3 踩下制动踏板

④ 观察前后车轮制动器中制动蹄的运动情况。

记录:前轮制动摩擦片_____;

后轮制动蹄片_____。

⑤ 放松制动踏板后,观察上述各部件的运动情况。

2. 液压制动装置的工作过程

如图 16-2-4 所示,当踩下制动踏板时,推杆推动液压制动主缸柱塞向右移动,关闭了与贮液室相通的进油孔后,主缸的密封容积开始减小,油液压力升高,压力油通过液压油管流入制动分泵内,推动制动分泵内的柱塞向外移动,制动蹄被张开,实现车轮制动。当放松制动踏板时,在回位弹簧作用下,制动分泵内的油液排回液压制动主缸。

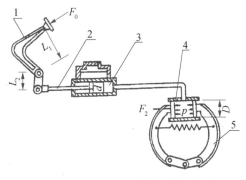

图 16-2-4 液压制动装置的工作过程

液压传动的工作原理

最简单的液压传动装置当属液压千斤顶。以汽车修理中常用的液压千斤顶为例,形象地说明液压传动的工作原理。

如图16-2-5所示,液压千斤顶由液压泵2、工作缸12和连接通道等构成一个密闭的容器,容器中充满了液压油液。当液压泵的活塞3向上运动时,由于液压泵的工作腔容积增大而形成真空,油箱中的液压油液在大气压力作用下推开单向阀5而进入液压泵的工作腔。当液压泵活塞3向下运动时,液压泵的工作腔容积减小,受压的液压油液推开排油单向阀7,经连通管道进入工作缸12,推动活塞11和重物G向上移动。单向阀7能阻止工作缸12中的液压油液倒流回液压泵,以保证重物不至于下落。反复地提起和压下液压泵的杠杆1,使手动液压泵交替地进行吸油和压油,压力油便逐渐地被压入工作缸,重物便一点一点地被顶起,直到预定位置。

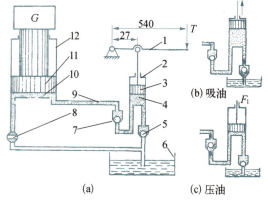

图16-2-5 液压千斤顶的工作原理

液压千斤顶虽然是一个简单的液压传动装置,但是从对它工作过程的介绍中可以看出,液压传动是依靠密闭容积的变化来传递运动、依靠液体内部的静压力来传递动力的。液压传动装置实质上是一种能量转换装置,它先将机械能转换为便于输送的液压能,然后再将液压能转换为机械能输出。

液压千斤顶之所以能完成机械能→液压能→机械能的转换,其根本的原理在于:
① 液体的连续性原理,即液体连续性和近乎不可压缩性。
② 帕斯卡原理(关于帕斯卡原理将在后续内容中介绍)。

活动三 认识液压元件和它的职能符号

活动背景

为保证整个液压传动系统正常工作,系统中的每个液压元件起到各自不同的职能。在汽车液压制动装置中制动主缸内柱塞上的密封元件发生破损现象,将会出现什么样的不良影响?

活动分析

1. 认识汽车常用液压元件及符号。
2. 明确常用液压元件所起的作用。
3. 明确液压元件的分类。

方法与步骤

一、认识液压泵及职能符号
1. 柱塞式液压泵
柱塞式液压泵如图16-3-1所示。

图 16-3-1　柱塞式液压泵及其职能符号

 液压泵是将原动机带动它工作时输入的机械能转换成油液的压力能。

2. 齿轮式液压泵和叶片式液压泵

齿轮式液压泵和叶片式液压泵如图 16-3-2 所示。

图 16-3-2　齿轮式和叶片式液压泵及其职能符号

3. 液压马达

液压马达如图 16-3-3 所示。

图 16-3-3　液压马达及其职能符号

二、认识液压缸及职能符号

1. 双作用活塞式液压缸

双作用活塞式液压缸如图 16-3-4 所示。

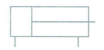

图 16-3-4　双作用活塞式液压缸及其职能符号

2. 单作用双活塞式液压缸

单作用双活塞式液压缸如图 16-3-5 所示。

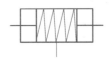

图 16-3-5 单作用双活塞式液压缸及其职能符号

液压缸是将液压能转换为机械能的装置。

液压缸的输入量是油液的压力和流量,输出量是力和速度。

三、认识控制阀及职能符号

1. 方向控制阀

（1）单向阀

单向阀如图 16-3-6 所示。

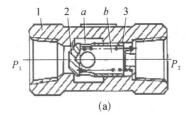
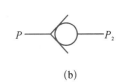

图 16-3-6 单向阀及其职能符号

（2）换向阀

换向阀如图 16-3-7 所示。

图 16-3-7 换向阀及其职能符号

2. 压力控制阀

（1）溢流阀

溢流阀如图 16-3-8 所示。

 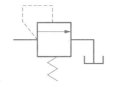

图 16-3-8　溢流阀及其职能符号

(2) 减压阀

减压阀如图 16-3-9 所示。

图 16-3-9　减压阀及其职能符号

3. 流量控制阀

(1) 节流阀

节流阀如图 16-3-10 所示。

 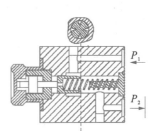 

图 16-3-10　节流阀及其职能符号

(2) 调速阀

调速阀如图 16-3-11 所示。

 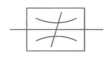

图 16-3-11　调速阀及其职能符号

四、认识辅助元件职能符号

油管、油箱、滤油器分别如图 16-3-12(a)、(b)、(c)所示。

(a) 油管　　　　　(b) 油箱　　　　　(c) 滤油器

图 16-3-12　辅助元件职能符号

一、液压泵

液压泵是液压系统中的能量转换装置,它把原动机输出的机械能转换为液压的压力能送到液压系统中,向液压系统提供具有一定压力和流量的液压油液,作为系统的动力源。因此液压泵被称为液压系统的动力元件。

1. 液压泵的工作原理

如图 16-3-13 所示为简单的单柱塞液压泵的工作原理图。柱塞 4 安装在泵体内,柱塞在弹簧 2 的作用下,与偏心轮 5 接触。当偏心轮在电动机带动下转动时,柱塞作上下往复运动。柱塞向下运动时,柱塞顶面和泵体所形成的密封容积逐渐增大,形成局部真空,油箱中的油液在大气压力的作用下,推开进油单向阀 3 并进入泵体内,此时出油单向阀 1 受到负压的吸力而顶住出油口,不让油液回流,这个过程称为液压泵的吸油过程。当柱塞向上运动时,泵体内密封容积减小,泵

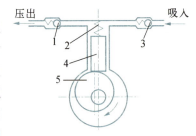

图 16-3-13　单柱塞液压泵的工作原理

体内的油液受到压缩而产生一定的压力,此时单向阀 3 受压而顶住吸油口,不让油液流回油箱,于是泵体内的油液就通过单向阀 1 压入系统,这个过程称为液压泵的压油过程。偏心轮在电动机带动下每转动一周,单柱塞泵就完成一次吸油和压油过程。如果偏心轮连续旋转,单柱塞泵就可不断地向系统提供压力油。

利用密封容积的变化(由小→大、从大→小)使泵产生吸油和压油的工作过程,即为容积式液压泵的基本工作原理。

2. 液压泵的分类

液压泵按结构形式可分为齿轮泵、叶片泵和柱塞泵。

二、液压缸

液压缸是液压传动系统中的一种执行元件。它是将液压能转换为机械能的装置。液压缸一般用来驱动工作机械作往复直线运动或摆动运动。

液压缸的输入量是油液的压力和流量,输出量是力和速度。以活塞式的液压缸为例,液压缸的活塞能完成直线往复运动,活塞杆输出的位移是有限的。

为了满足各类机械的用途要求,液压缸有多种式样,其分类方法也有多种。

按结构特点分类,液压缸可分为活塞式、柱塞式和伸缩套筒式 3 种类型。本节主要介绍汽车上常用的活塞式液压缸。

按供油方式分类,液压缸可分为单作用缸和双作用缸。单作用缸只在缸的一侧输入压力油

液,活塞只能做单向出力运动,靠外力使活塞杆返回;双作用缸则可在缸的两侧输入压力油液,活塞的往复运动均靠油液压力推动来完成。

三、控制阀

1. 方向控制阀

控制油液流动方向的控制阀称为方向控制阀,简称方向阀。方向阀包括单向阀和换向阀等。

(1) 单向阀

单向阀的作用是只允许液流向一个方向流动,不允许反向流动。根据它在液压系统中的作用,对单向阀的要求是:通过液流时阻力小,截止液流密封性好,动作灵敏,工作时无撞击和噪声。常用的单向阀有普通单向阀和液控单向阀两种。

普通单向球阀如图 16-3-14 所示。当压力油从 P_1 流入,作用在阀芯上的液压力克服弹簧力推开阀芯,于是油液由 P_1 流向 P_2。当油液反向流入,液压力和弹簧力将阀芯紧压在阀座上,液流不能通过,即被截止了。单向阀的弹簧主要用来使阀芯可靠复位。为了减少压力损失,弹簧刚度一般都较小,通常开启的压强为 $(0.35 \sim 0.5) \times 10^5$ Pa。

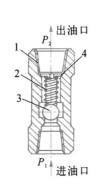

图 16-3-14 普通单向球阀

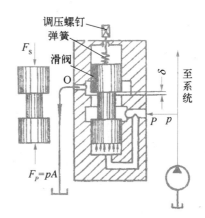

图 16-3-15 滑阀式换向阀

(2) 换向阀

换向阀的作用是利用阀芯和阀体间相对位置的变化,来控制油液流动的方向,接通和关闭油路,从而改变液压系统的工作状态。

换向阀的分类可按阀芯运动方式的不同,分为滑阀式和转阀式两类。一般的液压系统中,滑阀式换向阀使用较多,转阀式换向阀在汽车中也有所应用,例如汽车的动力转向系中就有转阀式换向阀。

按阀芯的可变位置数目多少,换向阀可分为二位、三位和四位等主要类型。

按主油路进、出口的数目多少,换向阀可分为二通、三通和四通等多种形式。

按控制方式的不同,换向阀可分为电磁式、液控式、电液控制式、机动式、气控式和手动式等形式。

滑阀式换向阀是靠阀芯在阀体内沿轴向作往复滑动而实现换向作用的。滑阀是一个有多段环形槽的圆柱体,如图 16-3-15 所示,直径大的部分称为凸肩。阀体内孔与沿阀凸肩相配合,阀体上加工出若干段环形槽。阀体上有若干个与外部相通的通路口,它们与相应的环形槽相通。

由于滑阀相对阀体作轴向移动，改变了位置，各油口的连接关系也就改变了。

2. 压力控制阀

控制油液压力的阀称为压力控制阀，简称压力阀。常用的压力阀有溢流阀、减压阀、顺序阀等。

（1）溢流阀

溢流阀的主要作用是维持液压系统的压力近于恒定，使系统中多余的油通过溢流阀流回油箱，同时它也可作安全阀用，以防止系统压力过载。

直动式溢流阀的工作原理如图16-3-16所示。它主要由阀芯、弹簧、调压螺钉（或调压螺母）和间体等组成。直动式溢流阀只能用于低压系统。

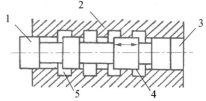

图16-3-16 直动式溢流阀

（2）减压阀

减压阀的作用是用来减低液压系统中某一部分的压力，使这部分能得到比泵输出压力低的稳定压力。

先导式减压阀的结构原理如图16-3-17所示。它由阀芯、锥阀、平衡弹簧和调压弹簧等组成。从原理上讲，减压阀是依靠压力油通过缝隙受到液阻造成压力损失而使出口压力低于进口压力，并且使该压力保持为一定的值。

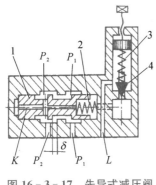

图16-3-17 先导式减压阀

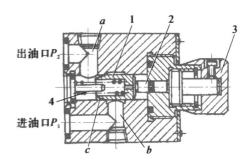

图16-3-18 普通节流阀

3. 流量控制阀

流量控制阀是以改变阀口流通面积大小或通道长短的方法改变液体流动阻力，从而控制通过阀的流量，达到调节执行元件运动速度的阀类，简称流量阀。常用的流量阀有节流阀和调速阀。

（1）节流阀

如图16-3-18所示为普通节流阀的结构图。它是在轴向三角槽式节流口的基础上加一些调节装置而形成的。如调节手柄使推杆右移，那么阀芯在弹簧作用下也向右移动，节流口就开大，从而调节了流量。

（2）调速阀

上面介绍的节流阀是依靠改变通流截面积的大小来调节流量的，但是通过节流阀的流量不但与通流截面积大小有关，而且还与节流阀前、后端的压力差是否稳定有关。由于执行机构的负载经常变化，就会直接影响执行机构速度的稳定性。对于运动平稳性要求较高的液压系统，通常采用调速阀。

活动四　认识液压基本回路

活动背景

　　任何液压传动装置,不论其液压系统如何复杂,仔细分析起来都是由一些液压基本回路组成的。那么,液压基本回路又是怎样的呢?

活动分析

1. 液压基本回路有哪几种基本类型?
2. 识读液压基本回路。
3. 液压基本回路由哪些液压元件构成?

操作活动

　　液压传动回路,按其作用大致可分为方向控制回路、压力控制回路和速度控制回路等基本类型。

一、认识换向回路

1. 换向回路的组成

如图 16-4-1 所示,换向回路的基本组成如下:

① 油箱;
② 油滤器;
③ 液压泵;
④ 溢流阀;
⑤ 换向阀(三位四通);

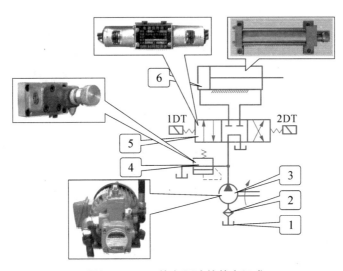

图 16-4-1　换向回路的基本组成

⑥ 液压缸（双作用柱塞缸）。

换向回路主要通过换向阀来实现执行元件的换向。

① 换向回路就是一种方向控制回路；
② 方向控制回路的作用是用来控制液压系统中各油路的接通、切断或改变方向，从而使各执行元件按需要做出起动、停止或换向等一系列动作。

2. 操作分析

如图 16-4-1 所示，按下面的步骤组建换向回路装置。

① 启动液压泵。

② 让换向阀处于左位。

进油油路：液压泵 3 → 三位四通换向阀 5（左位）→ 液压缸 6（左腔）；

回油油路：液压缸 6（右腔）→ 三位四通换向阀 5（左位）→ 油箱。

结论：液压缸柱塞左移。

③ 让换向阀处于右位。

进油油路：液压泵 3 → 三位四通换向阀 5（右位）→ 液压缸 6（右腔）；

回油油路：液压缸 6（左腔）→ 三位四通换向阀 5（右位）→ 油箱。

结论：液压缸柱塞右移。

④ 让换向阀处于中位。

油路：液压泵 → 三位四通换向阀（中位）→ 油箱。

结论：液压缸左右腔油路被切断，液压缸柱塞停止运动。

该回路的三位四通阀中位机能为 M 型。处于中位时，形成了锁紧回路。

⑤ 停止液压泵。

二、认识调压回路

1. 调压回路的组成

如图 16-4-2 所示为调压回路，它是最基本的调压回路。

调压回路一般用溢流阀来调定工作压力。

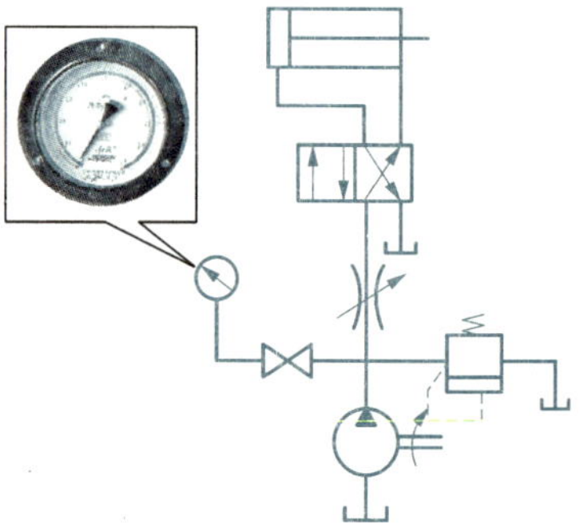

图 16-4-2　调压回路的基本组成

调节溢流阀便可调节泵的供油压力。

2. 操作与检测

如图 16-4-2 所示，按下面的步骤组建调压回路。

① 打开液压泵；
② 观察压力表值；
③ 顺时针旋转溢流阀调压螺钉，压力值变大；
④ 逆时针旋转溢流阀调压螺钉，压力值变小；
⑤ 关闭液压泵。

> 压力控制回路是利用控制阀来控制系统的压力，实现稳压、增压、减压和调压等目的，以满足执行元件的工作要求。

三、认识节流调速回路

1. 节流调速回路的组成

如图 16-4-3 所示为节流调速回路。

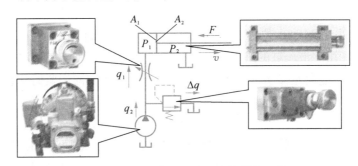

图 16-4-3 节流调速回路的基本组成

> 节流调速回路在采用定量泵的液压系统中，利用节流阀的调节进入执行元件的流量，从而达到调节执行元件工作行程速度。

2. 操作与观察判断

如图 16-4-3 所示，按下面的步骤组建进口节流调速回路。

① 打开液压泵；
② 调节节流阀，观察液压缸柱塞的运动速度；
③ 判断液压缸进入的流量大小和柱塞的运动快慢；

节流阀（通流截面积）	液压缸（进入的流量）	柱塞（运动速度）
变　大	增大　☐ 减小　☐	加快　☐ 减慢　☐
变　小	增大　☐ 减小　☐	加快　☐ 减慢　☐

④ 关闭液压泵。

一、方向控制回路

方向控制回路的作用是用来控制液压系统中各油路的接通、切断或改变方向,从而使各执行元件按照需要做出起动、停止或换向等一系列动作。方向控制回路有换向回路、锁紧回路等型式。

1. 换向回路

换向回路主要通过各种换向阀来实现执行元件的换向,因此选用换向阀对换向回路来说是至关重要的。选用换向回路中的换向阀,首先应根据执行元件换向的要求,选用二位或三位、四通或五通的换向阀。进而再根据系统的特点选用手动控制或机动控制或电液控制类型的换向阀。如图16-4-1所示的是采用三位四通阀的换向回路,该回路的三位四通阀中位机能为M型,滑阀处于中位时,液压缸两腔锁紧,液压泵泵出的油直接回到油箱;滑阀处于左位时,液压缸左腔进油,推动活塞右移,右腔的油液流回油箱;滑阀处于右位时,液压缸右腔进油,推动活塞左移,左腔的油液流回油箱。

2. 锁紧回路

为了使执行元件在任意位置上停止及防止其停止后窜动,可采用换向阀的锁紧回路。如图16-4-1所示为采用M型中位机能的三位四通阀的锁紧回路。滑阀处于中间位置,液压缸的工作油口被封闭。由于液压缸的进出油口都关闭了,缸的两腔都充满了油液,而油液又是不可压缩的,因此活塞既不能向左移动,也不能向右移动,即处于被双向锁紧的状态。

二、压力控制回路

压力控制回路是利用控制阀来控制系统的压力,实现稳压、增压、减压、调压等目的,以满足执行元件对力或力矩及动作顺序的要求,根据使用目的的不同,压力控制回路主要有以下两种。

1. 调压回路

基本调压回路在液压系统中,一般用溢流阀来调定工作压力。如图16-4-2所示为一最基本的调压回路。因为液压泵输出的流量一般总大于进入液压缸的流量,这多余部分的油液从溢流阀流回油箱,系统在工作中,溢流阀经常开启溢流,这时液压泵的出口压力便稳定在溢流阀调定的压力上。通常,溢流阀调定的压力应比执行元件的最高工作压力大5%~10%,调节溢压阀便可调节泵的供油压力。

2. 减压回路

在定量泵的液压系统中,主系统的工作压力已由溢流阀调定,若某个执行元件或某个支路所需的工作压力比主溢流阀调定的压力要低,便可采用由减压阀组成的减压回路。

三、速度控制回路

速度控制路是用来控制执行元件的工作行程速度的。液压系统常用的调速方法有节流调速和容积调速等。

1. 节流调速回路

在采用定量泵的液压系统中,利用节流阀或调速阀调节进入执行元件的流量,从而达到调节执行元件工作行程速度的调速回路,称为节流调速回路。按照节流阀在油路上安装位置的不同,可分为进口节流调速、出口节流调速和旁通节流调速3种基本回路。

如图16-4-3所示,进口节流调速回路是把单向节流阀设置在执行元件进口的油路上,从泵输出的油液经节流阀进入液压缸的工作腔,调节节流阀的通流截面积,即可调节进入液压缸的流量,从而调节液压缸的运动速度,多余的油液经溢流阀流回油箱。泵始终在溢流阀的设定压力下工作。

2. 容积调速回路

变量泵调速回路是容积调速回路中的一种。液压泵输出的压力油全部进入液压缸推动活塞运动。调节变量泵转子与定子间的偏心量(单作用叶片泵或径向柱塞泵)或倾斜角(轴向柱塞泵),可改变其输油量的大小,从而可改变活塞的运动速度。系统中的溢流阀起安全保护作用,在系统过载时,溢流阀打开,从而限定了系统的最高压力。与节流调速相比,容积调速的主要优点是效率高、压力和流量损耗小、回路发热量少,适用于功率较大的液压系统。

活动五　电喷发动机燃油系统燃油压力的控制

在汽车电喷发动机运转过程中,燃油系统中的燃油压力值需要恒定,那么系统内的油压又是如何控制的?

1. 认识电喷发动机的燃油系统中的各元件。
2. 探讨电喷发动机的燃油系统的油压是靠什么元件控制的?
3. 探究燃油系统中的油压调节器出现故障,是否会影响发动机的正常工作?

一、认识电喷发动机燃油系统

如图16-5-1所示,电喷发动机燃油系统的组成如下:
① 燃油箱;
② 电动燃油泵;
③ 汽油滤清器;
④ 燃油分配管;
⑤ 燃油压力调节器;
⑥ 喷油器;
⑦ 回油管;
⑧ 真空管。

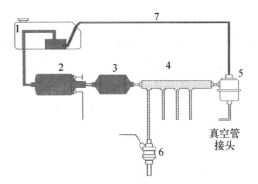

图16-5-1　电喷发动机燃油系统的组成

二、认识液压元件

1. 电动燃油泵

电动燃油泵如图 16-5-2 所示。

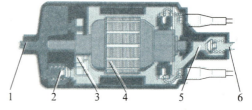

图 16-5-2 电动燃油泵

2. 汽油滤清器

汽油滤清器如图 16-5-3 所示。

3. 燃油分配管

燃油分配管如图 16-5-4 所示,油压调节器如图 16-5-5 所示。

图 16-5-3 汽油滤清器

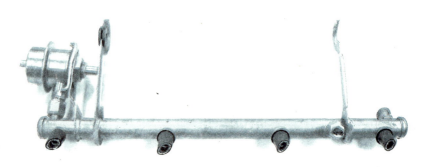

图 16-5-4 燃油分配管

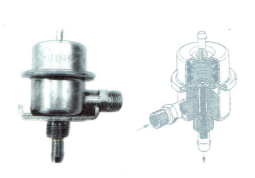

图 16-5-5 油压调节器

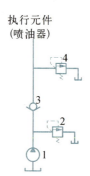

图 16-5-6 燃油系统液压控制回路

三、燃油系统液压控制回路

如图 16-5-6 所示,电动燃油泵 1(安装在油箱内)的最大工作压力由溢流阀 2(组装在泵体内)调定,升压后的燃油通过电动机内部经单向阀从排出口泵出。由于执行元件(喷油器)在取下油压调节器真空管时压力为(300±20)kPa,当系统压力超过设定压力(300 kPa)时,由燃油压力调节器 4 调定,多余的燃油通过燃油压力调节器的回流口流回油箱,以保证燃油系统中的油压恒定。

评一评

学生姓名		日期		自评	互评	师评
1. 是否进行安全规范操作?						
2. 是否达到环保要求?						
3. 是否正确使用工具?						
4. 能否独立完成各活动的技能操作?						
5. 能否进行小组合作完成整个液压制动装置的装复任务?						
6. 通过各活动能否认识汽车常用液压元件?						
7. 能否理解液压装置的基本回路以及详知简单液压系统的组成?						
学习体会 1. 活动中感觉哪项技能最有兴趣?为什么? 2. 活动中哪项技能最有用?为什么? 3. 活动中哪项技能操作可以改进使操作更方便实用?请写出操作过程。(请同学们大胆创新,共同研讨,不断提高操作能力) 4. 你还有哪些要求与设想?						
总体评价				教师签名		

课后练习

一、填空题

1. 一个完整的液压传动系统应该由_____、_____、_____、_____元件组成。
2. 液压缸是液压系统的_____元件将_____能转化为_____能。
3. 液压传动是依靠油液内部的_____来传递动力的,所以_____原理是液压传动的基本原理之一。
4. 液压泵按结构形式可分为_____、_____和_____。
5. 液压泵利用_____的变化(由小→大、从大→小)使泵产生吸油和压油的工作过程。
6. 根据液压控制阀在液压系统中的作用可分为_____控制阀、_____控制阀和_____控制阀。
7. 普通单向阀的作用是控制油液只能_____流动,不能_____流动。

8. 溢流阀的主要作用是维持液压系统的_____近于恒定,使系统中多余的油通过溢流阀流回_____,同时它也可作安全阀用,以防止系统_____过载。
9. 常用的液压基本回路按功能不同有_____回路、_____回路、_____回路3种。
10. 方向控制回路是用来控制液压系统油路的_____方向,从而使_____按照需要做出起动、停止或换向等一系列动作。

二、选择题

1. 液压系统中的执行元件是 (　　)。
   A. 液压缸　　　　　　B. 液压泵　　　　　　C. 溢流阀
2. 液压泵是液压系统的(　　)元件。
   A. 动力　　　　　　　B. 执行　　　　　　　C. 控制
3. 溢流阀是液压系统的(　　)元件。
   A. 执行　　　　　　　B. 控制　　　　　　　C. 辅助
4. 能将油液压力能转化为工作部分的机械能的液压元件是 (　　)。
   A. 液压缸　　　　　　B. 液压泵　　　　　　C. 油管
5. 液压系统油液内部压力是由于(　　)产生的。
   A. 油液密封　　　　　B. 外界压力　　　　　C. 完全是油液自重
6. 如液压系统局部油路或个别执行机构获得比溢流阀工作压力低的压力油时可采用 (　　)。
   A. 增压回路　　　　　B. 减压回路　　　　　C. 卸载回路

三、简答题

1. 液压传动的工作原理是什么?
2. 什么是帕斯卡定律?
3. 叙述汽车液压制动装置的工作过程?如果该液压系统中渗入空气有什么害处?
4. 探究在汽车电喷发动机运转过程中,燃油系统中的燃油压力值为什么需要恒定值?请回答系统内的油压是如何控制的?

项目十七
汽车材料的识别和选用

活动一　识别汽车常用的金属材料

活动二　识别汽车常用的非金属材料

活动三　选用汽车燃料和润滑油

活动四　正确选用汽车冷却液和制动液

项目十七　汽车材料的识别和选用

情景描述

据统计，汽车上的零部件采用了4 000余种不同的材料加工制造，从汽车的设计、选材、加工制造，到汽车的使用、维修和保养，无一不涉及材料。为了满足汽车的使用性能和零件所需的各项技术要求，在汽车维修中就要合理地选择和使用材料。

知识与技能要求：

1. 了解常用车型零部件适用的金属材料和非金属材料。
2. 会正确选用汽车常用的燃料、润滑油、冷却液和制动液。

活动一　识别汽车常用的金属材料

活动背景

一辆汽车有上万个零件，其中80%左右由金属材料制成。然而汽车金属零件的金属材料种类很多，我们如何去识别它们？

活动分析

1. 仔细观察和识别黑色金属和有色金属；
2. 通过识别金属材料的过程，探究金属材料的机械性能。

操作活动

一、金属材料的分类

金属材料可分为两大部分：黑色金属和有色金属。其中黑色金属是指钢铁材料；有色金属是指钢铁材料以外的所有金属材料，如铝、铜、镁及其合金。

二、认识汽车发动机常用零件的金属材料

如图17-1-1和表17-1-1所示，为汽车发动机常用零件所使用的金属材料种类及属性。

三、认识汽车底盘常用零件的金属材料

如图17-1-2和表17-1-2所示，为汽车底盘常用零件所使用的金属材料种类及属性。

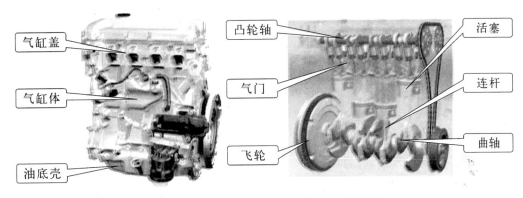

图 17-1-1 汽车发动机常用零件的金属材料

表 17-1-1 汽车发动机常用零件的金属材料种类及属性

零 件	材料种类及牌号	使用性能要求	材料属性
气缸体、气缸盖	灰铸铁：HT200（也可用铝合金：ZL104）	刚度、强度、尺寸稳定性	黑色金属（有色金属）
飞轮	灰铸铁：HT200	刚度、强度、尺寸稳定性	黑色金属
气缸套	合金铸铁	耐磨性、耐热性	黑色金属
曲轴	球墨铸铁：QT600—2	刚度、强度、耐磨性	黑色金属
活塞	高硅铝合金：ZL108、ZL110	耐热强度	有色金属
活塞销	渗碳钢：20Cr、18cCrMnTi	强度、冲击韧度、耐磨性	黑色金属
连杆	调质钢：45、45Cr	强度、疲劳强度、冲击韧度	黑色金属
轴瓦	轴承钢、轴承合金	耐磨性、疲劳强度	黑色金属
气门弹簧	弹簧钢：65Mn、50CrMn	疲劳强度	黑色金属
排气门	高铬耐热钢：4Cr10Si2Mo	耐热性、耐磨性	黑色金属
油底壳	钢板：A3、20	刚度、强度	黑色金属

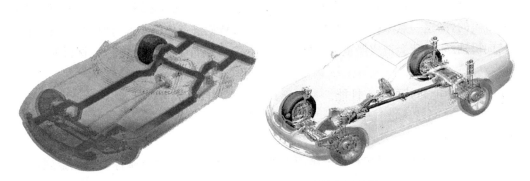

图 17-1-2 汽车底盘常用零件的金属材料

表 17-1-2 汽车底盘常用零件的金属材料种类及属性

零件	材料种类及牌号	使用性能要求	材料属性
纵梁、横梁、传动轴	钢板：25、16Mn	强度、刚度、韧性	黑色金属
前桥前轴、转向节臂、半轴	调质钢：45、40Cr	强度、韧性、疲劳强度	黑色金属
变速器齿轮、驱动桥齿轮	渗碳钢：20、20CrMnTi	强度、耐磨性、接触疲劳强度及断裂强度	黑色金属
变速器壳	灰铸铁：HT200	刚度、尺寸稳定性、一定的强度	黑色金属
后桥壳	可锻铸铁：KT350—10	刚度、尺寸稳定性、一定的强度	黑色金属
钢板弹簧	弹簧钢：65Mn、50CrMn	耐疲劳、冲击和腐蚀	黑色金属
制动分泵活塞	铝合金	耐磨性、强度	有色金属

你是否能够通过上述表格内容，亲身体验在汽车发动机和底盘上指认出各种不同的金属材料？

一、金属材料的性能

金属材料的性能通常可分为 4 个方面，即物理、化学、机械及工艺性能。

金属的物理性能，就是金属材料受自然界中各种物理现象（如温度、地心引力、电磁等）作用所表现出来的反应，其化学成分保持不变。主要有密度、熔点、热膨胀性、导电性、导热性及磁性等。

金属的化学性能，即金属抵抗氧化或其他介质侵蚀的能力。汽车上常用的不锈钢、铬镍合金等就是比较稳定的金属材料。而生铁、碳素钢等则容易发生氧化和锈蚀。金属的化学性能主要有耐腐蚀性、耐酸碱性和耐热性等。

金属的机械性能，即力学性能。它是金属材料在外力作用下抵抗变形或破坏的能力。主要表现为强度、硬度、弹性、塑性、韧性和疲劳强度等。需要指出的是，金属材料因疲劳而发生的破坏是非常危险的，而这一点却往往被使用者所忽视或不易觉察。如汽车运行时，突然发生转向节折断或转向机轴断裂，就会造成严重的机件事故。所以承受重量载荷的零件，其材料的疲劳强度必须严格掌握。

金属的工艺性能即其可加工性能。一般指其可锻性、可铸性、可焊性、切削性及延展性等。

二、金属材料的分类

金属大致可分为黑色金属和有色金属两大类。钢和生铁等一类金属称为黑色金属，钢铁以外的金属称为有色金属。

1. 黑色金属

钢与生铁统称为黑色金属。

(1) 铸铁

铸铁是将铸造生铁放到冲天炉中重新熔化并加入铁合金、废钢、回炉铁调整成分熔炼而成。如汽车上用的气缸盖、气缸套、活塞环、飞轮、皮带轮、后桥壳等。

① 灰口铸铁：灰口铸铁组织中的碳大部或全部以片状石墨形式存在，断口呈灰色。常用于汽车基础件的制造。

灰口铸铁的牌号由"HT"和代表机械性能指标的数字组成。其中"HT"是"灰铁"两字的汉语拼音字头，数字部分中，第一组数字表示其最低抗拉强度，第二组数字表示其最低抗弯强度。单位为千帕。

② 球墨铸铁：将普通灰口铸铁原料熔化成铁水后，在浇注前加入少量球化剂和墨化剂，就可得到球墨铸铁。可用来代替许多铸钢、锻钢和有色金属，制造高负荷、耐磨损和抗冲击的重要零件。如曲轴、连杆、机床蜗杆、蜗轮、大齿轮等。

球墨铸铁的牌号由"QT"及表示机械性能指标的数字组成，"QT"是"球铁"的汉语拼音字头，数字部分中，第一组数字表示其最低抗拉强度，第二组数字表示其最低延伸率。

③ 可锻铸铁：俗称马铁或韧铁。适用于制造一些截面较小而形状复杂、工作中受到震动而强度要求又较高的零件。如汽车后桥壳、轮毂、制动踏板等。

可锻铸铁的牌号由"KT"和表示机械性能指标的数字组成，其代表的含义同球墨铸铁牌号的含义相类似。

④ 合金铸铁：在灰口铸铁或球墨铸铁中加入一定量的合金元素，可以使铸铁具有某些特殊性能（如耐热、耐酸、耐磨等），即称为合金铸铁。

(2) 钢

钢和生铁都是铁和碳的合金，它们的区别是合碳量不同。钢的合碳量在2%以下，所含杂质控制在一定范围以内。因此，钢凝固后具有很高的韧性和延展性，其熔点也较高（可达1 400～1 500℃），可锻、可铸，通过热处理还可改善和提高其机械性能。在碳钢中增加各种合金元素的含量，又可以炼制成具有各种特殊性能的合金钢。所以按化学成分分类，钢又可分为碳素钢（简称碳钢）和合金钢。

2. 有色金属

用于汽车制造的有色金属用量虽不是很大，但其作用却不是黑色金属所能替代的。如大量的电器元件、轴瓦、衬套及某些汽车的汽缸盖等，均广泛使用有色金属。

(1) 铜与铜合金

铜与铜合金通常可分为纯铜、黄铜和青铜等3类。

① 纯铜：俗称紫铜，色泽紫红，具有良好的导电性和耐蚀性，尤其具有极好的塑性。在汽车上还被广泛用于制造气缸垫、进排气管垫、轴承垫片和其他冲压、密封件的材料。

② 黄铜：铜锌合金，其颜色随含锌量的增加由黄红色变到淡黄色，机械性能也会随之改变。在汽车上主要用来作散热器、汽油滤清器滤芯、油管、油管接头以及化油器零件，或用作转向节衬套、钢板弹簧衬套、离合器与制动蹄支轴衬套、转向臂轴衬套等耐磨损零件。

③ 青铜：铜锡合金，或除黄铜和铜镍合金以外的所有铜合金，都称为青铜。分普通青铜和特

殊青铜两大类。常广泛用于制造轴承、轴套、重要的齿轮、蜗轮、弹簧及其他耐磨耐蚀零件。

(2) 铝与铝合金

纯铝是一种银白色的轻金属，相对密度为铁的三分之一。纯铝广泛用于电器生产上或用作装饰和涂覆材料。

铝合金在纯铝中加入硅、铜、镁、锰、镍等元素，就成为铝合金。较之纯铝，除保持了其原有优点外，还大大提高了其机械性能。经过热处理的强化作用，甚至可达到并超过钢的强度。汽车上大量采用铝合金来制造强度要求高而重量轻的零件。如发动机活塞、散热器、客车外身、焊接材料、装饰材料和机具以及其他材料等。

(3) 轴承合金

滑动轴承在汽车发动机上得到广泛的应用，它由轴承体和轴瓦所构成。轴瓦直接与轴颈相接触。为了提高轴瓦的强度和寿命，常在钢质的轴瓦上浇注或轧制一层耐磨合金，形成均匀的一层内衬，这种用来作轴瓦内衬的合金，称为轴承合金，亦称巴氏合金或白合金。

根据轴承的工作条件，要求轴承合金具有高的抗压强度和疲劳强度、足够的塑性和韧性、良好的磨合性和耐磨性以及良好的导热性和耐蚀性等。

根据化学成分，轴承合金可分为锡基、铅基和铝基合金3种。

① 锡基轴承合金：又称锡基巴氏合金。它是以锡为基础，加入少量的锑和铜所构成的合金。适用汽车发动机上作高速轴承。

② 铅基轴承合金：又称铅基巴氏合金。它是在铅的基础上加入锡、锑、铜等元素所构成的合金。可制成中等载荷轴承。

③ 铝基轴承合金：包括铝锑镁轴承合金和铝锡轴承合金。铝锑镁轴承合金软基体是铝，硬质点是锑镁的化合物。这种合金具有较高的抗疲劳强度、耐腐蚀性和良好的耐磨性，可以克服锡基合金和铅基合金由于疲劳强度和在高温下性能降低而满足不了发动机不断发展需要的缺点。

活动二　识别汽车常用的非金属材料

活动背景　汽车除了金属材料制成各种零件外，还有其他非金属材料制成的零件，比如汽车轮胎、车门窗玻璃、驾驶室仪表面板以及座位椅等等。因此我们需要进一步了解汽车常用的非金属材料。

活动分析
1. 识别汽车常用的各种非金属材料。
2. 观察汽车能指认汽车上哪些部件采用了什么样的非金属材料。

一、认识橡胶、塑料、陶瓷制品在汽车上的应用

1. 橡胶制品

（1）轮胎

轮胎如图17-2-1所示。

（2）输送管

输送管如图17-2-2所示。

图17-2-1 轮胎

图17-2-2 输送管

图17-2-3 橡胶密封件

（3）橡胶密封件

橡胶密封件如图17-2-3所示。

（4）车用胶带

车用胶带如图17-2-4所示。

 友情提醒 橡胶有一定的强度，具有优异的抗疲劳性，以及良好的耐磨、绝缘、隔声、防水、缓冲、吸振等性能。

图17-2-4 车用胶带

图17-2-5 塑料制品

2. 塑料制品

塑料制品如图17-2-5所示。

 点拨 塑料是一种以有机合成树脂为主组成的高分子材料，它通常可在加热、加压条件下被注塑或固化成型，故称为塑料。

 友情提醒
① 汽车用塑料按照用途可分为内饰件用塑料、工程塑料和外装件用塑料。
② 聚氯乙烯（PVC）气密性好，聚丙烯（PP）耐水性好、电绝缘性高，ABS树脂具有良好的综合力学性能，刚性好、耐寒性强、表面光洁。

3. 陶瓷制品

火花塞如图 17-2-6 所示。

火花塞中陶瓷属于特种陶瓷中的氧化铝陶瓷。

图 17-2-6 火花塞

氧化铝陶瓷具有很好的高温性能和介电性。

二、认识摩擦材料和复合材料制品在汽车上的应用

1. 摩擦材料制品

（1）汽车制动摩擦片

汽车制动摩擦片如图 17-2-7 所示。

图 17-2-7 汽车制动摩擦片　　　图 17-2-8 汽车离合器摩擦片

（2）汽车离合器摩擦片

汽车离合器摩擦片如图 17-2-8 所示。

汽车离合器摩擦片要求摩擦材料具有良好的冲击韧度、抗压强度、抗剪强度以及良好的导热性、耐热性。性能随温度的变化要小。

2. 复合材料制品

（1）无铅铜基自润滑复合材料

滑动轴承如图 17-2-9 所示。

图 17-2-9 滑动轴承　　　图 17-2-10 保险杠

(2) 弹性体贮树脂模塑成型材料

保险杠如图17-2-10所示。

了解了非金属材料后,你尝试在一辆轿车上去寻找除了上述所学的非金属材料外的其他非金属材料零件。

非金属材料

非金属材料包括塑料、橡胶、玻璃、陶瓷、合成纤维、胶黏剂、摩擦材料、涂装材料等各种材料。

汽车上应用各种非金属材料。汽车用橡胶具有高弹性、高耐磨性等特点,主要用于制造汽车轮胎、内胎、防振橡胶、软管、密封带、输送带等零部件;汽车用工程塑料,主要用于制造某些机器零件或构件,具有强度、韧性和耐磨性较好、价廉、耐腐蚀、降噪声、美观、质轻等特点,对于汽车的安全性、舒适性、经济性等方面有较大的改善,因而在结构件、饰件等方面的应用逐渐广泛,用量逐年增高。例如用塑料制作汽车保险杠、高档车用安全玻璃、汽车内饰件、仪表面板等零部件,比用钢铁材料更具有安全性,并可降低造价。

陶瓷属于无机非金属材料,具有耐高温、硬度高、脆性大等特点。在汽车上最早应用陶瓷材料制造的零部件是火花塞、车窗玻璃。现代汽车中,陶瓷的用途得到极大的拓展,一部分陶瓷作为功能材料被用于制作各种传感器,如爆震传感器、氧传感器、温度传感器等部件,以满足汽车电子化的急剧发展;一部分陶瓷则作为结构材料,用于替代金属材料制作发动机和热交换器零件。近年来,一些特种陶瓷用于制造发动机部件或整机、气体涡轮部件等,可以达到提高热效率、降低能耗、减轻自重的目的。

复合材料是指由两种或两种以上不同材料组合而成的材料。复合材料是一种新型的、具有很大发展前途的工程材料,它在强度、刚度、耐蚀性等方面比单纯的金属材料、陶瓷材料和聚合物材料等都优越。近年来,随着汽车轻量化、高性能的推进,使其在汽车工业中发挥重要作用。例如,采用纤维增强复合材料(FRP)制造车身外装板件,如车顶导流板、风档窗框等,具有质轻、耐冲击、便于加工异型曲面、美观等优点;采用纤维增强金属(FRM)制造柴油发动机的活塞顶、连杆、缸体等零件,可提高零件的耐磨性、热传导性、耐热性、减小热膨胀等。

其他高分子材料也在汽车上有较广泛的应用。如胶黏剂是指能把两种材料黏接在一起的新型材料,汽车用胶黏剂具有黏接、密封等作用;合成纤维主要用于制造坐垫、安全带、内饰等。

1. 橡胶

所谓橡胶,是指在使用温度范围内处于高弹性状态的高分子材料。橡胶广泛地应用于弹性材料、密封材料、减振防振材料和传动材料,在工业生产中有着重要的地位,是一项重要的工业材料。

橡胶是汽车工业中常用的一种重要材料。一辆轿车上的橡胶件重量约占车重的4%~5%。轮胎是汽车的主要橡胶件,此外还有各种橡胶软管、密封件和减振垫等约300余件。

2. 塑料

塑料是一种以有机合成树脂为主要组成的高分子材料,它通常可在加热、加压条件下被注塑或固化成型,故称为塑料。

塑料的主要成分是有机合成树脂,也可根据需要加入各种增强材料、填料、增塑剂、固化剂、稳定剂、着色剂和阻燃剂等。塑料的成型是将分装、粒状、溶液或分散体等各种物态的塑料物料转变为所需形状的制品。成型的方法很多,有注射、压制、浇铸、挤出、吹塑、真空等多种成型方法。

3. 陶瓷

陶瓷是以天然或人工合成的各种无机化合物为基本原料,经原料处理、成形、干燥、烧制等工序制成的无机非金属固体材料。

传统的陶瓷材料是指硅酸盐类材料。主要用于制造陶瓷和瓷器,这些材料都是用黏土、石灰石、长石、石英等天然硅酸盐类矿物制成的。因此,现代的陶瓷材料已有了巨大变化,许多特种陶瓷(新型陶瓷)已经远远超出了硅酸盐的范畴,主要为高熔点的氧化物、碳化物、氮化物、硅化物等的烧结材料,它们不仅在性能上有了重大突破,在应用上也渗透到各个领域。近年来,还发展了金属陶瓷,主要指用陶瓷生产方法制取的金属与碳化物或其他化合物的粉末制品。所以,一般认为,陶瓷材料是各种无机非金属材料的通称。

目前,特种陶瓷除了制作火花塞以外,在汽车上的应用并不广泛,其主要原因是成形工艺复杂、要求高、再现性困难(由于特种陶瓷对其原材料要求比较严格,工艺难以掌握,使得每批制品的性能难以保持同前一批一致)、成本长期居高不下、可加工性差、脆性大等。但是,随着科学技术的飞速发展,工艺不断完善,特种陶瓷材料以其优异的性能,一定会在汽车生产中得到广泛的应用。

4. 摩擦材料

汽车用摩擦材料,是汽车上的消耗性材料之一,主要起到传递动力、制动减速、停车制动等作用,是汽车制动系统与行车系统的重要组成部分。采用摩擦材料制造的零部件主要包括汽车制动摩擦片、汽车离合器摩擦片及手制动摩擦片等。汽车摩擦材料对于汽车的安全性、使用性能及操纵稳定性起着十分重要的作用。

随着汽车技术水平的不断提高,对摩擦材料也提出更为苛刻的技术要求。近年来,人们意识到石棉的危害,提出了"石棉公害"的观点,促进开发出许多新型的摩擦材料及无石棉摩擦材料。如钢纤维摩擦材料、玻璃纤维摩擦材料、陶瓷纤维摩擦材料、芳纶纤维摩擦材料、碳纤维摩擦材料等。

5. 复合材料

复合材料是由两种或两种以上的物理和化学性质不同的物质经一定方法合成而得到的一种新的多相固体材料。它不仅具有各组成材料的优点,还具有比单一材料更优良的综合性能。如碳纤维的比强度、比模量很高,但脆性较大,如果与柔软的树脂基体复合,便可获得兼有树脂与碳纤维两者所长的树脂基复合材料;多数金属较坚韧,但不耐高温,而陶瓷耐高温却又较脆,若将两者复合,制成复合材料,这种新材料即为金属陶瓷复合材料。由上可知,"复合"已成为改善材料性能的一种手段。因此,复合材料的发展迅速,在各个领域的应用也愈来愈多。

复合材料种类繁多,分类方法也不尽统一。原则上讲,复合材料可以由金属材料、高分子材料和陶瓷材料中任两种或几种制备而成。

活动三　选用汽车燃料和润滑油

活动背景

汽油和轻柴油是汽车的主要燃料,另外汽车在正常行使过程中,为减缓零部件的磨损、延长车辆的使用寿命,我们必须正确使用汽车燃料和润滑油。

活动分析

1. 能正确选用汽油和轻柴油的牌号。
2. 能正确选用润滑油。

操作活动

一、认识汽油的牌号及选用

1. 认识汽油的牌号

标准车用无铅汽油牌号为90号、93号、95号和97号。汽油牌号的认识可见图17-3-1。

点拨

汽油的质量标准称为汽油的规格,其规格大小是根据汽油的辛烷值来划分的。

图17-3-1　汽油的牌号

友情提醒

① 不同牌号的汽油供不同压缩比的发动机使用;
② 汽油的牌号越高,其抗暴性越好。

2. 汽油的选用

(1) 根据汽车使用说明书的要求选择

(2) 根据汽车发动机压缩比选择

压缩比高的发动机应选用牌号(即辛烷值)较高的汽油;压缩比低的发动机应选用牌号(即辛烷值)较低的汽油。

(3) 根据使用条件选择

高原地区大气压力小,空气稀薄,汽油机工作时爆震倾向减小,可以适当降低汽油的辛烷值。一般海拔每上升100 m,汽油辛烷值可降低约0.1个单位。经常在大负荷、低转速下工作的汽油机,应选择较高辛烷值的汽油。

(4) 根据使用时间调整汽油牌号的选择

发动机使用时间较长后,由于燃烧室积炭、水套积垢等会使发动机压力增加,这类汽车在维护后应该使用高一级的汽油。

二、轻柴油的牌号及选用

1. 认识轻柴油的牌号

国产轻柴油按凝点划分牌号，分为10号、0号、—10号、—20号、—35号和—50号。其凝点分别不高于10℃、0℃、—10℃、—20℃、—35℃和—50℃。轻柴油牌号的认识可见图17－3－2。

凝点指油料在一定条件下遇冷开始凝固而失去流动性的最高温度。

2. 轻柴油的选用

选用车用柴油的主要依据是气温，应根据不同地区和季节，选用不同牌号的柴油。一般来说，选用柴油的凝点应比最低气温低5~7℃。

（1）10号轻柴油

适合于有预热设备的高速柴油机上使用。

（2）0号轻柴油

适合于风险率为10%、最低气温在4℃以上的地区使用。

（3）—10号轻柴油

适合于风险率为10%、最低气温在—5℃以上的地区使用。

（4）—20号轻柴油

适合于风险率为10%、最低气温在—5~—14℃的地区使用。

（5）—35号轻柴油

适合于风险率为10%、最低气温在—14~—29℃的地区使用。

（6）—50号轻柴油

适合于风险率为10%、最低气温在—29~—44℃的地区使用。

图17－3－2 轻柴油的牌号

某月风险率为10%的最低气温，表示该月最低气温低于该值的概率为0.1，或者说该月中最低气温高于该值的概率为0.9。

不同牌号的轻柴油可以掺和使用，而不需要专门换季换油。

三、发动机润滑油的规格及选用

1. 认识发动机润滑油的规格

发动机润滑油的产品是由品种（使用等级）与牌号（黏度等级）两部分构成的。国产发动机润滑油的品种与牌号见表17－3－1。

表 17-3-1 国产发动机润滑油的品种与牌号

品　种	黏　度　牌　号
SC	5W/20、10W/30、15W/40、30、40
SD(SD/CC)	5W/30、10W/30、15W/40、30、40
SE(SE/CC)	5W/30、10W/30、15W/40、20W/20、30、40
SF(SF/CD)	5W/30、10W/30、15W/40、30、40
CC	5W/30、5W/40、10W/30、10W/40、15W/40、20W/40、30、40、50
CD	5W/30、5W/40、10W/30、10W/40、15W/40、20W/40、30、40

① 发动机润滑油品种：汽油机油系列（S系列）——SC、SD、SE、SF、SG、SH共6个等级；柴油机油系列（C系列）——CC、CD、CD-Ⅱ、CE、CF-4共5个等级。

② 发动机润滑油黏度牌号：冬季用油（W级）——0W、5W、10W、15W、20W和25W共6个等级；非冬季用油——20、30、40、50、60共5个等级。

① 各类油品级号越靠后，使用性能越好；

② 冬季用油的级号越小，其低温黏度越小，低温流动性越好，适应的温度越低；

③ 非冬季用油的级号越大，黏度越大，适应温度越高；

④ SD/CC、SE/CC、SF/CD级3个品种为汽油机/柴油机通用油的使用等级。

2. 发动机润滑油的选用

（1）汽油机润滑油的合理选用

① 根据发动机的压缩比及附加装置选用汽油机润滑油的质量等级。汽油机压缩比越高，要求汽油机润滑油的质量等级越高。

② 根据发动机工作的环境温度选择汽油机润滑油的黏度等级。见表17-3-2。

图 17-3-3 发动机润滑油

表 17-3-2 发动机润滑油的黏度等级与工作的环境温度

黏 度 等 级	使用环境温度(℃)	黏 度 等 级	使用环境温度(℃)
5W	−30～−10	5W/20	−30～25
10W	−25～−5	10W/30	−25～30
20	−10～30	10W/40	−25～40
30	0～30	15W/40	−20～40
40	10～50	20W/40	−15～40

(2) 柴油机润滑油的合理选用

① 根据发动机的强化系数确定柴油机润滑油的质量等级。强化系数越大,要求柴油机润滑油的质量等级越高。

② 根据发动机工作的环境温度选择柴油机润滑油的黏度等级。见表17-4。

友情提醒　高级润滑油可代替低级润滑油,但低级润滑油不能代替高级润滑油,这将会造成机件损坏。

方法与步骤

四、汽车齿轮油的规格及选用

1. 认识汽车齿轮油的规格

① 普通汽车齿轮油:80W/90、85W/90、90。

② 中负荷汽车齿轮油:75W、80W/90、90、85W/140。

③ 重负荷汽车齿轮油:75W、80W/90、85W/90、85W/140、90、140。

2. 汽车齿轮油的选用

(1) 根据齿轮的工作环境选用使用等级

① 齿轮的齿面接触压力大于3 000 MPa以上,滑动速度达到10 m/s,工作油温达120~130℃的苛刻工作条件下,必须选用重负荷车辆齿轮油。例如在工程车辆的双曲面齿轮传动的驱动桥采用重负荷润滑油。

② 齿轮的齿面接触压力小于3 000 MPa,滑动速度低于8 m/s,工作条件不太苛刻,可采用中负荷车辆齿轮油。例如东风EQ1090汽车的后驱动桥,尽管是双曲面齿轮传动,但其负荷不是特别重,故可采用中负荷车辆齿轮油来润滑。

③ 普通螺旋齿轮的传动中,当其负荷较轻时,一般采用普通车辆齿轮油。

图17-3-4　汽车齿轮油

(2) 根据季节、气温选用黏度等级

冬季气温不低于-10℃的地区,全年可使用90号油;冬季气温不低于-26℃的寒区,全年可用80W/90号油;最低气温在-26℃以下的严寒区,冬季应使用75W号油,夏季应换用90号油。

五、汽车润滑脂的品种及选用

1. 认识常用汽车润滑脂品种

(1) 钙基润滑脂

按其稠度,钙基润滑脂可分为1号、2号、3号、4号共4个牌号。

友情提醒　钙基润滑脂是由动植物油与石灰制成的钙皂稠化矿物润滑油,并以水作为胶溶剂而制成的。

点拨
① 号数越大,脂越硬,滴点也越高;
② 适用的温度范围为—10~60℃,其突出的优点是耐水性强。

(2) 钠基润滑脂

按其稠度,钠基润滑脂可分为2号和3号两个牌号。

 友情提醒 钠基润滑脂是以动植物油加烧碱制成的钠皂稠化矿物润滑油。

 点拨 适用的温度较高,可达120℃以上,并有较好的抗磨性,但其抗水性差,遇水易乳化变质。

(3) 汽车通用锂基润滑脂

稠度仅有2号一种。

 友情提醒 汽车通用锂基润滑脂是由天然脂肪酸锂皂稠化低凝点润滑油,并加有抗氧、防锈剂制成的。

 点拨 适用温度变化范围较大,可达到30~120℃之间,此外该润滑脂还具有较强的综合性能,包括抗磨性、抗水性及防锈性等。

 **方法与步骤**

2. 常用汽车润滑脂的选用

① 钙基润滑脂:在汽车上主要用于底盘的摩擦部位、水泵轴承、分电器凸轮、变速器前球轴承等部位。换油期一般为汽车行驶里程5 000 km左右更换一次。

② 钠基润滑脂:适用于工作温度较高,但不能用于潮湿和易于与水接触的摩擦部位。如用于离发动机很近,温度较高的风扇离合器等部位。

图17-3-5 汽车润滑脂

③ 汽车通用锂基润滑脂:适用的地区较广,可广泛用于汽车轴承及各摩擦部位。其换油周期为15 000 km。目前,进口汽车和国产新车普遍推荐使用这种润滑脂。

六、液力传动油的牌号及选用

1. 认识液力传动油的牌号

我国液力传动油现行标准是中国石化总公司企业标准,该标准将液力传动油分为6号和8号两种。

友情提醒 在液力传动系统中,液力传动油是传递动力的循环介质,它通过自身的流动传递车辆的功率。

点拨 液力传动油又称汽车自动变速器油,简称为ATF,是用于汽车自动变速器中液力变矩器、液力耦合器的工作介质。

方法与步骤

2. 液力传动油的选用

应严格按车辆使用说明书的规定,选用适合品种的液力传动油。

① 轿车和轻型货车应选用8号油。

② 重型货车、工程机械的液力传动系统应选用6号油。

图17-3-6 液力传动油

友情提醒 进口轿车要求用DEXRON Ⅱ型自动变速器油均可用8号油代替。

实践活动

1. 观察加油站工人是怎样给汽车加燃油的?
2. 如果你有兴趣的话,不妨到汽车修理厂去学习给汽车更换发动机机油和变速器齿轮油。

学习支持

一、汽油

通常将馏程在30~220℃范围内,可以含有适当添加剂的精制石油馏分称之为汽油。习惯上常将车用汽油简称为汽油。

汽油的使用性能对发动机工作的可靠性、经济性和使用寿命有很大影响,评定车用汽油的主要性能指标有抗爆性、蒸发性、化学安定性、防腐性和清洁性等。

1. 要有适当的蒸发性

要求能在各种条件下迅速蒸发,形成最佳混合气,满足低温下起动以及预热、加速等各种工作状态的需要。但蒸发性也不能太高,以免产生气阻现象。

2. 要有良好的抗爆性

在燃烧过程中保证不产生爆震现象,以免损坏发动机。抗爆性是汽油的一项重要的使用性能指标,它表示汽油在发动机燃烧室内燃烧时防止爆震的能力。通常采用汽油辛烷值作为汽油抗爆性的评定指标。汽油的辛烷值越高,抗爆性就越好;反之,抗爆性则差。

3. 性质反应安定

在储存中不易氧化生成胶质。因胶质会堵塞燃料系统的油管、滤清器相化油嘴喷嘴,导致减少供油量;黏结进气门,从而使气门关闭不严;使活塞顶、燃烧室积炭增多,增大发动机的压缩比,容易产生爆震,促使产生早燃现象。

4. 应无腐蚀性

不致腐蚀金属容器和发动机零件。

5. 不应含有机械杂质和水分

二、轻柴油

我国生产的柴油分为轻柴油、重柴油和农用柴油 3 类。高、中速柴油发动机使用的燃料是轻柴油,习惯上称为柴油。

由于柴油发动机的燃烧不是由火花塞直接点燃,而是柴油与被压缩的高温空气相遇后自行着火燃烧的,故又称为压燃式发动机。柴油发动机具有热效率高、耗油率低、燃料资源较汽油丰富、使用耐久可靠、燃料火灾危险性小等特点,因此,柴油发动机广泛用于汽车、舰艇、坦克和工程机械,特别是一些大型载重汽车,大都使用柴油机作为动力。

为保证柴油机的正常工作,车用轻柴油应具备良好的燃烧性、良好的低温流动性、适宜的黏度和蒸发性、无腐蚀性、不含机械杂质和水分等。

1. 应有良好的供油、雾化性能

即有低的冷滤点和凝点,黏度要适中,保证不间断地供油和良好雾化。

2. 燃烧性能要好

即应有一定的十六烷值。柴油应在发动机汽缸中迅速蒸发和自行发火,燃烧完全、稳定,不产生黑烟、不产生工作爆震现象,不在喷嘴上形成积炭。

3. 有良好的安定性

要求性质安定,含有和生成胶质少,以免影响供油、造成发动机工作不正常。

4. 无腐蚀性

要求柴油本身及其燃烧产物不腐蚀发动机零件及容器。

5. 闪点要高

在储存和使用中通明火不易燃烧,以免引起火灾。

6. 应十分清洁,无杂质和水分

三、发动机润滑机油

车用机油有汽油机机油和柴油机机油两种润滑油(目前已有通用油)。机油的主要使用性能由黏温性、热氧化安定性和抗腐蚀性等指标来衡量。

1. 黏度适当,温黏性能好

这是内燃机油最重要的质量性能指标。对油品来说,黏度是表示在规定温度条件下油品的稀稠程度。国产润滑油通常是以 373 K(100℃)时的运动黏度来划分的。黏度的大小是随温度而变化的。温度升高时黏度降低,反之则相应升高。黏度过大,则冷启动时,润滑油不能及时流到摩擦点,形成短时间的干摩擦,增大机械磨损。黏度太小,则摩擦表面形不成油膜,发动机得不到应有的润滑,两者都是不可取的。

2. 热氧化安定性

热氧化安定性是润滑油膜在金属表面上抵抗高温和氧化作用并阻止产生胶质的能力。一般温度愈高,油层愈薄,润滑油的抗氧化性、热安定性愈差。因此,二级维护换油时,应注意将油底壳清洗干净,以保证新鲜机油的正常品质。

3. 抗腐蚀性

润滑油的组分中常常带有微量活性硫、游离硫及酸性组分。通常在质量标准中以"酸值"和腐蚀度大小来表示润滑油的腐蚀性,愈低愈好。

四、汽车齿轮油

作为汽车的手动变速器及驱动桥中的主减速器的传动齿轮均需用齿轮油进行润滑。

汽车齿轮油的主要特性及其对车辆使用的影响如下:

1. 黏度及温黏特性

黏度高的齿轮油利于机械的润滑、密封、减振及降噪,但它易产生较大的内摩擦,从而降低传动效率,且在低温下也易造成润滑不利;黏度低的齿轮油,可减小机械部件旋转阻力,提高传动效率,冷却及清洗作用较好,但其在较高温度下承载能力会下降。

2. 低温流动性

齿轮油在较低温度下仍不丧失流动能力的特性称为低温流动性,它可反映齿轮油允许使用的最低环境温度。

3. 抗磨性

抗磨性是指齿轮油保持油膜不被破坏的能力,这种能力对齿轮油是最为重要的。

五、润滑脂

润滑脂是将稠化剂分散于液体润滑剂中所组成的一种稳固的固体或半固体产品,其具有不易流失、使用温度范围较宽、易于密封和保存等优点。

润滑脂的基本组成和性能如下:

1. 润滑脂的基本组成

一般润滑脂由 80%～90% 的润滑油作基础油,由 10%～20% 的皂类作稠化剂,另加入少量的添加剂以进一步改善其具体的性能。稠化剂主要是由脂肪和碱的皂化反应产生的各种皂类所组成,按不同金属的碱类,稠化剂可分为钙皂、钠皂和银皂。润滑脂可按稠化剂的种类分为钙基、钠基和银基。

2. 润滑脂的主要性能

汽车对润滑脂的基本性能要求主要包括稠度、温度适应性、抗磨性、抗水性、防锈性等。

(1) 稠度

稠度是指润滑脂浓稠的程度,它反映润滑脂被保持在润滑部位不易流失的性能。

(2) 温度适应性

温度适应性是指润滑脂高温不流失、低温不硬化的性能,该性能反映润滑脂能适应的工作温度范围。

（3）抗磨性

抗磨性是指润滑脂润滑的机械运动部位表面抵抗破坏油膜的能力。

（4）抗水性

抗水性是指润滑脂遇水后不改变其物理化学性质的能力，主要反映在稠度不下降、不发生乳化流失等。

（5）防锈性

防锈性是指润滑脂保护润滑表面不生锈的能力。

六、液力传动油

在液力传动系统中，液力传动油是传递动力的循环介质，它通过自身的流动传递车辆的功率，为保证车辆高效、稳定、经济地工作，必须具有特定的性能。液力传动的特点及其对液力传动油的性能要求如下：

1. 适当的黏度及良好的温黏特性

液力传动油的黏度是整个系统控制压力、流量的原理依据，黏度的变化会影响系统工作的稳定性。同时，液力传动油的黏度直接影响该系统的传动效率。黏度高，使系统消耗的无用功增加，车辆的经济性下降；但黏度过低，则不利于密封，流量控制失准，系统工作效果遭到破坏。所以，液力传动系统要求液力传动油应具有合适的黏度，而且由于液力传动系统的工作原理决定了系统的负荷变化较大，相应地使油温变化也很大，为保证系统正常工作，则要求液力传动油有较好的温黏特性。

2. 良好的热氧化安定性

液力传动油在高速、高温、高冲击的条件下工作，特别要求其应具有良好的热氧化安定性，以保证系统稳定地工作。

3. 良好的抗起泡性

液力传动油在工作中很容易与空气混合产生气泡，油液中的气泡会破坏液力传动油的正常循环，故良好的抗起泡性是非常重要的。

4. 良好的抗磨性

液力传动油不仅在变矩器中作为传递功率的介质，而且还要在齿轮变速箱中作为润滑剂，故液力传动油必须具有较高的抗磨性才能满足工作需要。

活动四　正确选用汽车冷却液和制动液

活动背景　汽车上除了有对发动机及传动装置与工作装置起到润滑作用的各种润滑剂之外，还有一些辅助装置需要的特定的液态物质也是不可缺少的，它们包括防冻液、制动液等，这些起到特定作用的液态工作介质统称为工作液。

活动分析

1. 认识汽车上几种不同类型的工作液；
2. 学会正确选用汽车防冻液和制动液的牌号。

操作活动

一、认识汽车防冻液及选用

1. 防冻液的种类

（1）酒精型防冻液

是用酒精作为防冻剂与水配制而成。

（2）甘油型防冻液

是由甘油（丙三醇）为防冻剂与水配制而成。

（3）乙二醇型防冻液

是用乙二醇作为防冻剂与水配制而成。

乙二醇防冻液是目前国内外使用最广泛的一种防冻液，约有95%左右的汽车使用这类防冻液。

2. 认识乙二醇防冻液的牌号

按防冻液的冰点分为－25、－30、－35、－40、－45、－50共6种牌号。

乙二醇防冻液还有一种浓缩型产品，它与50%蒸馏水混合后，可使冰点降低。

3. 乙二醇防冻液的选用

① 根据车辆使用地区冬季的最低气温来选用防冻液的牌号，选用的防冻液冰点应比最低气温低5～10℃。

② 汽车发动机冷却液产品质量的选择应以汽车制造厂家推荐为准。

③ 若采用浓缩液，应根据说明书规定的比例，必须用蒸馏水渗兑，不能使用河水、井水及自来水进行渗兑。

二、认识汽车制动液的规格及选用

1. 认识汽车制动液的规格

GB10830—1998《汽车制动液使用技术条件》规定了合成型汽车制动液的规格为JG3、JG4、JG5 3级。

JG3、JG4、JG5 分别达到美国运输安全部 FMVSSN0116 系列中的 DOT3、DOT4、DOT5 的水平。

2. 汽车制动液的选用

① 一般来说，按照车辆使用说明书的要求选用合适等级的制动液。说明书在给出了标准用代号品牌外，一般还提供了可供代用的代号品牌。用户应尽可能选用标准代号品牌的产品，缺乏时才考虑选用代用品。如果推荐的代用品牌也缺乏时，才按照对应关系选择相应等级的代用品。

② 国产车使用进口制动液或进口车使用国产制动液，应根据其对应关系正确选用。

③ 无说明书，可根据车辆的工作条件（气候特点和道路条件）进行选择。

① 各种制动液不能混合使用。
② 汽车制动液的更换周期：建议视情况 2～4 万 km 或 1 年时间应更换一次。

你通过学习后认识了汽车的防冻液和制动液，是否对汽车进行更换防冻液和制动液感兴趣，那么你就利用业余时间到汽车修理厂观察修理工是怎样更换的。

一、汽车防冻液

水冷式发动机可以用清洁水作冷却液，但水在 0℃ 以下会结冰，因而会造成相应的机械部件损伤。为防止低温下汽车冷却系统失效，冷却系统中需加注一定化学成分的液态介质，该介质通常称为防冻液。

汽车防冻液按其化学成分分为酒精型、乙二醇型及甘油型。其主要类型及特性如下：

1. 酒精型

将酒精与水混合，依比例不同可形成不同冰点的防冻液。该防冻液流动性好、配制剂来源广泛且价格低廉。但酒精易挥发，会使防冻液冰点上升，另外酒精易燃，造成该种防冻液使用安全性差。

2. 甘油型

甘油具有沸点高、不易蒸发、不易燃、对金属腐蚀性小等优点，但其降低冰点的效率较低，使用的成本高。

3. 乙二醇型

乙二醇具有接近 200℃ 的沸点（197.4℃），与水混合不易挥发耗散。乙二醇与水混合可显著降低冰点，最低可达 -68℃。乙二醇自身热容量大，流动性好，化学稳定性强，其防冻效果显著。但乙二醇有毒性，对金属和橡胶均有轻度腐蚀作用，由于其优点突出，现仍得到广泛使用，常通过添加防腐剂和染色剂来改进其不足之处。

二、汽车制动液（刹车油）

在汽车液压制动系统中所使用的液态工作介质称为制动液（也称刹车油）。

1. 汽车制动液的性能要求

（1）高温抗气阻性

汽车制动过程中产生的热量易使制动系统温度升高，如温升接近或超过制动液沸点，在制动系统中就会产生蒸气并破坏制动液的正常工作，这也称为气阻。为保证制动系统工作正常有效，应保证制动液有较高的沸点和抗气阻性。

（2）良好的低温流动性和温磁性

为保证汽车在气温变化范围内，制动系统工作正常有效，则必须在冬季室外最冷的气温下，制动液不丧失流动性且黏度不能太大。

（3）对橡胶密封件不能有任何腐蚀作用（与橡胶的配伍性）

制动液必须对制动系统中的橡胶密封件无任何化学破坏作用，否则会造成系统制动失灵，后果非常严重。

（4）对金属无腐蚀作用

汽车制动液应对其匹配工作的金属元件无腐蚀作用，以保证系统工作的可靠性及耐久性。

2. 汽车制动液的品种及特性

汽车制动液按其化学成分分为醇型、醇醚型、脂型、矿油型、硅油型，其中我国最常用的是醇醚型和脂型，它们也被称为合成型。

（1）醇醚型制动液的特性

该种制动液由基础液、润滑剂、添加剂等 3 种主要成分构成，基础液的不同成分主要决定制动液的抗气阻性及低温流动性；润滑剂的作用是改善润滑性能；添加剂主要是改善制动液的腐蚀性及橡胶溶胀性。该类型的制动液最大的不足是具有较强的吸水性，而制动液中水分的增加将降低其沸点。

（2）脂型合成制动液的特性

脂型合成制动液可明显改善其吸水性，从而改善其工作温度稳定性，不会在阴雨、潮湿地带因长期工作而降低沸点。

学生姓名		日期		自评	互评	师评
1. 是否进行安全规范操作？						
2. 是否达到环保要求？						
3. 是否正确使用工具？						
4. 能否独立完成各活动的技能操作？						
5. 通过活动能否认识常用车型零件和构件适用的金属材料和非金属材料？						
6. 通过各活动能否正确选用汽车常用的燃料、润滑油、冷却液和制动液？						

(续 表)

学习体会	
1. 活动中感觉哪项技能最有兴趣？为什么？ 2. 活动中哪项技能最有用？为什么？ 3. 活动中哪项技能操作可以改进使操作更方便实用？请写出操作过程。（请同学们大胆创新，共同研讨，不断提高操作能力） 4. 你还有哪些要求与设想？	
总体评价	教师签名

课后练习

一、填空题

1. 金属大致可分为＿＿＿＿金属和＿＿＿＿金属两大类。
2. 铸铁的牌号中"HT"表示＿＿＿＿铸铁，"QT"表示＿＿＿＿铸铁，"KT"表示＿＿＿＿铸铁。
3. 活塞的材料采用铝合金，其材料属性为＿＿＿＿。
4. 橡胶广泛地应用于＿＿＿＿材料、＿＿＿＿材料、＿＿＿＿材料和传动材料，其中轮胎就是汽车的主要橡胶件。
5. 采用摩擦材料制造的汽车零部件主要包括＿＿＿＿、＿＿＿＿及手制动摩擦片等。
6. 复合材料是指由两种或两种以上＿＿＿＿组合而成的材料。
7. 汽油的＿＿＿＿值越高，抗爆性就越＿＿＿＿；反之，抗爆性则差。
8. 0号轻柴油适合于风险率为10%、最低气温在＿＿＿＿的地区使用。
9. 汽油机＿＿＿＿越高，要求汽油机润滑油的质量等级越＿＿＿＿。
10. 在汽车液压制动系统中所使用的液态工作介质称为＿＿＿＿（也称刹车油）。

二、选择题

1. 下列汽车零件中属于黑色金属的是 （   ）。
   A. 气缸垫   B. 曲轴   C. 活塞   D. 正时皮带
2. 汽车制动摩擦片采用的是（   ）材料。
   A. 塑料   B. 陶瓷   C. 橡胶   D. 摩擦
3. 0号轻柴油的凝点不高于 （   ）。
   A. 10℃   B. 0℃   C. －10℃
4. 根据车辆使用地区冬季的最低气温来选用防冻液的牌号，选用的防冻液冰点应比最低气温低 （   ）。
   A. 5～10℃   B. 0～5℃   C. 10～15℃
5. 发动机上的飞轮零件采用的是（   ）材料。
   A. 球墨铸铁   B. 可锻铸铁   C. 灰口铸铁   D. 合金铸铁

三、简答题

1. 什么是黑色金属？什么是有色金属？

2. 汽车上应用的非金属材料有哪些？
3. 如何正确选用车用汽油？
4. 怎样合理选用发动机润滑油？
5. 如何正确选用汽车冷冻液？

参 考 文 献

1. 杨黎明. 机械设计基础. 北京：高等教育出版社,1998.
2. 陈仲武. 汽车机械常识. 上海：上海科学技术出版社,2003.
3. 李明惠. 汽车材料. 北京：机械工业出版社,2002.
4. 鲍际平. 汽车复合知识与技能. 北京：中国劳动社会保障出版社,2002.
5. 夏平飞. 汽车油品规格速查手册. 北京：电子工业出版社,2002.
6. 毛兴中. 汽车维修基础. 北京：人民交通出版社,2004.
7. 周云,万军海. 汽车机械常识. 北京：机械工业出版社,2005.
8. 风勇. 汽车机械常识. 北京：人民交通出版社,2005.
9. 王鹏. 汽车机械常识. 北京：北京理工大学出版社,2006.
10. 李世维. 机械基础. 北京：高等教育出版社,2006.
11. 王成焘,姚振强,陈铭. 汽车摩擦学. 上海：上海交通大学出版社,2002.
12. 王洪,银金光. 工程力学. 北京：中国林业出版社、北京希望电子出版社,2003.
13. 上海市教育委员会职教办. 汽车维修机械基础. 上海：上海科学技术出版社,2000.
14. 上海市职业技术教育课程改革与教材建设委员会. 汽车机械常识. 上海：上海科学技术出版社,2002.
15. 冯秋官. 机械制图. 北京：高等教育出版社,2001.
16. 霍振生. 汽车机械制图. 北京：高等教育出版社,2002.
17. 姜铁军. 汽车机械制图. 上海：上海科学技术出版社,2002.

相关网址：

http://jpkc.dept.xsyu.edu.cn/jksj/pages/dianzijiaoan.asp

http://jpkc.hrbcu.edu.cn/jxjc/course/index.htm

图书在版编目(CIP)数据

汽车机械常识/陈海明,高建平主编. —上海:复旦大学出版社,2007.11(2018.8 重印)
(复旦卓越·21 世纪汽车类职业教育教材)
ISBN 978-7-309-05790-4

Ⅰ.汽… Ⅱ.①陈…②高… Ⅲ.汽车-机械学-职业教育-教材 Ⅳ.U463

中国版本图书馆 CIP 数据核字(2007)第 161354 号

汽车机械常识
陈海明　高建平　主编
责任编辑/梁　玲

复旦大学出版社有限公司出版发行
上海市国权路 579 号　邮编:200433
网址:fupnet@fudanpress.com　http://www.fudanpress.com
门市零售:86-21-65642857　团体订购:86-21-65118853
外埠邮购:86-21-65109143　出版部电话:86-21-65642845
江苏省如皋市印刷有限公司

开本 787×1092　1/16　印张 17.75　字数 442 千
2018 年 8 月第 1 版第 9 次印刷
印数 23 801—25 400

ISBN 978-7-309-05790-4/U·04
定价:28.00 元

如有印装质量问题,请向复旦大学出版社有限公司出版部调换。
版权所有　侵权必究